NO AMOR, TODO CUIDADO É POUCO

NO AMOR, TODO CUIDADO É POUCO

TÉCNICAS DO FENG SHUI PARA DESVENDAR A VERDADEIRA NATUREZA DAS PESSOAS

NANCILEE WYDRA

Tradução
EUCLIDES L. CALLONI
CLEUSA M. WOSGRAU

EDITORA PENSAMENTO
São Paulo

Título do original: *Look Before You Love*.

Copyright © 1998 Nancilee Wydra.

Publicado mediante acordo com Lennart Sane Agency AB.

Ilustrações de Ginny Piech Street.

Todos os direitos reservados. Nenhuma parte deste livro pode ser reproduzida ou usada de qualquer forma ou por qualquer meio, eletrônico ou mecânico, inclusive fotocópias, gravações ou sistema de armazenamento em banco de dados, sem permissão por escrito, exceto nos casos de trechos curtos citados em resenhas críticas ou artigos de revistas.

O primeiro número à esquerda indica a edição, ou reedição, desta obra. A primeira dezena à direita indica o ano em que esta edição, ou reedição, foi publicada.

Edição	Ano
1-2-3-4-5-6-7-8-9	01-02-03-04-05-06

Direitos de tradução para a língua portuguesa
adquiridos com exclusividade pela
EDITORA PENSAMENTO-CULTRIX LTDA.
Rua Dr. Mário Vicente, 368 – 04270-000 – São Paulo, SP
Fone: 272-1399 – Fax: 272-4770
E-mail: pensamento@cultrix.com.br
http://www.pensamento-cultrix.com.br
que se reserva a propriedade literária desta tradução.

Impresso em nossas oficinas gráficas.

SUMÁRIO

Introdução 7
Parte I: Quem Sou e Quem Penso que Sou 15
   1. Você Está Pronto para o Amor? 17
   2. Explorando o Cérebro 19
   3. O Conceito de Eu 25
Parte II: Princípios Básicos do Feng Shui 37
   4. Feng Shui: Comunicando-se com Seu Ambiente 39
   5. A Técnica do *Scope-ing* 44
   6. Tao, Yin e Yang, e Chi 51
   7. O Ba-guá: Simples como 1, 2, 3, 4, 5, 6, 7, 8, 9 78
   8. Os Elementos 97
   9. Tipo Fogo 114
   10. Tipo Terra 125
   11. Tipo Metal 137
   12. Tipo Água 149
   13. Tipo Madeira 162
Parte III: *O Scope-ing* dos cômodos da Casa 173
   14. As Entradas, Externas e Internas 178
   15. Salas de Encontro 186
   16. Salas de Jantar 194
   17. Cozinhas 199
   18. Quartos 203
   19. Banheiros 210
Parte IV: Estilos de Móveis 215
   20. Estilo Espanhol: Detalhes Geométricos e Portabilidade 219
   21. Luís XIV e XV: Linhas Curvas e Profusão de Detalhes 223
   22. Móveis de Chippendale, Adam e Hepplewhite 226
   23. Estilo Vitoriano e *Art Nouveau*:
       Linhas Fluidas Substituem Linhas Rígidas 232
   24. Mobiliário Contemporâneo: Imagens Até Aqui Desconhecidas 236
Parte V: O *Scope-Ing* das Peças do Mobiliário 241
   25. A Cadeira 245
   26. A Mesa 252
   27. A Cama 256
   28. A Busca do Equilíbrio 261
Posfácio 263
Bibliografia 264

À minha mãe, que me ensinou a ver, e ao meu pai, que me ensinou a agir, agradeço esses dons. Chegou a minha vez de passá-los à geração seguinte. Para o filho do meu coração, Zachary, e para os filhos do meu espírito, Chloe, Barnaby, Nancy, Shana, Patrick e Vanessa, deixo o legado de meus pais.

À Julie Kroll, por seu arrojo, generosidade e amor.

E à Maxine Olove, que me conduz no caminho da iluminação, agradeço.

INTRODUÇÃO

Nossos familiares e amigos geralmente desconhecem a pessoa que escolhemos para parceiro de vida. Isso quer dizer que só nós podemos julgar se a pessoa por quem nos apaixonamos é a certa para nós, aquela com quem pretendemos viver para sempre. Infelizmente, no ardor da paixão, às vezes os mecanismos de autopreservação se desligam, e nós cometemos erros irreparáveis. Para piorar, muitas pessoas cometem o mesmo erro, não uma, mas várias vezes, simplesmente porque não observam bem antes de amar.

No Amor, Todo Cuidado é Pouco mostra como o ambiente pessoal expressa o ser interior emocional da pessoa; como as escolhas para uma casa são tão reveladoras quanto a personalidade. Submetido ao crivo de um corpo de conhecimentos denominado *feng shui*, este livro mostra como a observação atenta das formas de arte, das cores, dos objetos e do estilo dos móveis na residência de um novo amor pode dar-nos uma compreensão profunda dessa pessoa, uma compreensão que normalmente só chegaria com o passar dos anos.

Naturalmente, são sempre necessárias duas pessoas para formar uma parceria. Talvez o que sempre tenha faltado em suas escolhas amorosas seja um conhecimento de si mesmo! Este livro pode ajudá-lo a observar mais atentamente os padrões que surgem de suas escolhas para a casa e as mensagens que esses padrões comunicam a parceiros em potencial. Conheço muitas pessoas que anseiam por um companheiro, mas que vivem num espaço arranjado estritamente para um. Encontrei outras que escolhem o companheiro errado porque não compreendem seu próprio ser interior e o papel que seu íntimo exerce na formação de parcerias duradouras. Também me deparei com muitas outras cujos relacionamentos se tornam problemáticos porque não percebem a grande influência que o ambiente doméstico exerce sobre o seu sucesso ou fracasso no amor. Os princípios expostos neste livro podem ajudá-lo a superar todos esses problemas.

O feng shui pesquisa a influência que o lugar onde vivemos exerce sobre a personalidade que somos. O feng shui nasceu na China há cerca de seis mil anos, fruto de estudos sobre o clima, a topografia, a geologia e a vegetação que capacitaram os chineses a avaliar um ambiente e a definir as melhores condições para a prosperidade. De acordo com o feng shui, nosso ambiente pessoal, incluindo a disposição dos móveis e das peças decorativas, o uso da cor e os detalhes arquitetônicos podem promover nosso sucesso ou decretar nosso fracasso. Neste livro, apliquei essa premissa ao amor, examinando como a escolha de objetos físicos revela as dimensões da interioridade de um amante, difíceis de perceber nas fases iniciais de um relacionamento.

Nos meus três primeiros livros sobre feng shui, procurei desembaraçar esse conhecimento de suas raízes esotéricas e traduzir suas mensagens inspiradoras num modelo para o estilo e a filosofia de vida do Ocidente contemporâneo. Nesse esforço, formulei a escola de feng shui da pirâmide, que usa a biologia, a antropologia cultural e a psicologia, como também conhecimentos respigados em muitas ciências físicas, para dar sustentação aos antigos conceitos e regras, despidos de influências culturais. A escola da pirâmide nos dá condições, a nós que não somos chineses e que não conhecemos os sistemas culturais e filosóficos orientais, de aplicar nossos valores e nossos critérios estéticos à essência do feng shui tradicional. Ela nos dá acesso à sabedoria que resulta da compreensão do modo como nosso ambiente físico influencia nossa vida e das razões por que isso acontece.

Fundamentalmente, o feng shui da pirâmide avalia como reagimos aos estímulos e sugere maneiras de aprimorar nosso relacionamento com o ambiente. Um exemplo bastante simples de uma reação assim é nossa rejeição instintiva ao contato físico com objetos maiores, mais fortes ou mais rápidos que nós, pois os sentimos como ameaçadores. O feng shui procura usar e reforçar sistemas biológicos de reação como esses que nos ajudaram a sobreviver como espécie. Objetos encorpados e imponentes, como um prédio alto na frente de uma casa ou móveis grandes ao lado de uma cadeira, produzem uma sensação de mal-estar ou reduzem nossa capacidade de começar uma tarefa que nos aguarda. Bloquear a vista do prédio com uma planta e diminuir o impacto do móvel reposicionando a cadeira são maneiras simples de corrigir problemas básicos manifestados por nossos sistemas biológicos de reação. Neste livro, nosso objetivo específico é aprimorar as inter-relações de nosso ambiente físico com os relacionamentos íntimos que desejamos.

Quer você use o feng shui para criar um ambiente benéfico ou para alimentar uma relação duradoura, há outros elementos influentes além dos sistemas biológicos de reação. As normas culturais que definem respostas apropriadas variam com a educação recebida e não podem ser omitidas em nenhum estudo das relações da pessoa com o seu ambiente. O que é polido e apropriado numa cultura pode ser desrespeitoso e inconveniente em outra. Aprendemos a agir baseados nas regras que existem em nossas comunidades. A escola da pirâmide, portanto, possibilita-lhe adaptar o feng shui às diferenças culturais. Ela também lhe dá condições para compreender melhor as influências culturais de outra pessoa, interpretando as escolhas que essa pessoa faz para o ambiente em que vive.

A genética pessoal é outra variável que em parte determina o modo como reagimos aos estímulos. Muitas vezes ouvimos dizer que nunca houve nem jamais haverá outra pessoa exatamente igual a nós. Dada essa complexidade, muitas partes nossas deixam de expressar-se. O feng shui é uma forma de examinar essas partes e de chegar a uma compreensão maior de nós mesmos como indivíduos únicos que somos. Os princípios dessa antiga disciplina nos dizem que a escolha de uma mesa de centro quadrada com tampo de vidro sugere uma pessoa confiável, enquanto uma mesa quadrada de madeira escura pode expor um traço de obstinação. Eles explicam por que cadeiras sem braços num espaço de encontro sugerem uma pessoa que se sente mais à vontade sozinha.

Por que um objeto nos atrai mais que outro? A resposta a essa pergunta é revelada em parte pela compreensão de nosso eu elemental básico. Nossas experiências de vida nos inclinam para uma escolha e não para outra. Somos seduzidos e nos sentimos à vontade com certos objetos e não com outros. É interessante perceber como móveis, cores e objetos de arte correspondem à natureza básica da pessoa que os escolhe. As pessoas de personalidade ardente em geral têm muitos símbolos do elemento fogo espalhados pela casa, e as que vivem sobrecarregadas de atividades geralmente têm imagens do elemento metal em abundância em sua residência. Tendemos a selecionar cores, formas e padrões que combinam com nossa personalidade manifesta ou com nossa natureza emocional mais fugidia. Tendemos a viver com coisas que expressam quem somos.

Quem somos? Essa é uma questão causticante para a maioria de nós. Compreender as camadas do nosso eu é um feito semelhante a resgatar alguém no meio de uma multidão em fuga. Estar plenamente integrado até o âmago do ser é tarefa para uma vida toda. Geralmente aceitamos uma versão irreal de nós mesmos, uma versão incompleta ou inadequadamente seletiva. Para o observador externo, esse eu irreal não difere da pessoa real. Mas examinando as escolhas feitas no mundo físico, podemos começar a determinar se a expressão externa de uma pessoa corresponde à sua natureza verdadeira.

Escolhemos objetos porque nosso centro emocional ressoa com eles. Se você já ficou extasiado diante de um quadro, conhece a força que um objeto tem para evocar uma reação emocional. Você reage intensamente a um objeto inanimado porque ele encarna tanto quem você é como o que sua personalidade faz.

Enquanto a mente consciente põe pensamentos em palavras para comunicar, as emoções podem ser expressas por ações e escolhas. Todos vivemos com coisas que nos expressam. O que nos cerca é de muitas formas uma réplica de nós mesmos. Quando conseguimos interpretar as escolhas de uma pessoa, podemos compreendê-la mais plenamente.

Shirley é um bom exemplo. A escolha que ela fazia de obras de arte incluía uma ampla variedade de cores, texturas, linhas e materiais. Ela possuía esculturas em madeira, metal e macramé; quadros abstratos, realistas, super-realistas e surrealistas; e peças de todas as formas, tamanhos e origens concebíveis. Seria impossível descrever a casa dela com um único esquema de cores; todas as cores do arco-íris estavam lá representadas. O efeito geral não era confuso nem caótico porém, mas muito atraente.

Apesar da aparente falta de um esquema de cores unificador, observada com atenção, a casa de Shirley deixava transparecer certos temas básicos. A grande maioria das imagens era constituída de mulheres fortes: uma dançarina de aço, estátuas em macramé, esculturas de amazonas e quadros de mulheres de várias raças e culturas, dançando, marchando, descansando ou simplesmente seduzindo. Contemplando embevecida, compreendi que esse tema ajustava-se perfeitamente a Shirley. Afinal, Shirley era uma mulher de múltiplos talentos. Parecia que tudo o que ela resolvia fazer se realizava. Mulheres competentes envolvendo-se em atividades estimulantes era a sólida mensagem que suas obras de arte expunham.

Você já visitou um colega de trabalho e ficou surpreso com o que viu na casa? Quando mensagens de um ambiente parecem contradizer as de outro, isso não significa que uma delas seja falsa. Com freqüência vemos num ambiente facetas de uma pessoa que são imperceptíveis em outro, simplesmente porque nem sempre todos os aspectos do eu são apropriados em todos os ambientes.

O importante é se as coisas que vemos, que sentimos e que ouvimos têm um ponto em comum. Se há desarmonia no ambiente, pode haver desarmonia na pessoa. Qual dos dois causa o outro é irrelevante. O importante é que uma meta almejada talvez nunca seja alcançada.

Durante minha excursão pelos Estados Unidos para lançar meu primeiro livro sobre feng shui, fui convidada a hospedar-me na casa de uma amiga de trinta e nove anos de idade. Fiquei tocada quando ela disse que eu dormiria no quarto dela para que minha noite fosse tranqüila. Depois de devorarmos taças de sorvetes até tarde da noite e de confidenciarmos nossos sonhos, arrastei-me sonolenta até o quarto, joguei-me exausta sobre a cama de solteira do seu tempo de adolescência e ouvi os sons que minha chegada provocou na ruidosa cabeceira de metal.

Deitada com a cabeça apoiada nas mãos, observei o quarto e fiquei chocada com o que vi. Como ela me confiara que queria muito casar-se, a mobília do quarto revelava um quadro de minha amiga que eu pouco conhecia. Ela estava usando o quarto como o dono de uma casa usa o porão. À direita da cama, um televisor quebrado pendia ameaçador. Bem em frente, estava um aspirador de pó, com o saquinho murcho como um balão no dia seguinte a uma festa. Com apenas uma pequena peça decorativa na parede e um ventilador de teto, a atmosfera transpirava uma qualidade passageira; era-me difícil acreditar que minha amiga morasse nesse apartamento havia mais de quatro anos. As cortinas pendiam descuidadas, e o esquema de cores era monótono e seco. Criatura, pensei, não admira que ela não tenha se casado. Eu imaginava as mensagens inconscientes telegrafadas a potenciais pretendentes que vissem esse espaço.

Uma cama de solteiro, um televisor quebrado, um eletrodoméstico e a falta de objetos recordativos refletiam os desejos reais de minha amiga? Não do modo como eu conhecia seus anseios. Em vez disso, eles pareciam expressar sentimentos de inadequação, sentimentos que não se revelavam externamente. Minha amiga é agradável e interessante como um quadro de Norman Rockwell, tem um emprego seguro na administração da universidade e é afável, solícita e suave. Mas se entrassem na sua casa, pretendentes em potencial poderiam achá-la sem graça e mal conseguindo manter-se.

Na manhã seguinte, apresentei-lhe a minha interpretação, na esperança de estimulá-la a fazer alterações no quarto para refletir uma imagem mais precisa de si mesma e atrair a pessoa apropriada.

Compre uma cama de casal, eu lhe disse, e conserte ou desfaça-se do televisor quebrado. No lugar dele, coloque uma bela lâmpada de cabeceira. Compre uma colcha colorida, posicione adequadamente o trilho da cortina e tinja as cortinas para combinarem com a cor alegre da nova colcha. Ela seguiu minhas orientações, e no momento está se mudando para uma nova casa adquirida com seu novo companheiro. As alterações feitas mudaram minha amiga, ou a casa refletia um eu escondido? Não sei; e também não é importante saber o que veio antes, se a galinha ou o ovo. Sei, porém, que nosso estado de espírito influencia o nosso ambiente e que o nosso ambiente por sua vez afeta o nosso estado interior.

Essa experiência deu início à minha pesquisa sobre como os interiores revelam quem somos e sobre como, ao alterá-los, mudamos nossa visão de mundo e também o modo como o mundo nos vê. Daí em diante, por vários anos, atuei como uma detetive residencial. Sem saber, eu procurava identificar numa casa coisas que poderiam contar uma história ou revelar uma essência. Às vezes, isso me ajudava bastante no trabalho com os meus clientes, que ficavam surpresos quando eu expunha os sentimentos deles. Outras vezes, eu me via envolvida em situações problemáticas, batendo a cabeça contra a resistência que eles opunham. Finalmente, descobri que a casa podia ser um meio para promover uma mudança pessoal quando a pessoa estava preparada.

Essa mudança pode tomar a forma de escolhas amorosas melhores quando se aprende a ler o ambiente de uma pessoa, ou pode assumir a forma de alterações no ambiente, de modo que uma mudança física pode ser a motivação para uma mudança interior. Quando minha amiga se dispôs a modificar o quarto, suas inseguranças, manifestadas por um quarto negligenciado, foram visivelmente removidas e abandonadas como muletas de apoio. Essencialmente, este livro é um instrumento para que você possa aprender mais sobre si mesmo e sobre outra pessoa que lhe seja importante. Uma casa expressa tanto a personalidade externa como o conteúdo emocional recôndito do seu ocupante.

O feng shui nos oferece um guia para ajudar a iluminar as qualidades, nossas e das outras pessoas. Categorizando as personalidades em elementos, cada um com suas características próprias, temos uma forma de compreender como o eu interior e o exterior de outra pessoa se ajustam ou não aos nossos — quem pode ser compatível ou não. Se você já tem um companheiro/a, conhecer a sua natureza essencial e saber como harmonizar essa natureza com a sua será uma grande contribuição para uma relação duradoura.

No âmago deste livro estão as seguintes premissas básicas: todos os objetos físicos representam um dos cinco elementos — fogo, terra, metal, água e madeira; esses cinco elementos são arquétipos que categorizam a natureza humana; e todos escolhemos para nossa casa os elementos que representam quem somos. Talvez você já tenha descrito uma pessoa como ardente, firme como uma rocha, ou "lisa", e captado intuitivamente o significado de cada elemento. Este livro penetrará profundamente nas características básicas favoráveis e desfavoráveis dos elementos, examinará como elas se manifestam nos seres humanos e mostrará como influenciam o comportamento. Por exemplo, se você fica nervoso antes de um encontro, o azul pode ajudá-lo a relaxar. Se você se irrita com a desordem da pessoa amada, você pode levá-la a pensar em mudança introduzindo o elemento madeira na casa. Se você emudece sempre que certa pessoa o visita, pendurar um espelho com moldura prateada na sala pode favorecer o surgimento de idéias.

Às vezes, basta a intenção para produzir uma mudança. Conhecido como princípio de Heidelberg, este princípio diz que a mera observação do fenômeno altera seu resultado. Gary Zukav, em seu livro *The Dancing Wu Li Masters*, explica esse princípio com estas palavras: "... No nível subatômico, não podemos observar algo sem alterá-lo. ... As propriedades físicas que observamos no mundo externo se enredam em nossas percepções tanto psicológica como ontologicamente." Essa é uma boa notícia e ajuda a explicar por que, quando queremos mudar, o simples fato de voltar nossa atenção para o desejo ajuda a realizá-lo. Depois de uma consulta de feng shui, as pessoas freqüentemente me dizem que as mudanças esperadas começam a materializar-se imediatamente, como por um passe de mágica. Cheques chegam pelo correio no dia seguinte, um amigo procurado telefona dentro de poucas horas ou um aluno irrequieto passa subitamente a dedicar-se aos estudos logo que deixo a casa. Atribuo isso em parte ao princípio de Heidelberg.

A mecânica quântica afirma que são duas as possibilidades no início de um evento. Quando a realidade se apresenta aos que estão observando, a outra possibilidade deixa de existir. Boa notícia para os que estão tentando mudar. Quando a mudança positiva começa a se manifestar, o aspecto negativo perde força.

Sou grata por fazer parte de um sistema político e intelectual que permite que se pesquise sem quaisquer restrições. Sou reconhecida à minha família e aos amigos que me animaram a ousar pesquisar. De alguma forma, sinto como se estivesse à beira de um oceano de verdades. Em breve, outros virão e consubstanciarão esses e outros conceitos de um modo que nem sequer imaginei. Na medida em que podemos aprender a conviver com a nossa própria natureza e com a natureza dos que escolhemos amar, com alegria abro um caminho de pesquisa e deixo que o futuro o modele.

Votos de excelentes
relacionamentos futuros!
Com amor,
Nancilee Wydra

Parte I

QUEM SOU E QUEM PENSO QUE SOU

1

VOCÊ ESTÁ PRONTO PARA O AMOR?

Felicidade é ter alguém para amar e ser amado. Muitos de nós temos a ventura de estar cercados de pessoas em quem confiamos e a quem simplesmente idolatramos. Filhos, pais, irmãos e amigos enchem a nossa vida de alegria e paz de espírito permanentes. Todavia, a falta de um companheiro na jornada da vida geralmente nos deixa aborrecidos. Nós evoluímos, mas o impulso biológico para uma vida a dois conservou-se forte. Pelo menos nas sociedades ocidentais contemporâneas, a idéia de um amor romântico como um estado de felicidade extática faz parecer ainda mais urgente o encontro do amor da nossa vida.

Os motivos pelos quais cometemos muitos erros podem ser atribuídos à pressa e às nossas altas expectativas. Vemos um novo amor através de óculos cor-de-rosa e queremos acreditar que a pessoa amada está livre de imperfeições. Nessa fase inicial, vemos a pessoa que amamos como jamais a veremos novamente. Muitos de nós esperamos por alguém que se apaixone por nós, que faça sinos tocarem, que nos leve ao desfalecimento e que nos responda com presteza e exatidão. O problema é que as pessoas que encontramos têm consciência dessas expectativas e podem inicialmente esforçar-se ao máximo para preenchê-las. O resultado é que a pessoa por quem nos apaixonamos muitas vezes acaba sendo uma criação da nossa fantasia. Não se trata necessariamente de desonestidade, mas de um jogo que todos acreditamos precisar jogar para encontrar e conquistar alguém para amar.

Infelizmente, no fim desse jogo, muitas vezes sentimos que a pessoa que amamos se transformou em objeto de aversão, e ficamos tomados de espanto e decepção. Mas as coisas não precisam ser assim. Para ver o que está além das palavras, precisamos usar um sistema que não possibilite manipulações ou camuflagens. As escolhas que fazemos são como detectores de mentira; elas revelam a verdade porque não temos controle sobre as nossas reações automáticas às coisas que escolhemos naturalmente para fazer parte de nossa casa. O feng shui pode ser esse canal para a verdade, pois em geral não filtramos nossas escolhas de móveis e de peças de arte, e esses componentes, como o gráfico de um detector de mentira, são aptos a revelar a verdade. Quando sentimos atração por certos estilos e aversão por outros, estamos respondendo a uma voz interior que não mente.

De acordo com as estatísticas, as possibilidades de fracasso de um novo relacionamento depois de um relacionamento malsucedido aumentam exponencialmente. É quando resolvemos discriminar baseados em alguns critérios dignos de crédito e discernimento que podemos ser bem-sucedidos numa relação tranqüila. Mas antes de usar o feng shui para ver além das palavras de um parceiro em potencial, aplique-o ao seu próprio desejo de amor. Você afirma que está pronto para o amor, mas o que diz sua voz interior? Responda *sim* ou *não* às seguintes perguntas.

Você Está Pronto para o Amor?

1. Os roupeiros e armários em sua casa estão abarrotados?
2. Há bastante espaço para novos livros nas prateleiras?
3. Você tem mesa-de-cabeceira em ambos os lados da cama?
4. Você tem coisas que usa amontoadas em ambas as mesas-de-cabeceira?
5. Há iluminação adequada em ambos os lados da cama?
6. Você tem um roupão, luvas ou um suéter a mais, não necessariamente do seu tamanho?
7. Você tem vinhos especiais, licores, charutos ou chocolates para ocasiões inesperadas?
8. Você dispensou a opção "aguardar chamada" para seu telefone?
9. Animais de estimação dormem na sua cama?
10. Você dispõe de sofás de dois lugares distribuídos pela casa?

Se você respondeu *sim* às perguntas 1, 4, 8 e 9, seu desejo de ter um relacionamento é pequeno. Para provar que isso não é verdade, esvazie seus roupeiros, treine seus animais de estimação a dormir no canto deles ou no chão e chame a companhia telefônica para instalar a opção "aguardar chamada".

Se você respondeu *sim* às perguntas 2, 3, 5, 6, 7 e 10, você está realmente pronto para o amor. Há um ditado que diz que o guru só aparece quando o discípulo está preparado. Assim, a jornada só começará quando você estiver pronto.

2

EXPLORANDO O CÉREBRO

Até que ponto você se conhece? As pessoas em geral acreditam que se conhecem bastante bem. Mas se o teste no Capítulo 1 mostrou que você não está pronto para o amor como pensava, esta pergunta deveria fazê-lo parar. É possível você se conhecer menos do que conhece a pessoa por quem está se apaixonando? Às vezes compramos nossos próprios anúncios, convencendo-nos de que a aparência que expomos na primeira manifestação de amor romântico é a verdadeira. No âmago, todos sabemos que charme não é substância, que auto-imagem é diferente de autoconfiança. Mas se o que você mostra aos outros, se o que você expressa em palavras não é tudo o que o compõe, quem é você?

A resposta a essa questão é um processo de toda uma vida, naturalmente, mas se você não conhecer alguma coisa do seu eu interior, por pouco que seja, dificilmente terá condições de iniciar um relacionamento. Neste capítulo, veremos rapidamente o prodigioso cérebro humano e como as operações desse cérebro governam nosso modo de reagir — às pessoas, aos lugares e aos eventos em nosso ambiente. No capítulo seguinte, estudaremos alguns aspectos fundamentais do eu e veremos como as semelhanças desses aspectos entre você e um possível companheiro/a podem construir um relacionamento, enquanto as diferenças podem destruí-lo.

O desenvolvimento da percepção consciente desde o nascimento, ou o modo como aprendemos a interpretar a extraordinária quantidade de impulsos que nosso cérebro recebe e transmite, é uma história de sucesso da mesma magnitude que o surgimento da vida neste planeta. Para compreender por que reagimos aos estímulos de modos específicos, precisamos conhecer alguns fatos sobre a operação do cérebro humano.

As três principais áreas no cérebro são a medula oblonga, o mesencéfalo e o córtex, cada uma com diferentes responsabilidades pelo nosso bem-estar e funcionamento.

A medula oblonga regula automaticamente as funções básicas da vida. Não precisamos pensar conscientemente para respirar, bombear o sangue, ingerir alimentos ou estimular reações estereotipadas, como fazer careta quando sentimos repugnância, arregalar os olhos quando ficamos surpresos ou cerrar os punhos quando estamos com raiva. Essas reações ou funções são controladas automaticamente pela medula oblonga.

O mesencéfalo ou sistema límbico é o centro emocional do cérebro. Do mesmo modo que receber um abraço e descrever um abraço são coisas diferentes, o mesencéfalo tem reações emocionais e pode, interpretando as emoções de outras pessoas, ajudar-nos a perceber como elas se sentem. O mesencéfalo cria e interpreta os dramas emocionais que se desenvolvem à nossa volta. Em seu livro *Inteligência Emocional*, Daniel Goleman escreve que a habilidade social, a motivação, o controle dos impulsos e a persistência estão a cargo de uma parte do cérebro que tem pouco que ver com o centro do cérebro, o qual é medido por testes de QI padronizados. Temos acesso a esse saber emocional não pelo pensamento consciente, mas pelo que chamamos de *intuição*.

Eu conhecia minha vizinha Lydia havia mais de dez anos quando ela chegou correndo na frente de casa exatamente no momento em que eu estava saindo. Nos milésimos de segundo necessários para ela transpor a distância entre o primeiro degrau da escada e a porta, eu sabia que alguma coisa estava errada, embora nenhuma palavra fosse dita. Suas primeiras palavras, "Preciso de um calmante para a ansiedade", não me pegaram desprevenida. Como eu sabia naquele instante que alguma coisa estava errada? Talvez a velocidade fosse maior que de hábito, talvez os olhos estivessem ligeiramente dilatados, ou quem sabe a boca estivesse entreaberta, desencadeando esse saber. Nossa capacidade para a empatia e para a compreensão é um filtro importante: através dele observamos nosso entorno.

Esse relato, somado talvez a centenas de histórias que você teria, mostra como os seres humanos reagem aos estímulos instantaneamente sem traduzir em palavras o que vivenciam. O centro emocional do cérebro reage aos acontecimentos sem esforço e sem precisar do pensamento racional.

Do mesmo modo como reagimos às pessoas emocionalmente, assim também reagimos aos objetos. Os objetos assumem um significado emocional implícito com base no material, na forma, na cor e no conteúdo. Escolhemos um quadro em vez de outro porque ele fala à nossa alma, o que significa que ele conserva ou estimula um vínculo interior. A razão por que escolhemos objetos de arte, cores, estampas, parquetes, estilos de móveis, etc., tem que ver menos com nossa carteira e mais com nosso eu emocional. Objetos expressam emoções mais do que podem fazê-lo palavras, porque não necessariamente expressamos sentimentos em linguagem. Considerando que passamos mais tempo sentindo do que pensando ou falando, como mostra Goleman, os objetos escolhidos para uma casa refletem uma parte substancial de nosso eu interior.

Antes de partilhar nossa vida com outra pessoa ou quando procuramos amortecer os choques num relacionamento atual, aprender a interpretar nossas reações emocionais pode ajudar a desvelar aspectos recônditos de sentimentos profundos.

Este princípio me ajudou a compreender meus amigos Barbara e Harry, que, apesar de estarem casados há doze anos e de terem uma filha, vivem numa casa que parece mobiliada por recém-casados. Embora ambos tenham empregos bem-remunerados, os móveis deles são em grande parte de segunda mão. O sofá de bambu com a capa de algodão de um colorido vivo provavelmente foi o último ornamento da varanda de um parente. Outro sofá sem braços tem almofadas que escorregam quando se senta nelas, e bancos ocupam o lugar de cadeiras ao redor da mesa de jantar. No conjunto, não há móveis que incentivem a demorar-se na casa. O espaço de encontro deles despertava emoções semelhantes às que eu sentia na minha juventude, quando o conforto dificilmente servia de critério.

A impermanência implícita tanto da mobília da varanda como dos bancos de piquenique transmitia a idéia de duas pessoas que não queriam assumir suas responsabilidades adultas seriamente. Minha interpretação se confirmou quando Harry optou por um emprego tão distante, que ele só conseguia voltar para casa nos fins de semana. Barbara e sua filha tinham uma relação semelhante à de duas amigas, e a falta tanto de um marido como de um pai parecia irrelevante. E por que um casal com salários altos escolheria móveis externos? Barbara e Harry haviam aceitado viver um casamento que ultrapassava as fronteiras habituais e que estava propenso a desgastar-se, como acontece com móveis externos.

O que o cérebro pode revelar sobre você? Em seu livro *Beyond the Conscious Mind*, Thomas Blakeslee analisa a teoria do darwinismo neural do prêmio Nobel Gerald Edelman, a qual afirma que o cérebro é uma reunião de módulos complexos de cognição. As duas áreas do cérebro, simplesmente denominadas sistema emocional (límbico) e sistema de pensamento (neocórtex), aparentemente organizam nesses módulos as reações que elas têm aos estímulos externos. Cada módulo opera independentemente, mas muitos podem reagir simultaneamente a uma situação do mesmo modo que, ao vermos uma criança em perigo, nossos pés, nosso corpo, nossas mãos e nossa voz agem em conjunto para resgatar a criança. Como em qualquer grande empresa eficiente, as tarefas são divididas e delegadas a módulos individuais, mas os módulos individuais podem associar-se entre si.

Imagine o módulo do cérebro como um saquinho de papel cheio de minúsculos pontos. Esses pontos são potenciais que quando usados se alongam e se conectam com outros pontos em padrões que, repetidos, se tornam comportamentos firmemente estabelecidos. Nossas experiências influenciam os padrões. Quanto mais repetimos um padrão, mais ele se fixa. À medida que envelhecemos, fica cada vez mais difícil quebrar os padrões em cada módulo.

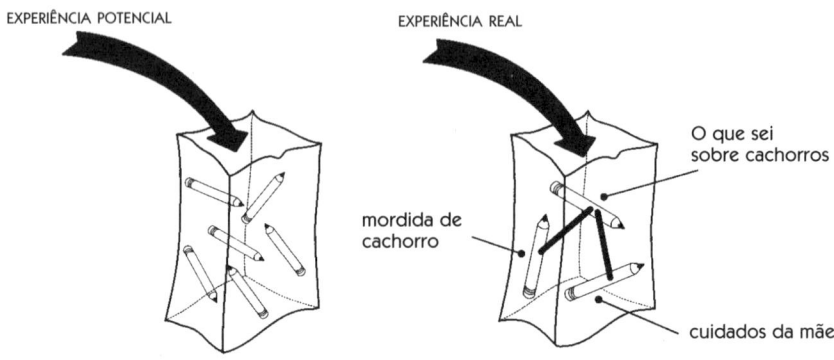

Antes da experiência, o módulo tem apenas potencial; depois da experiência, ele começa a desenvolver um padrão.

Considere a seguinte situação. Um cachorro ataca e morde a mão de uma criança. Isso cria um módulo a que chamaremos "O que sei sobre cachorros". Um dia a criança está brincando numa caixa de areia, um cachorro aparece, e ela entra em pânico. O módulo começa a sinalizar à criança o medo de ser mordida. Nesse momento, a criança é incapaz de modificar os sentimentos que tem.

Podemos alterar uma experiência traumática? O cérebro humano dispõe de um mecanismo fantástico para alterar módulos. Digamos que a mesma criança tenha um módulo intitulado "Experiência agradável com gatos". Como tanto cães como gatos são criaturas com pêlos e quatro patas, o cérebro da criança poderia passar para esse módulo num encontro seguinte com um cachorro; a criança pode acreditar que dessa vez a criatura peluda vai agir mais como um gato. Se o cachorro *não* morder nessa ocasião, o módulo "O que sei sobre cachorros" terá uma experiência positiva sobreposta. A experiência original relacionada aos cães não se apaga completamente, mas fica obscurecida por uma experiência mais nova, mais positiva, e sotopõe-se aos resquícios de outras experiências, pronta a exercer sua influência na vida da criança, talvez de um modo estranho e aparentemente casual.

Cada experiência reforça o nicho de um módulo, fixando o modo como uma pessoa reagirá a uma determinada situação constituída de variáveis semelhantes. Os módulos programam o modo como vemos os estímulos provenientes do mundo externo. O módulo chamado *eu* ou *módulo de introspecção* absorve a primeira percepção de como somos percebidos pelos outros. Esse é o módulo que usamos quando pensamos sobre nós mesmos.

Conquanto independente de outros agrupamentos, o módulo do eu percebe-se como sendo o que "encarna" todos os demais. A probabilidade de que o módulo do eu seja capaz de discernir corretamente ou de controlar o que os outros módulos do cérebro fazem e sentem, porém, é tão plausível quanto uma pessoa sozinha dominar uma multidão tumultuada. Portanto, nossa idéia de eu não é tão coesiva e abrangente como achamos que é. Dito de maneira simples, o módulo do eu acredita que ele tem acesso a todas as partes de nós mesmos, quando na verdade ele é apenas um numa série de módulos que interpreta e aborda quem somos e o modo como nos sentimos com relação a nós mesmos.

Como diferentes partes do motor de um carro, cada módulo opera sozinho e ao mesmo tempo como um todo com os outros. Nossa mente é como uma sala cheia de alunos fazendo um exame simultaneamente. No mesmo período de tempo, cada aluno busca respostas através de suas experiências de aprendizado. Assim, o cérebro funciona junto, mas se divide em compartimentos através de módulos individualizadores.

A noção de eu é uma atividade compartilhada por muitas diferentes partes do cérebro sem acesso umas às outras. Somos compostos por uma fraternidade de módulos que promissoramente, como um grupo social colegiado, têm algo em comum e são compatíveis uns com os outros. Gerald Edelman desvendou o conhecimento de que quando uma nova situação surge e as informações anteriores não têm mais utilidade, um novo grupo pode formar-se. Entretanto, módulos podem estar intrigados uns com outros e lutar pelo direito de se expressar. Naturalmente, apenas um vence, e o vencedor de certo modo nos faz acreditar que o padrão dele é o apropriado.

O módulo do eu dá origem à autopercepção que é traduzida em palavras. Esse módulo se localiza no córtex cerebral, a única parte do cérebro que usa símbolos chamados *palavras* para elaborar informações. O neocórtex, como sede do pensamento, abrange e reúne o que os sentidos percebem. O neocórtex dos humanos, altamente desenvolvido, contribuiu significativamente para a sobrevivência da espécie porque ele é dotado da capacidade de elaborar estratégias e planos e nos dá agilidade mental. Não é de admirar, então, que tenhamos o pensamento em alta consideração e acreditemos que ele é o principal veículo que expressa o eu. *Infelizmente, a parte do cérebro que usa palavras pensa que ele pode compreender e expressar todas as nossas experiências. Mas essa crença é falsa.*

Nossas escolhas, como as que fazemos para a nossa casa, expressam experiências desses módulos assentadas nas partes emocionais, não-verbais, do cérebro. Ao observar e interpretar um ambiente, nós nos concentramos nos módulos que expressam o eu de formas diferentes do que o expressam palavras ou pensamentos. Se você participa da inauguração de uma galeria e fica fascinado por uma obra de arte, sua paixão por essa peça entra inicialmente em sua consciência como um sentimento agradável ou entusiasmo. Só posteriormente você consegue traduzir essa emoção em palavras. As escolhas que fazemos em nossa casa expressam partes de nosso eu inexprimíveis por palavras. Elas provêm do nosso centro emocional e em geral não são acessíveis aos nossos processos intelectuais. Observar escolhas pode ser mais seguro do que ouvir palavras.

3

O CONCEITO DE EU

Nós ocidentais acreditamos num eu separado, um "eu" diferente do nosso ser que faz parte de uma família, de um grupo, de uma religião, de um ecossistema. Esse conceito de eu é desconhecido em outras culturas, onde cada pessoa é considerada apenas parte de um todo maior, inconsútil. Embora você possa perfeitamente encontrar um parceiro de vida de sua própria cultura, um aspecto importante a observar antes de amar é compreender como o conceito de eu pode variar entre as pessoas que você conhece, quer elas adotem uma tradição cultural diferente da sua quer reflitam um caldeamento americano único. Os componentes do eu que parecem desempenhar um papel relevante nos relacionamentos incluem o volume de controle que acreditamos ter sobre o nosso destino, os limites do eu e a nossa percepção do tempo.

> Três conceitos importantes do eu são o volume de controle que acreditamos ter sobre o nosso destino, os limites do eu e a nossa percepção do tempo.

CONTROLE

"Eu posso fazê-lo" é uma premissa básica incutida nos ocidentais. A imagem de Horatio Alger, do jovem determinado a ir para o oeste em busca de fortuna e fama, arraigou-se em nossa psique. Espera-se que o jovem Alger vença obstáculos assustadores e enfrente, sozinho e criativamente, todos os desafios que encontrar pela frente. Espera-se que ele controle seu destino.

A idéia ocidental de controle — de que o que fazemos afeta o que acontece — é única. Com base nessa idéia, geralmente somos ensinados a refrear nossos sistemas de reação inatos para gerar alguma conseqüência positiva. Um exemplo disso é adiar satisfações para alcançar objetivos a longo prazo. Embora sacrificar-se pelos filhos e netos possa implicar alguns benefícios biológicos, parece que o conceito ocidental de controle é aprendido, não sendo comum a todas as culturas ou subculturas nos Estados Unidos. De fato, instituições experientes, como Alcoólicos Anônimos e Vigilantes do Peso contestam a noção do eu no controle. A designação de parceiros e a promoção de encontros de apoio são um reconhecimento de que o eu não está no controle realmente.

Embora as pessoas com quem você se relacionar provavelmente tenham uma atitude relacionada ao controle situada em algum ponto entre Horatio Alger e os Vigilantes do Peso, a faixa de possibilidades é muito mais larga. Numa ponta do espectro do eu no controle estão os budistas tibetanos, que acreditam que a mente é responsável por toda a realidade pessoal. Pela intenção fortalecida através da entoação de mantras, as pessoas podem transformar suas vidas e eliminar a dor e o sofrimento. O eu, ou a mente neste caso, é o instrumento que produz a mudança. Na outra ponta do espectro está o povo indígena dinka, habitante da região do Rio Nilo, na África. Essencialmente, os dinkas não têm a idéia de um eu individualizado. Eles não pensam em si mesmos relacionados aos eventos ou mesmo com o que lhes acontece num dado momento. Diferentemente de nós, eles não têm um mecanismo de armazenamento das experiências do eu para refletir em experiências passadas. O que eles fizeram ontem não tem essencialmente relação com o que está acontecendo hoje. A experiência da vida não é assimilada como algo a ser usado para consciência ou desenvolvimento de si numa data posterior. O que está acontecendo não é um reflexo de "quem eu sou" mas simplesmente do momento e do capricho dos deuses.

Em que ponto desse espectro você se encontra? Marsha e Larry servem de exemplo para mostrar que posições diferentes no espectro podem causar conflitos num relacionamento. Marsha e Larry se casaram tarde. Marsha acabara de iniciar uma nova profissão quando eles se conheceram. Seu entusiasmo e sua energia condiziam com sua crença de que com trabalho árduo e um pouco de sorte ela poderia realizar o que desejava, que no caso dela era decidir-se a ser atriz aos quarenta e poucos anos. Marsha acreditava ter certo controle sobre como era percebida e que por isso se daria bastante bem na nova profissão. Larry, por outro lado, foi obrigado a mudar de profissão porque seu patrão vendeu praticamente todos os produtos a uma grande empresa, extinguindo assim a função de vendedor. Ele acreditava que na sua idade (perto dos cinqüenta anos) poucas empresas o contratariam. Conseqüentemente, ele procurava empregos que só ofereciam comissão ou em que ele, o empregado, precisava comprar o produto para revenda. Embora não questionasse suas habilidades de vendedor, Larry sentia que não tinha controle sobre seu destino e aceitava um trabalho de vendas temporário depois do outro. Marsha e Larry agiam de modo totalmente diferente baseados em sua noção pessoal de controle e de tempo. Marsha acreditava que ela mesma estava no controle; Larry acreditava que os outros o controlavam. Suas atitudes diametralmente opostas afetavam não somente o resultado de suas atividades profissionais mas também suas vidas pessoais. Larry pensava que Marsha tinha sorte, e Marsha pensava que Larry tinha uma atitude derrotista. Suas crenças divergentes foram o principal motivo da desintegração do casamento deles. Sem dúvida, é mais apropriado conviver com alguém cujas crenças se harmonizam com as nossas.

Responda às questões a seguir para conhecer sua visão do eu no controle.

Quem Está no Controle de Sua Vida?

1. Se meu ensino médio tivesse sido mais rigoroso academicamente, eu teria

    a. ido para a faculdade.

    b. lido os clássicos.

    c. tido menos tempo para encontros sociais.

    d. Nenhuma das alternativas acima.

2. Geralmente chego atrasado nas festas ou em outros compromissos sociais porque

    a. não planejo meu tempo adequadamente.

    b. geralmente o trânsito é intenso.

    c. tenho tendência a me perder.

    d. freqüentemente recebo telefonemas ou chegam visitas quando estou para sair de casa.

3. Esqueci de mandar cartão no aniversário de uma amiga porque

    a. eu estava com excesso de trabalho.

    b. esqueci de anotar na agenda.

    c. ela se esqueceu do meu aniversário.

    d. não sou tão cuidadoso quanto deveria.

4. Não retorno chamadas deixadas na secretária eletrônica

   a. quando sei que vão pedir uma contribuição caridosa.

   b. porque não quero falar com a pessoa.

   c. porque estou ocupado com atividades do meu gosto.

   d. só quando não consigo entender o nome e o número.

5. Se me pedem alguma contribuição para uma causa e não quero contribuir, eu geralmente

   a. digo que já distribuí minha cota beneficente anual.

   b. digo que não estou interessado em contribuir para aquela entidade específica.

   c. cedo e faço uma doação.

   d. digo que tenho necessidades financeiras prementes, mesmo quando isso não é verdade.

Você acredita estar no controle se suas respostas foram: 1, d; 2, a ou c; 3, b ou d; 4, c ou d; 5, b. Você acha que os outros estão no controle se as respostas dadas foram: 1, a, b ou c; 2, b ou d; 3, a ou c; 4, a ou b; 5, a, c ou d.

Limites

Edward T. Hall, eminente antropólogo cultural, revela os padrões e critérios profundamente distintos que diferentes grupos de pessoas têm com relação à distância. Você já viajou para outros países e se sentiu constrangido com a proximidade de outra pessoa? A questão da proximidade com relação aos outros está tão entranhada em nós, que só pensamos no assunto quando nos deparamos com alguém que ultrapassou nossos limites de conforto.

> **Aprendemos ainda na infância os limites que definem nosso espaço pessoal e quando este é invadido, mas raramente pensamos no assunto conscientemente.**

Eu tinha quinze anos quando me deparei com o distanciamento cultural. Eu fora convidada a passar algum tempo com meus tios em Madri, quando a Espanha era governada pela ditadura e era dado toque de recolher à noite. Depois das 21 horas, somente Los Tunas tinham autorização para andar livremente pelas ruas silenciosas. Este era um grupo errante de músicos, formado somente por universitários homens, cujas serenatas penetravam nas casas e nos corações dos residentes locais.

Certa noite, durante o jantar, acordes de violões flutuaram no espaço e por uma janela aberta entraram no apartamento de meus parentes localizado no segundo andar. Minha tia pulou da cadeira, pegou-me pelo braço e me levou até a sacada. Lá, diretamente embaixo, seis ou sete garbosos jovens em longas e ondulantes capas de veludo negro executavam uma melodia maravilhosa. Fiquei tão encantada, que mal percebi minha tia correr para dentro para buscar fitas longas e coloridas. "Jogue essas fitas para seus favoritos", insistiu ela. Passei alguns minutos enfrentando minha timidez e lançando fitas para vários jovens. Com o coração disparado, voltei para a mesa para continuar o jantar.

Passados alguns momentos, ouvimos algumas batidas fortes. Meu tio saltou da mesa, abriu a porta, e o que tive foi uma visão de parar o coração. Os músicos estavam entrando! Extasiada, levantei-me da cadeira e me vi cercada por esses arrojados jovens. Em poucos instantes, porém, fiquei tomada de pânico, pois todos ultrapassaram meus limites de conforto. Eu podia sentir-lhes o hálito, reconhecer o que haviam jantado e ver-lhes o rosto a uma distância que minha cultura reservava para o beijo. O êxtase se transformou em aflição. Minha zona de conforto havia sido invadida, e o romance da noite estava acabado.

Consideramos nossas posses uma extensão do eu.

O conceito de limites se estende também às posses. À semelhança de outras crianças, eu tinha objetos favoritos, como ursinhos de pelúcia, cobertas, livros ou bonecas, dos quais era difícil me separar. Quando fui para o jardim-de-infância, um pedaço da minha coberta preferida foi comigo. Era-me inconcebível estar num lugar sem minha coberta de segurança. Nós ocidentais somos muito apegados às nossas posses, as quais representam conforto ou valor ou aumentam a importância do senso do eu.

Em outras culturas, as posses não têm uma influência tão invasiva do senso do eu. Os descendentes dos maias da Guatemala, por exemplo, nem sequer individualizam suas roupas. Cada aldeia tem um traje característico único para homens e mulheres. Todos os anos, as mulheres da aldeia tecem um novo enxoval para os membros da família, exatamente do mesmo feitio que o de todos os demais membros da aldeia. Qualquer que seja a idade ou a condição social, todas as mulheres e homens vestem um estilo de roupa desde o nascimento até a morte.

Que Limites São Mais Importantes para Você?

1. Sinto-me responsável por meus filhos
   a. quando eles estão em casa.
   b. até concluírem os estudos.
   c. até se casarem.
   d. durante toda a vida deles.

2. Se um membro de minha família cometesse um crime, eu
   a. me sentiria como se de algum modo fosse responsável.
   b. acharia que talvez a pessoa não tivesse se realizado profissionalmente.
   c. diria que as influências da vizinhança têm certo peso.
   d. saberia que algumas pessoas nascem para ser más.

3. Quando viajo, geralmente levo
   a. roupas em excesso.
   b. um despertador, mesmo sabendo que provavelmente o hotel terá um.
   c. um sabonete, xampu ou travesseiro preferidos.
   d. um amuleto de sorte.

4. Eu ficaria absolutamente arrasado se perdesse num incêndio
   a. minhas roupas.
   b. meus livros.
   c. meus móveis.
   d. minhas peças de arte.

5. Eu me sentiria mais contrafeito
   a. num metrô apinhado.
   b. se tivesse de dividir um escritório.
   c. se tivesse de sentar junto ao balcão de uma lanchonete.
   d. se, adulto, tivesse de viver com meus pais.

6. Eu nunca

   a. sairia de casa sem terminar minha higiene matinal.

   b. deixaria de ler o jornal ou de ouvir as notícias da manhã.

   c. iria ao supermercado com roupas sujas ou puídas.

   d. iria a um evento para o qual não fosse convidado.

7. É hábito meu

   a. comprar roupas novas para qualquer casamento a que sou convidado.

   b. vestir-me para ter sucesso.

   c. não usar roupas velhas ou desgastadas fora de casa.

   d. comprar trajes para a noite dos mais confortáveis.

Há quatro limites do eu: físico, intelectual, social e emocional. O limite físico é mais importante para você se as respostas foram 1a, 2d, 3a, 4a, 5a, 6a e 7d. O limite intelectual é mais importante para você se as respostas foram 1b, 2b, 3b, 4b, 5c, 6b e 7b. O limite social será o mais importante se você tiver respondido 1c, 2c, 3c, 4d, 5b, 6c e 7c. O limite emocional será preponderante com as respostas 1d, 2a, 3d, 4c, 5d, 6d e 7a.

Físico

As pessoas que vêem seu corpo principalmente como uma propriedade ou uma responsabilidade terão mais respostas na categoria física. Preocupadas com a aparência física, elas se sentem julgadas pelo modo como as outras pessoas as vêem. Ao serem aceitas, as pessoas cujos limites não vão muito além do corpo físico se concentrarão intensamente em sua aparência. Esse tipo dá emprego aos cirurgiões plásticos e mantém as academias repletas.

Intelectual

O conhecimento é a posse mais valiosa dessas pessoas. Elas se sentem julgadas pelo grau de discernimento que têm e procuram a companhia dos que apreciam sua inteligência. Elas se relacionam com as pessoas verbalmente, não cinestésica ou visualmente.

Social

Quando o importante para você é o comportamento apropriado, você assinalará mais respostas nesta categoria. Sua definição de eu é formada pelo modo como as outras pessoas percebem sua posição social.

Jean e Stuart se mudaram do Arkansas para a Flórida, onde alugaram uma casa num bairro nobre. Stuart, porém, que acumulara uma prática de sucesso como advogado de causas cíveis ganhando muitos casos que lhe deram renome nacional, sentia-se como um desconhecido em sua nova casa, e por isso entrou em depressão. Ele esperava ser reconhecido por suas realizações, mas estava distante das pessoas que conheciam seu trabalho. Na nova cidade, ele precisou reconstruir seu senso do eu, que estava associado com suas capacidades intelectuais.

Emocional

Quando os sentimentos são usados como limites entre o que é e o que não é importante, as emoções assumem precedência sobre outros atributos. As pessoas que fazem isso valorizam acima de tudo o modo como se sentem ou o modo como fazem os outros se sentirem, e não se envolvem num relacionamento superficial nem têm conhecidos apenas, mas amigos.

Na saída de um almoço promovido pela Sociedade Protetora dos Animais, minha amiga Deborah comentou sobre uma mulher que se sentara perto de nós. Nos primeiros quatro minutos de conversa, ouvimos uns vinte comentários sobre como ela se sentia com relação a tudo, desde a conferencista até os pratos servidos.

"Impressionante", disse Deborah, "você conseguia suportá-la?" Esbocei um início de resposta, mas antes que pudesse terminar uma frase, ela continuou. "Eu não conseguia suportá-la! Quem se importa como ela se sente? Você notou que ela não tinha absolutamente nada a dizer sobre o novo projeto?" Aparentemente, nossa comensal estava envolvida por sua vida emocional e entrando em contato conosco através das emoções, as quais não são o primeiro canal de comunicação usado por Deborah numa situação social.

Favorecer um aspecto do eu mais do que outro pode causar angústias quando os que fazem parte de nossa vida não dão tanto valor ao mesmo aspecto do eu.

TEMPO

Você já está velho? Eu me sentia adulta aos doze anos e jovem aos quarenta! A cultura nos ensina como nos sentir com relação ao envelhecimento.

Na China, ser velho é sinal de sabedoria, enquanto aqui envelhecer significa perder a atração e o controle. Além disso, para os ocidentais, o tempo é um produto; ele pode ser poupado, armazenado, gasto ou controlado. Implícito ao campo da administração do tempo está o conceito de que este é uma ferramenta e que pode ser manipulado.

Ram Das, um guru da Nova Era, surpreendeu-nos com a noção de que devemos estar aqui agora. Seguidamente peço aos participantes de meus cursos que escrevam três coisas que os inquietam no momento. A lista de preocupações geralmente inclui tópicos como não ter dinheiro suficiente para aposentar-se, esperança de encontrar um companheiro ou o desejo de melhorar as condições de vida de algum modo. A preocupação com o futuro implica a idéia de controle do tempo.

Ao longo da maior parte da história humana, as pessoas não foram vistas como ecônomas do tempo. A expectativa era que uma geração variasse pouco com relação a outra. Os filhos seguiam as pegadas dos pais. Nem sempre o tempo era sinônimo de conquistas e mudanças.

Em nossos dias é muito difícil não mudar. Poucos de nós moramos na cidade onde nascemos. Acreditamos que o tempo e a mudança são inevitáveis. Numa cultura que considera o descanso uma oportunidade de aprimoramento através de um passatempo ou de um esporte, o tempo é um produto que as pessoas devem usar para auto-aperfeiçoar-se. Num mundo em que o padrão é a comunicação instantânea, o movimento linear do tempo se acelera. O tempo como produto pessoal está arraigado no conceito ocidental de eu.

> **Os ocidentais consideram o tempo um produto manipulável.**

Casais com visões muito diferentes do tempo em geral entram em conflito. Meus pais me ensinaram que se eu não estivesse num lugar cinco minutos antes, eu estaria atrasada. O mundo deles tinha limites bem claros com relação ao tempo, e eles acreditavam que se podia controlar o tempo; assim sendo, ninguém devia deixar-se controlar por ele. Meu pai só trabalhava das 9 às 17 horas; durante a semana, minha mãe sempre estava em casa às 11:45 para nos servir o almoço. Acredito que eles nunca sentiram que o tempo não podia ser controlado, menos quando estávamos no trânsito. O trânsito angustiava profundamente meus pais, em parte porque nessa circunstância eles não conseguiam controlar o tempo. Viver com alguém que acha que o tempo é controlável pode ser um fardo para quem pensa de modo diferente. Quem controla o tempo se aborreceria com quem não se preocupasse com isso, e vice-versa. Seria frustrante para mim viver com alguém que fosse menos do que pontual. É bem melhor conviver com quem tem uma visão do tempo semelhante à nossa, ou então dispor de alternativas apropriadas.

Como Você Vê o Tempo?

1. Eu me levanto cedo
    a. para fazer muitas coisas.
    b. para não me sentir pressionado.
    c. só quando dormi o bastante para me manter saudável.

2. Gosto de planejar detalhadamente
    a. como usarei o meu dia.
    b. minha aposentadoria.
    c. como chegar a um lugar desconhecido.

3. Tenho tendência para me preocupar
    a. se vou continuar saudável quando envelhecer.
    b. com a hora de morrer.
    c. se conseguirei trabalhar por tempo suficiente para garantir uma velhice financeiramente segura.

4. Se sei que vou me atrasar, eu geralmente
    a. me apresso ainda mais.
    b. entro em contato com a pessoa que está esperando para dizer que vou atrasar.
    c. interrompo o que estou fazendo para sair mais cedo.

5. Eu
    a. raramente me atraso.
    b. cuido de passar o tempo só com as pessoas do meu agrado.
    c. procuro me divertir o máximo possível.

Este teste mostra se o tempo tem valor para você — você acredita que o tempo é um produto que tem ou não valor; se o tempo pode ser controlado – você acredita que o tempo pode ser controlado ou administrado; ou se o tempo é limitado – você acha que o tempo é limitado, e portanto o que você faz tem muitas repercussões a longo prazo. Se você respondeu 1a, 2a, 3c, 4b e 5b, você valoriza o tempo. Se você respondeu 1b, 2c, 3a, 4c e 5a, você acredita que o tempo pode ser controlado. Se você respondeu 1c, 2b, 3b, 4a e 5c, o tempo para você é limitado.

Embora essas três visões do tempo não sejam reciprocamente excludentes, todos tendem a valorizar uma mais do que as outras. Quando, já adulta, compreendi que os estados histéricos dos meus pais com relação ao trânsito eram provocados pelo valor exagerado que eles atribuíam ao controle do tempo, tolerei melhor as explosões deles.

O eu se mistura com considerações culturais. Precisamos pensar sobre essas diferenças, especialmente hoje, quando a experiência de uma vida multicultural está se tornando cada vez mais a regra e menos a exceção. Sua experiência dos relacionamentos é em parte influenciada pelo modo como você vê o tempo e pelos valores relacionados com o conceito de eu que você abraça.

Parte II

PRINCÍPIOS BÁSICOS DO FENG SHUI

4

FENG SHUI: COMUNICANDO-SE COM SEU AMBIENTE

O feng shui descreve a comunicação que se estabelece todos os dias entre você e um ambiente. Embora as palavras chinesas *feng shui* signifiquem "vento e água", esta disciplina pesquisa os sentimentos e as reações universais dos seres humanos a um ambiente. Os ensinamentos do feng shui mostram como as relações (Tao), o equilíbrio (yin e yang) e a vitalidade (chi) podem influenciar positivamente a vida; como os sentidos da visão, da audição, do olfato e do tato afetam profundamente o comportamento. Imagine-se, por exemplo, tentando terminar um relatório urgente, num belo dia de verão, sentado a uma mesa de frente para o ofuscante sol da tarde. Você pode apressar-se ou distrair-se e não fazer um trabalho de qualidade porque o sol interfere em sua concentração. O relatório deficiente pode afetar uma possível promoção ou um aumento de salário. Às vezes, um detalhe físico adverso pode ter efeitos de longo prazo profundos. Esse princípio se aplica à sua vida amorosa e também à sua vida profissional, naturalmente, e é exatamente este o assunto deste livro.

> **O feng shui pesquisa os sentimentos e as reações universais dos seres humanos a um ambiente.**

Um ambiente afeta todos os aspectos da vida, e você pode ver evidências disso nas relações familiares, na espiritualidade e mesmo na saúde. O amor, um componente essencial do sentido da vida, pode beneficiar-se das técnicas do feng shui. Um resfriado comum, como também doenças mais ameaçadoras, como o câncer, o mal de Alzheimer, a esclerose múltipla e a Aids, podem, em alguns casos, ser vencidos ou aceitos menos traumaticamente quando se fazem mudanças num espaço de vida. O feng shui não cura, mas pode remover de um ambiente obstáculos que agravam perniciosamente uma doença. Por exemplo, se o sol não reflete no soalho, uma pessoa com esclerose múltipla se locomove com mais confiança. Cercar um paciente de câncer com flores amarelas reforça o tratamento radiativo, pois o amarelo está associado à desintoxicação. Espero que você fique aberto às muitas inspirações que o feng shui pode trazer para a sua vida.

> O feng shui trata mais da sensação que a pessoa tem do lugar do que do lugar em si.

Neste capítulo, apresento uma rápida visão dos princípios fundamentais que devemos levar em consideração no estudo do feng shui. Os capítulos 2 e 3 deram uma idéia do significado do eu; a Parte II aborda o modo como o feng shui avalia a relação entre o eu e o ambiente.

Embora muitas pessoas acreditem que o feng shui se relaciona com o lugar, a escola da pirâmide sustenta que ele se refere ao modo como a pessoa sente o lugar. Tenho certeza de que você sabe que os lugares podem fazer-nos sentir bem. Todos podemos fechar os olhos e trazer à imaginação um espaço preferido, um lugar livre de sensações negativas ou um lugar de grande inspiração. Ao entrar em lugares assim, podemos ficar maravilhados, deslumbrados ou inspirados, e aquele momento ou mesmo uma vida toda pode ser transformada.

O lugar também pode nos prejudicar. Nos últimos quinze anos, uma casa em meu bairro serviu de residência para três famílias, que tiveram problemas de divórcio, alcoolismo e doença. É fácil atribuir essas adversidades a fenômenos misteriosos, mas podemos encontrar explicações racionais para muitos eventos aparentemente enigmáticos. O mofo, como a falta de sol, pode induzir a comportamentos insanos. Essa casa está cercada de grandes árvores folhadas; as janelas não recebem luz direta do sol. A falta de luz pode causar depressão, que por sua vez pode desencadear outros males. Às vezes são toxinas ou outras condições nocivas presentes numa casa que podem causar ou exacerbar problemas emocionais. Os compostos orgânicos voláteis são literalmente exalados de materiais como colas, borrachas, madeiras, tintas, vernizes, tinturas, carpetes e fibras. Como essa casa é pré-fabricada, os materiais insalubres que a compõem provavelmente exalam substâncias tóxicas, infectando assim o ar.

Os seres humanos reagem ao ambiente em muitos aspectos. Em primeiro lugar e acima de tudo, somos criaturas biológicas que receberam um componente genético que resultou em nossas reações humanas peculiares comuns. Além da biologia, somos influenciados pela cultura, pela geografia, pelo sexo e pela geração. A escola da pirâmide foi desenvolvida de tal modo que o feng shui pode ser aplicado em qualquer cultura, em qualquer momento, para qualquer pessoa. Essa escola leva em consideração a singularidade de cada pessoa, inclusive sua experiência, personalidade e conteúdo emocional, antes de concluir como ela pode ser influenciada pelo lugar. Cada um de nós sente o lugar de modo um tanto diferente; por isso, todo lugar pode ser positivo ou negativo, dependendo de quem o percebe.

> Os seres humanos têm reações universais a certos estímulos. Assim, todos reagimos a um lugar de modo semelhante.

A biologia é a primeira camada avaliada no feng shui. A Introdução descreveu brevemente reações biológicas arraigadas, como o instinto de luta-ou-fuga que ajudou nossos ancestrais a sobreviverem a perigos ameaçadores e que continua a ajudar-nos atualmente. Outras reações humanas comuns incluem fechar os punhos quando estamos com raiva, o que nos prepara para lutar, e torcer o nariz quando vemos ou cheiramos alguma coisa repugnante, o que abre uma passagem maior para detectar o cheiro; isso possibilitou a nossos ancestrais definirem substâncias venenosas ou nocivas. Estudos demonstram que a reação de nojo de crianças a figuras de ratos, serpentes ou aranhas, mesmo quando não viram esses animais ao vivo, pode ser uma reação humana arraigada voltada à autopreservação, porque os que eram precavidos sempre tinham maiores possibilidades de sobreviver. Embora apavorar-se com uma cobra, um rato ou uma aranha não seja hoje tão útil como primitivamente, são necessários milhares e milhares de anos para alterar uma característica genética benéfica. Pelos calendários evolucionários, provavelmente estamos apenas algumas semanas afastados daqueles ancestrais que precisavam ter medo de cobras e aranhas, e por isso continuamos medrosos.

> A cultura é outro sistema que modela nossas reações e atitudes.

O nível seguinte de pesquisa do feng shui é a cultura, também comentada anteriormente. Ao procurar conhecer alguém, as pessoas em geral encontram bastante dificuldade para avaliar este fator. Embora tenhamos todos a mesma biologia, não procedemos de uma cultura única – um fato fácil de esquecer, porque as regras e costumes culturais se tornam profundamente arraigados e estão repletos de nuances complexas. Considere a pontualidade, por exemplo. A expectativa é que cheguemos em tempo para uma consulta médica, mas não se espera que o médico seja necessariamente pontual. É totalmente inapropriado chegar atrasado numa reunião de negócios, mas não numa festa. Essas distinções parecem lógicas às pessoas que cresceram com essas convenções, mas esquecemos que nem todos os que encontramos aprenderam o mesmo comportamento.

Adquirimos a estética através da cultura. Para interpretar as antigas orientações chinesas do feng shui de forma aceitável hoje, precisamos abandonar preferências culturais e revelar o âmago ou essência que se aplica a todos. O feng shui tradicional usa cristais para modificar a sensação ou a energia de um lugar, mas nem toda decoração ocidental considera os cristais apropriados. Se removermos as formas ditadas pela cultura, chegaremos à substância universal: a luz refratária, o único benefício de um cristal, é necessária para alterar a energia de um lugar. Sabendo isso, podemos usar um objeto ocidental mais familiar, como uma poncheira ou um pesa-papéis, para mudar a energia de uma sala. A escolha do objeto depende do gosto pessoal, um produto tanto da cultura como das experiências pessoais de cada um.

No feng shui da pirâmide, o objeto é menos importante do que a mensagem que ele comunica, para os outros e para você. Os ensinamentos do feng shui incluem modos de apoiar a intenção pessoal para promover a mudança. O uso de símbolos de boa sorte para representar a intenção, por exemplo, pode facilitar a lembrança e estimular as forças que produzem a mudança. Uma moeda de um centavo, um pé de coelho ou um cristal podem trazer sorte porque você acredita que isso é possível. Pendurar uma bandeira de oração, instalar um *mezuzah** e decorar uma árvore de Natal são ações que consolidam crenças. Importa menos o que o símbolo é do que a fé que você nele deposita.

Quando nos propomos a conhecer alguém, não somente é importante lembrar que tanto a biologia quanto a cultura ditam escolhas, como também é crucial distinguir as duas influências. As preferências culturais são aprendidas: conquanto arraigadas, elas podem ser flexíveis. As escolhas biológicas são inatas: são elas que permanecem quando a cultura e outras camadas de influência são retiradas; elas nos dizem o que é universalmente benéfico ou pernicioso.

O feng shui mostra como o lugar afeta os relacionamentos e as capacidades pessoais. Os próximos capítulos descrevem o feng shui em profundidade e o modo de usá-lo como instrumento para escolher um companheiro ou para estreitar uma relação já existente. O sistema que adoto se baseia numa técnica que denomino *scope-ing*, introduzida no Capítulo 5, a qual analisa os símbolos, a cor, os objetos, a posição (disposição) e os elementos presentes na casa para compor um quadro geral dos eus externo e interno da pessoa. O Capítulo 6 explica como o feng shui incorpora nessa análise o Tao, yin e yang e o chi evidentes nesses aspectos da casa. O Capítulo

---

* Pequeno rolo de pergaminho contendo as passagens do Deuteronômio 6:4-9 e 11:13-21. O rolo é guardado numa caixinha afixada à ombreira da porta para identificar uma família judia. Também pode ser levado como amuleto. (N.T.)

7 explica outro instrumento fundamental para o feng shui, o ba-guá, um gabarito que podemos sobrepor à casa ou a uma parte dela para observar como o mundo físico do ocupante expressa vários aspectos da vida emocional dele. No Capítulo 8, você aprende como os cinco elementos do feng shui expressam sua personalidade e suas emoções. Os Capítulos 9 a 13 tratam de cada elemento em particular. Você identificará os elementos que definem sua personalidade e suas emoções. Além disso, você aprenderá que características, favoráveis e desfavoráveis, você encontrará em si mesmo ou em parceria com outra pessoa.

5

A TÉCNICA DO *SCOPE-ING*

> *"Os objetos, como as pessoas, entram e saem de nossa vida e de nossa atenção, não segundo um padrão casual e sem sentido determinado pelo Destino, mas numa configuração claramente padronizada que prepara o ambiente para uma autocompreensão cada vez maior."*
>
> Claire Cooper Marcus, House as a Mirror of Self

Se você quer realmente conhecer uma pessoa, observe os objetos com que ela convive. Esses objetos revelam mais sobre a natureza da pessoa do que qualquer conversa. Neste livro, proponho uma técnica, chamada *scope-ing*, que lhe possibilita analisar símbolos, cores, objetos, posições e elementos para ter uma compreensão maior de outra pessoa ou de você mesmo. Através dessa técnica, você verá que os móveis, acessórios, cores, padrões e objetos de arte existentes numa casa, que parecem compor um quadro de realidades diferentes, na verdade se juntam para criar uma composição mais detalhada do eu.

> A simbologia das peças de arte e de outros objetos expressa partes de nós mesmos às vezes difíceis de perceber à primeira vista num relacionamento.

OS SÍMBOLOS

O eminente psicólogo E. Prelinger pediu a um grupo de pessoas que mostrassem como viam a si mesmas assinalando 160 itens numa progressão contínua de "eu" a "não-eu". Depois do corpo físico, dos valores e das categorias de identificação pessoal, como profissão e idade, a opção mais freqüente para descrever o eu foram as posses. As escolhas feitas ao selecionar um quadro artístico, um móvel, um tapete, etc., pareciam estar todas ligadas à percepção que as pessoas tinham de si mesmas.

Recentemente, fiz uma consulta de feng shui na casa de uma agente imobiliária de quarenta e cinco anos, solteira e muito atraente. Ela me disse que uma de suas metas nessa idade era sossegar e investir num relacionamento permanente. Minutos depois de minha chegada, deparei-me com inúmeras mensagens consistentes reveladas pela simbologia das peças de arte. A maioria dessas peças consistia de imagens de mulheres sozinhas, como um busto de uma guerreira americana nativa e uma fotografia de uma mulher solitária numa praia. Também observei em vários cômodos uma confortável cadeira individual. A localização dessas cadeiras e as peças de arte emitiam a mensagem de que essa cliente preferia a autonomia proporcionada por uma vida sozinha. Essas mensagens não favoreciam em nada a meta dela de ter um relacionamento duradouro.

Os símbolos podem manifestar-se de várias maneiras. Temas repetitivos em peças de arte, coleções ou duplicações podem revelar informações cruciais. Uma mulher que conheço diz que se sente maltratada por sua paixão por seus cinco galgos, que, no meu Estado da Flórida, são criaturas sujeitas a tratamento questionável pelas pistas de corrida. Uma outra mulher espalhou mais de cem velas ao redor da casa. Depois de vencer recentemente sua dependência das drogas e do álcool, ela parece estar simbolizando sua necessidade de purificação. O amor de minha mãe por corujas expressa de certa forma o desejo que ela tem de ser vista como intelectual e sábia.

A COR

A natureza e o corpo humano muitas vezes usam a mesma cor para expressar fenômenos semelhantes. O sangue, por exemplo, é vermelho, como o fogo. O elemento fogo, ou sua associação com o tempo quente, é tão vital para a terra como o sangue para nós. Portanto, é fácil ver por que o vermelho — em oposição ao preto, ao branco, ao amarelo ou ao azul — tem relação com uma força de vida energética.

> A cor preferida reflete a essência emocional da pessoa.

As cores têm propriedades emocionais e físicas profundas, e a tendência para usar a mesma cor com freqüência pode ser muito reveladora. O Capítulo 6 estuda em profundidade o significado da cor; no momento, porém, saiba que é importante observar a cor dominante de cada sala e do ambiente em geral.

Elaine, uma terapeuta massagista, pintou as paredes do seu consultório de verde-vivo. Isso, somado ao verde-escuro dos tapetes, criou um ambiente diferente da maioria das salas de massagem, geralmente em cores suaves. Depois de refletir, compreendi que a escolha do verde-vivo representava um compromisso profundo de Elaine no sentido de ajudar os clientes a se livrarem de dores ou do *stress*, pois o verde representa mudança e crescimento.

Os Objetos

Os objetos expressam nossos interesses e às vezes são usados para expressar emoções profundas. Um colecionador de réplicas de navios provavelmente anseia por alguma forma de liberdade, enquanto quem coleciona moedas quase certamente ficará feliz procurando alcançar metas relacionadas com o aqui e agora.

Algumas casas têm objetos em excesso, outras não têm praticamente nada. Recentemente, ao filmar uma reportagem para a TV, visitamos a casa de uma mulher que não tinha praticamente nenhum objeto que chamasse a atenção. Essa poderia ser um modelo de casa, a não ser por algumas fotografias de família. Ao tentar conhecer os interesses da ocupante, eu soube que ela dependia totalmente de um parceiro para ter a vida preenchida e que, afora isso, pouca coisa a preocupava. Uma outra mulher, Joan, tinha canecas, copos, calendários, vasos, luvas de cozinha, ímãs de geladeira, estampas, esteiras e cortinas de banheiro, broches, brincos, anéis e roupas, tudo relacionado com gatos. Como se descobriu, ela trabalhava obsessivamente para salvar, proteger e abrigar gatos. Ela se conservara solteira e não tinha nenhuma ligação profunda duradoura. Será que sua decoração felina representava a substituição de relações humanas por gatos? Ou a mensagem de que os gatos eram sua paixão impedia o desenvolvimento de intimidades humanas? Não sei. O que sei é que só haveria possibilidade de mudança se ela reduzisse a desordem.

> A quantidade e a variedade de objetos ao nosso redor na casa muitas vezes representam o que é importante para nós e o número de interesses que temos.

A Posição

Analisando a posição podemos perceber o que talvez não esteja expresso. Sem nenhum aviso, Marvin abandonou Rebecca. Rebecca não teria ficado chocada se tivesse observado que a casa não exibia nenhum traço dos interesses de Marvin. Embora fosse um ávido colecionador de engenhocas, de equipamentos de pesca e de revistas esportivas, ele guardava essas coisas na garagem. Não havia nada que expressasse Marvin nas peças principais da casa. O lugar onde colocamos nossos objetos de valor, nossa cadeira preferida ou as coisas que estimamos nos diz muito sobre como nos sentimos com relação aos demais membros na família e sobre nosso lugar na estrutura familiar.

> O lugar onde colocamos uma escrivaninha, uma cadeira ou uma coleção de livros revela como nos sentimos com relação a nós mesmos ou às outras pessoas.

OS ELEMENTOS

Albert Einstein passou grande parte de sua vida tentando elaborar uma teoria unificada do universo, no que está sendo seguido pelo físico contemporâneo Stephen Hawking, que em seu livro *Black Holes and Baby Universes* levanta a hipótese de que o universo é uma entidade de dimensões extraordinárias. Tanto Einstein como Hawking acreditam que há um padrão geral que integra todas as partes. Como não somos diferentes dos demais sistemas existentes no mundo natural, podemos usar os cinco elementos (fogo, terra, metal, água e madeira) que entram na descrição do nosso mundo físico também para descrever categorias de comportamento humano. Cada um desses elementos tem uma personalidade implícita, com um potencial que pode ser tanto positivo como negativo. Embora quase todos possamos nos identificar de algum modo com alguns atributos de todos os elementos, caracteristicamente tendemos para os traços de personalidade e para as predisposições emocionais de um ou dois desses elementos. Assim, a natureza e nosso modo de expressar a nós mesmos são unificados, como conjeturaram as mentes privilegiadas de nosso século.

Quando meu filho Zachary nasceu, meus pais entraram pressurosos no quarto do hospital, gabando as virtudes familiares de nosso clã. "Sabíamos exatamente qual era ele, mesmo antes de ver os nomes", sussurraram. Interrogando-os, descobri que haviam identificado corretamente o bebê, que além do cabelo escuro e da pele morena geneticamente coerentes com os dos membros da nossa família era o que estava chutando, revolvendo-se e mostrando-se completamente à vontade. "Igualzinho à mãe dele!", exclamaram.

Era verdade. Zachary não era uma surpresa a mais numa família cujos membros se orgulhavam de ser extrovertidos, ativos e muito animados.

Se você já viu um berçário e se surpreendeu com as diferenças específicas de cada bebê, você sem dúvida percebeu as diferenças fundamentais entre as pessoas. Felix e Oscar, as estrelas do gostoso e divertido programa de TV "The Odd Couple", eram dois tipos diametralmente opostos que tentavam viver juntos e superar suas diferenças. Nossa estrutura genética tipifica em nós certas tendências, e nós nos relacionamos com o meio ambiente de modos que nos individualizam desde o nascimento. Se as circunstâncias não nos pressionam a mudar, geralmente expressamos traços de personalidade semelhantes durante toda a vida.

> **Nossa personalidade expressa e nossas emoções recônditas podem ser detectadas através dos elementos com que escolhemos viver.**

Você pode identificar os elementos em sua casa e usá-los para iniciar uma mudança positiva, mas antes você precisa compreender como os elementos se expressam no mundo físico. Por exemplo, se você é uma pessoa água e um possível parceiro é terra, o acréscimo de fogo não deixará o parceiro sentir-se frágil, porque o fogo inflama a terra com energia para contrabalançar a tendência de uma pessoa água a saturar emocionalmente uma pessoa terra. Para reunir as informações apropriadas e começar a mudança, você precisa conhecer os elementos que fazem parte de sua casa e que dão indicações sobre sua própria natureza. Primeiro conheça a si mesmo, e em seguida conheça o/a — companheiro/a. Só então você saberá que elementos contribuirão para o equilíbrio de vocês dois.

O que vem a seguir são alguns exemplos de como a forma, a linha e a cor expressam cada elemento. O conhecimento desses atributos lhe dará condições de avaliar uma casa em termos elementares.

Os Cinco Elementos Que Compõem Todos os Objetos Físicos

Fogo
Forma: triângulo, cone
Linha: ziguezague, curva
Cor: vermelho

Terra
Forma: quadrado
Linha: igual, direta, vigorosa
Cor: terracota (ou a cor do solo de sua região)

Metal
Forma: círculo, arco
Linha: curva, anelada, suave
Cor: reflexa, branco, prateado, dourado, cobre

Água
Forma: amorfa
Linha: curva, ondulosa, sinuosa
Cor: azul, preto

Madeira
Forma: retângulo
Linha: reta, longa, listada
Cor: verde

Todo objeto se compõe de alguma forma de terra, de metal, de madeira ou de uma combinação desses três dos cinco elementos. Objetos terra incluem cerâmica, vidro, tijolos, telhas, pias, banheiras e travessas. Objetos metal incluem latão, prata, cromo, aço, estanho, bronze e ouro, além de todos os plásticos, resinas, polímeros, celulose e colas. Objetos madeira incluem todos os produtos feitos de plantas, incluindo a madeira material (não a cor da madeira), borrachas e fibras naturais.

Além de serem feitos de terra, metal ou madeira, todos os objetos são também formados por fogo ou por água. Por exemplo, uma escultura de papel machê é madeira/água, e uma escultura entalhada é madeira/fogo. Alguns exemplos de como os elementos e os catalisadores água e fogo se unem:

Fogo/fogo — forno, lareira, sauna
Fogo/água — radiadores

Terra/fogo — porcelana e louças de barro, esculturas em argila, tijolos
Terra/água — solo, viveiros, vidro

Metal/fogo — mesas de aço, estruturas cromadas, utensílios, fiação elétrica, computadores

Metal/água — plásticos moles, vernizes, ceras, carpetes e tecidos sintéticos, espelhos, tintas

Água/fogo — sala a vapor
Água/água — fontes, aquários, pias, banheiras (quando usadas)

Madeira/fogo — esculturas ou móveis lavrados, assoalhos de pranchas, gravuras em madeira
Madeira/água — papel, móveis curvos, móveis de papelão, litografias, telas para pinturas

NICHOS DE GESTALT INDIVIDUAIS

Todo ser humano esculpe no cosmos um nicho que o expressa de modo único no espaço e no tempo. As escolhas pessoais, quando reunidas, formam uma totalidade — uma gestalt — que reflete a singularidade da pessoa. Até certo ponto, todos temos um estilo. O estilo pode variar desde não ter nenhuma característica óbvia até identificar-se com um período de tempo, com um grupo socioeconômico ou com um ponto de vista estético. A escolha feita é uma manifestação importante.

Podemos deduzir que uma pessoa que escolhe antigüidades provavelmente defenderá valores tradicionais mais do que alguém que prefere mobiliário moderno? Se o conteúdo de uma casa vai além das condições financeiras do proprietário, podemos supor que o senso de valor pessoal precisa ser reforçado pelas posses materiais? A adoção de uma forma específica de arte faz a pessoa sentir-se distinta? A técnica do *scope-ing* lhe ensinará a prestar atenção a coisas que poderiam passar despercebidas e poderá ajudá-lo — quando corroborada pelo comportamento e pelas ações — a conhecer a verdadeira natureza de uma pessoa e a responder às perguntas acima.

Naturalmente, as escolhas feitas num ambiente podem ter nascido de uma obrigação relacionada com o passado. Você já comprou uma peça de roupa só porque achava que devia tê-la? Eu já fiz isso. Essas escolhas acabam nas pequenas casas de roupas usadas ou nas lojas de consignações. Se você observar alguma coisa desarmônica num ambiente, pense que ela pode estar nesse lugar pela mesma razão por que você comprou um chapéu extravagante ou uma calça conservadora. Procure coerência de escolhas; as exceções freqüentemente são apenas isso.

Todos convivemos com outros seres humanos, em relações harmoniosas ou conflitivas; cabe a nós saber adaptar-nos e harmonizar-nos na estrutura de nossa verdadeira natureza. A técnica do *scope-ing*, como instrumento de percepção que nos leva a compreender a natureza do outro e a nossa própria, pode ajudar-nos a prevenir problemas futuros.

6

TAO, YIN E YANG, E CHI

> *"Os sentimentos religiosos do cientista tomam a forma de um assombro extasiado diante da harmonia da lei natural, que revela uma inteligência de uma superioridade tal, que, em comparação com ela, todo o pensamento sistemático dos seres humanos não passa de um reflexo absolutamente insignificante."*
>
> Albert Einstein

A ciência e a filosofia, cujos caminhos ao longo do milênio pareceram divergentes, estão em rota de colisão. As melhores mentes científicas atuais estão descobrindo a filosofia na ciência e a ciência na filosofia. Grupos se reúnem para rezar com o objetivo de provocar mudanças biológicas, e a ciência hoje sabe que o modo como resolvemos olhar para uma coisa determina o modo como a vemos. A diferença, parece, é que os filósofos usam a linguagem das palavras enquanto os cientistas, a da matemática.

É imperativo compreender o vínculo entre filosofia e ciência para aceitar a eficácia da avaliação de um ambiente com o objetivo de conhecer as pessoas que o projetaram. Captar o modo como cada ser humano está entrelaçado com a vida toda é tão fundamental, que ignorá-lo seria como um nutricionista sugerir que você ingerisse apenas um grupo de alimentos. O Tao, yin/yang, e o chi são as bases filosóficas do feng shui e representam algumas das semelhanças básicas entre ciência e filosofia.

TAO — RELAÇÕES

O Tao é um conceito que expressa o modo como todas as coisas se relacionam entre si. Estamos profundamente ligados a todas as coisas, e nem a menor partícula da matéria é insignificante para o esquema maior. O Tao não é um objeto nem um processo, e no entanto ele representa o modo

TAO

como tudo funciona. Uma casa pode representar a essência do Tao quando ela favorece todos os processos naturais, se relaciona com a comunidade, funciona com graça para seus ocupantes, sustenta cada indivíduo com consistência e estimula todas as partes a prosperar, não apenas a sobreviver. O equilíbrio em todas as coisas é essencial para o Tao.

As culturas procuram um modelo para representar o Tao, seja ele uma forma de divindade ou uma lei científica. O desejo de Albert Einstein de encontrar uma teoria unificada do universo não está longe da busca de Buda, de Jesus e de Maomé de revelar o sentido da vida. Esses grandes pensadores procuraram desvelar as verdades fundamentais. Como nossas vidas estão entrelaçadas e quais são os melhores modelos a seguir são algumas das respostas dadas pela compreensão do modo como as coisas são, ou Tao. Viver adequadamente o momento, em nossa vida e neste mundo, e respeitar o que existe, é a essência do Tao.

Tao é o modo como estamos ligados a todas as coisas.

O que aconteceria se você não tivesse um lugar onde guardar papéis e lápis? Sempre que quisesse escrever alguma coisa, você teria de se lembrar da última vez que escreveu para localizar essas coisas. Estar no Tao implica um padrão de funcionamento dos mais simples e ao mesmo tempo dos mais eficientes. Ter papel e lápis perto de um telefone, na gaveta de uma escrivaninha, ao lado da cama ou num lugar onde você possa sentir-se inspirado a escrever servem ao Tao melhor do que ter de procurar essas coisas num lugar pouco usado ou que inspire pouco a escrever.

O Tao é incognoscível e indescritível e, como o vento, não pode ser visto. Temos de julgar o Tao pelo efeito que ele exerce sobre outras coisas. Mais do que conhecer o Tao, é melhor compreender como estamos envolvidos com ele. A questão pertinente, parece, não é saber o que o universo é, mas antes que parte dele nós somos e como afetamos o todo. Em *Black Holes and Baby Universes*, Stephen Hawking sugere que talvez não passemos de um ponto ou de um *quantum* num organismo gigantesco chamado universo. Entretanto, em nosso mundo imediato temos o potencial de ser sensíveis, relacionados e importantes para o todo como o garoto holandês que com seu pequeno dedo fechou o vazamento de um dique e salvou uma cidade inteira. Assim, em cada momento, nosso potencial para resgatar o universo e nós mesmos é significativo.

Ao ver a casa de uma pessoa, podemos observar o Tao do espaço e também as partes que a constituem. É possível ver como cada parte se ajusta à composição de um quadro que é tão completo e finito como uma pintura.

Cada porção nos ajuda a perceber o quadro todo. A observação das escolhas de uma pessoa nos revela o que não foi expresso.

Mesmo revelando outras partes de alguém, entretanto, é claro que os objetos não podem reproduzir exatamente a complexidade do subconsciente. Por isso, o Tao ou a história geral só se revela através do contato direto com o criador e com suas escolhas.

As Relações Expressam o Tao

A palavra *relação* pode servir de chave para avaliar o Tao de uma casa. Em última análise, todas as coisas funcionam melhor quando são desdobradas apropriadamente. Minha idéia de uma manhã boa, por exemplo, se relaciona diretamente com o sono da noite anterior, com o que está acontecendo em minha vida e com as condições do tempo. Mesmo um Lamborghini não funcionaria em condições ótimas se não houvesse combustível no tanque, se não houvesse um motorista, e se a estrada por onde ele precisasse passar tivesse uma camada de gelo e neve. Nós nos relacionamos com as condições que nos cercam, e para compreender o que é funcionamento ótimo, precisamos examinar todas as partes. Quando alguma coisa destoa ou está desgastada, deficiente ou inapropriada para o ambiente, a harmonia maior fica prejudicada.

> **Para ter a experiência do Tao, observe o todo; em seguida, observe como as partes se ajustam ao todo.**

Sinais que Indicam Desarmonia com o Tao

Desordem

Onde há desordem, há bloqueios. Como podemos descrever o Tao como "o caminho", quando há desordem "o caminho" fica bloqueado. Com freqüência a desordem indica aspectos desfavoráveis da vida de uma pessoa, como aconteceu com minha colega de quarto, na universidade, que sofria de depressão e que acabou procurando ajuda psiquiátrica. Depois de saber que o armário de minha colega estava abarrotado como um recipiente de lixo depois de um concerto de rock, sua terapeuta sugeriu que ela fizesse uma faxina geral, pois só assim ela estaria preparada para ver seus problemas. A executiva de uma rede de televisão que tinha sua mesa de trabalho totalmente tomada por pilhas de documentos foi promovida à posição mais alta no seu departamento depois de seguir minha sugestão de eliminar tudo o que fosse desnecessário. Mesmo quando uma pessoa parece operar em condições ótimas, remover ou organizar tudo o que está em desordem invariavelmente produz benefícios.

> **A localização da desordem indica áreas problemáticas da vida.**

A ordem nos revigora e anima. Eu me sinto no topo do mundo quando desço as escadas todas as manhãs e recebo a saudação de uma cozinha imaculada. As poucas vezes que deixo de lavar a louça depois do jantar, sinto-me irritadiça e com pouco entusiasmo para começar o dia. Localizando áreas de desordem, podemos chegar a algumas conclusões gerais sobre uma pessoa. A localização da desordem revela o conteúdo da luta interna de uma pessoa.

Localização da Desordem	*Pode Indicar...*
entrada da casa	medo de relacionamentos
dentro de um armário	relutância em examinar emoções
na cozinha	ressentimento ou sobrecarga de cuidados
perto de uma cama	desejo de mudança ou fuga
numa escrivaninha	frustração, medo de deixar acontecer ou necessidade de controle
num canto atrás de uma porta	distanciamento de outros
debaixo de um móvel	importância das aparências
num porão	adiamento
num sótão	vivendo no passado
numa garagem	incapacidade de realizar
em toda parte	raiva e aversão a si mesmo

Ausência de Animais de Estimação, de Plantas ou de Seres Vivos que Exijam Cuidados

Especialmente quando não há crianças numa casa, animais de estimação ou plantas indicam a disposição de responsabilizar-se e de aceitar as necessidades de outros. Além disso, quando levamos criaturas ou organismos vivos para nossa casa, estamos metaforicamente saindo de nossa concha pessoal e entrando no Tao ou no quadro maior. Respeitar os processos envolvidos com a promoção da vida pode comparar-se ao modo como tratamos a nós mesmos e aos outros.

Por mais ocupado que seja, um adulto que nunca cozinha ou que não oferece um chá ou uma bebida a uma visita provavelmente tem um nível de empatia baixo. A naturalidade com que cuidamos ou nutrimos freqüentemente se expressa no modo como entretemos, cozinhamos ou servimos outras pessoas.

> **Cuidar de seres vivos é essencial para o Tao.**

Ausência de Fotografias de Família ou de Amigos

Tenha cuidado ao relacionar-se com alguém que rompeu relações com familiares ou com amigos no passado, pois a capacidade de separar-se do passado pode voltar sua destrutividade contra você. Ter uma história de relacionamentos é sinal seguro da capacidade de manter relacionamentos atuais ou de desenvolver novos. A não ser que os relacionamentos passados tenham sido profundamente nocivos, a capacidade de perdoar e de aprender é essencial para criar envolvimentos atuais. Fotografias ou objetos de valor sentimental que representam relacionamentos mostram a capacidade e o desejo de relacionar-se de modo duradouro e significativo.

Exibir fotografias apenas de membros da família falecidos implica uma lacuna no presente. Além disso, fotografias relacionadas apenas com o passado indicam uma fixação no passado mais do que uma atenção voltada para o presente ou para o futuro. A melhor combinação é sem dúvida uma fusão de passado e presente, representando respeito ao passado mas ao mesmo tempo enraizamento no aqui e agora.

> **No Tao do tempo, é apropriado mostrar relacionamentos passados e presentes com a família e com os amigos.**

Ausência Parcial ou Total de Acessórios

Acessórios são coisas que temos em casa com o único objetivo de nos dar prazer. Os acessórios nos satisfazem e também nos revelam. A compra de um colchão nos diz menos sobre a singularidade de uma pessoa do que um quadro ou uma peça artística. Estive em casas de ricos e de pobres desprovidas de objetos. A falta de acessórios em geral revela a tendência a não nos expormos livre e abertamente às outras pessoas.

Ausência de Livros

Os livros, diferentemente dos jornais ou das revistas, são imagens duradouras de valores, interesses e gostos. Quando uma casa não tem livros, ficamos sem saber como estabelecer relacionamentos importantes. A leitura nos ajuda a saborear valores e conceitos e promove o aprimoramento de nossas crenças.

Rotinas

As rotinas tecem os fios de cada dia numa tapeçaria maior. Entretanto, as rotinas, como todo o resto, podem fugir ao controle. Quando uma rotina se transforma numa obsessão e não num guia? Quando ela se torna mais importante do que o ato em si, como quando a localização precisa de um vaso ou de uma taça cria mais satisfação do que a visão dele. Se você visita uma amiga que bate os travesseiros logo que você sai da cama, ou se você tem um chefe que arruma a cadeira no mesmo momento em que você se levanta, ou ainda se se encontra com alguém que habitualmente dobra o guardanapo antes de sair do restaurante, você está diante do aspecto negativo das rotinas.

No meu tempo de adolescente, meus pais tinham uma regra rígida: a família devia jantar junta todas as noites; além disso, o jantar era servido exatamente às 18 horas. Coitado de quem não aparecesse exatamente nessa hora. Infelizmente, eu queria uma coisa com que meus pais não concordavam — ver a parada de Páscoa da cidade de Nova York.

E assim aconteceu que no domingo de Páscoa, com treze anos, uma amiga e eu nos aventuramos a ir para Nova York. Nossas intenções passaram despercebidas porque saímos de casa com as raquetes de tênis na mão. Tomadas por uma sensação de aventura, não percebemos que o ônibus fez o percurso em duas horas, e não em uma, como habitualmente. Quando, ávidas, terminamos de admirar a variedade e originalidade dos chapéus e voltamos para tomar o ônibus de volta, já passava das 18 horas. Sentindo-me como Cinderela, que entrou em pânico ao perceber que ficara muito tempo no baile, fui tomada de medo, pois quebrara uma rotina familiar sagrada. A única justificativa razoável para esse pecado, raciocinei, seria um seqüestro. Estoicamente, telefonei a meus pais para dar-lhes a notícia; disse-lhes que estávamos bem e que havíamos fugido dos seqüestradores porque agíramos rapidamente. Em seguida, voltamos para casa de ônibus para encontrar nosso destino.

> **As rotinas podem revelar comportamentos apropriados ou inoportunos.**

Não é preciso dizer, nossos pais estavam esperando na parada do ônibus. Os pais de minha amiga estavam com lágrimas nos olhos; os meus agitavam-se desconfiados. Separamo-nos e cada qual foi levada para sua casa para mais interrogatórios. Eu mantive a história, mas imediatamente recebemos uma chamada dos pais de minha amiga contando a verdade aos meus. Diferente de mim, ela não havia quebrado uma rotina sagrada e, evidentemente, se sentiu melhor confessando. Rotinas compulsórias como essa em geral influenciam a vida negativamente.

As rotinas podem desconectar-nos. Às vezes elas são adotadas para disfarçar medos ou falta de controle ou para expor uma falsa imagem ao mundo. Cabe a você verificar se uma rotina é exagerada ou normal ou se ela exerce um impacto positivo ou negativo sobre a vida da pessoa observada. Uma rotina que, quando quebrada ou interrompida, leva a pessoa a ficar em pânico, irritada ou aborrecida, geralmente é uma rotina que separa dos ritmos normais da vida. Esses ritmos precisam de certa flexibilidade para que a diversidade não nos cause temores.

Sinais de Rotinas Preocupantes

ter só certos produtos na geladeira
ter uma hora fixa imutável para jantar
limpar compulsivamente
ter de manter uma determinada porta (não incluindo as de banheiros e armários) aberta ou fechada o tempo todo
ter de deixar o telefone tocar um número determinado de vezes antes de atender
baixar as persianas até uma posição exata ou abrir as cortinas precisamente até um determinado ponto

Falta de Relacionamentos Passados

Bart conheceu Annabelle através de um anúncio pessoal. Nem um nem outro acreditava na sorte de encontrar um companheiro inteligente, comunicativo e adulto, e ambos procuravam um ao outro. Os dois gostavam de música e de filmes e sentiam um prazer especial em viajar. Suas diferenças, porém, eram bem visíveis em suas respectivas casas.

Aos quarenta e poucos anos, Annabelle acumulara dois animais de estimação, uma casa cheia de plantas e de peças artísticas e muitos móveis confortáveis e bem cuidados. Bart, por sua vez, apesar de ser da mesma idade, chegara à cidade recentemente apenas com o que cabia no porta-malas do carro. O apartamento, alugado, dispunha de pouca coisa, e ele não acrescentou nada para personalizá-lo. Ele se alimentava em pratos de polistireno e não tinha nada que lhe lembrasse a família ou os amigos passados. Eles se casaram, mas quando os problemas de Bart — sua incapacidade de relacionar-se com amigos ou com um trabalho — não puderam mais ser desconsiderados, eles se separaram, dolorosamente. Se Annabelle tivesse entendido os sinais evidentes da ausência de vínculos na casa de Bart, ela teria evitado um erro desastroso.

O Tao é oniabrangente, e quando ignoramos partes que compõem esse todo, em algum momento pagamos o preço. Como a melodia de uma canção bem elaborada, o Tao do espaço pessoal tem notas que, quando tocadas, devem produzir um refrão harmonioso.

YIN E YANG

YIN YANG

Tudo o que existe procura o equilíbrio. Todo desequilíbrio que possa haver na natureza acaba sendo revertido. À escuridão segue-se a luz, à morte segue-se o nascimento; todas as coisas têm um contrapeso. Se a água não apagasse o fogo ou se a terra não absorvesse a água, pereceríamos num inferno abrasador ou seríamos levados pelas águas. O equilíbrio cria serenidade; o desequilíbrio produz agitação.

Na sua forma mais simples, yin e yang são opostos unidos numa corrente inquebrantável. Quando uma condição chega a um extremo, ela se transforma em outra. Por exemplo, o contato com um cubo de gelo seco transmite uma sensação de queimadura. Um lado do espectro muitas vezes é igual ao seu oposto.

O corpo físico e o espírito humano tendem para o equilíbrio, ou homeostase. Depois de um acesso de irritação, geralmente dormimos exaustos. Um período de depressão pode ser seguido por grande euforia. Os extremos dificilmente são estáveis; alcançado um extremo, a seqüência natural é a manifestação do seu oposto.

> **Yin e yang são opostos, mas não inimigos; eles representam os extremos necessários para sustentar a vida.**

Entretanto, todos passamos por experiências de desequilíbrio. Isso faz parte do oceano da vida, com suas ondas em fluxo e refluxo incessantes. A canção "I've Grown Accustomed to Her Face" inclui as palavras "Eu me acostumei aos... sorrisos dela, às carrancas dela, aos seus altos e baixos... como expirar e inspirar". Estar em harmonia é compreender e não se incomodar com os extremos recíprocos. Perceber e compreender como harmonizar-se com os extremos um do outro faz parte do que é necessário para construir um relacionamento benéfico.

Diferentemente de nossa idéia ocidental de opostos, yin e yang representam extremos que completam um ciclo positivo. Todo contexto tem extremos. Mesmo os prisioneiros de guerra precisavam encontrar alegria ao lado do sofrimento, amizade em meio ao ódio; se assim não fosse, sua sobrevivência correria riscos. Sem a capacidade de abraçar contrastes, a vida seria difícil, se não entediante.

Infelizmente, yin e yang são mal compreendidos no Ocidente. Yin, dizem-nos, representa o feminino, e tem relação com o frio, o molhado, o escuro, a morte e a quietude. Esses termos passam uma sensação depressiva, especialmente para as mulheres. Os traços yang preferidos — quente, seco, vivo e ativo — associados com o masculino, na interpretação tradicional, poderiam levar à conclusão de que yin é mau e que yang é bom. Mas as coisas não são assim. Yin e yang precisam um do outro, ou o contraste não seria percebido. É melhor pensar em yin e yang como pontos num círculo contínuo, um levando para o outro. É melhor pensar em yin como inspiração ou um voltar-se para dentro e em yang como expiração ou um voltar-se para fora.

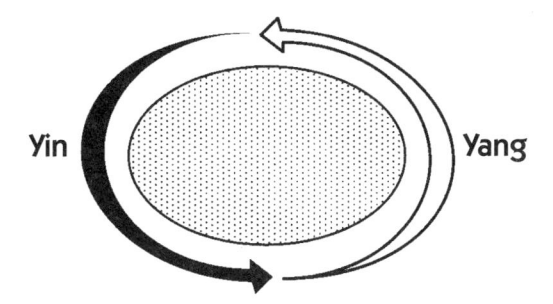

Yin é como inspirar; yang é como expirar.

A natureza toda procura um estado de equilíbrio total. Estar em equilíbrio significa ter um pouco de tudo. Um espaço interno só de uma cor, de um elemento ou de uma linha não está em equilíbrio; com o passar do tempo, uma condição assim pode levar ao desequilíbrio os que ocupam esse espaço. Um bom exemplo é o escritório típico atual, com excesso de elementos metal — móveis de metal, poucas janelas com vista para a natureza, excesso de aparelhos eletrônicos e poucas cores além do branco, do cinza e do bege. O elemento metal favorece as atividades mentais, mas não as emocionais e físicas. Metal em excesso leva os funcionários a sentirem fadiga mental, inatividade emocional e uma sensação de deslocamento ou de falta de ligação.

O equilíbrio inclui uma faixa de experiências com ênfase nos elementos necessários para complementar as pessoas que vivem num espaço. Por exemplo, uma pessoa que se estimula facilmente com as coisas não deveria cercar-se de muitos elementos fogo. A influência calmante da água tranqüila ou o apoio revigorante da terra são mais apropriados ao equilíbrio de uma pessoa de natureza ardente.

Yin e Yang Favoráveis

Yin	Yang
escuro/repousante	claro/ativo
frio/voltado para dentro ou pensativo	quente/expressivo e comunicativo
vazio/pronto para receber	cheio/pronto para dar
linhas curvas/deliberado	linhas retas/pronto para agir
macio/compassivo	duro/exigente
baixo/quer seguir	alto/quer guiar
quieto/aberto a aprender	agitado/aberto a ensinar

Meu tio Hy, escultor, sempre quis uma casa de um só cômodo com pouco mobiliário de estimação e decorado principalmente com peças de arte e livros. Suas cores preferidas eram o púrpura e o preto vivos; as linhas dos tecidos e suas próprias esculturas eram soltas e onduladas. Inundada de música suave, tapetes felpudos e cadeiras estofadas, a casa dos sonhos de meu tio era a quintessência do yin. Ele conservou essa visão durante toda a sua vida e essa imagem era coerente com a sua personalidade. Tio Hy era o parente que sempre estava interessado no que nós, crianças, estávamos fazendo ou pensando. Suas casas yin imaginadas ou reais expressavam muito de sua natureza interior. Ele procurava mais assimilar a essência das outras pessoas do que impressionar-nos com a sua.

Yin e yang têm o potencial de ser favoráveis ou desfavoráveis. Nem todos os ambientes yin são positivos como o criado por meu tio. O quadro a seguir relaciona os extremos negativos de yin e yang.

Yin e Yang Desfavoráveis

Yin	Yang
escuro/imóvel	claro/frenético
frio/trancado	quente/compulsivo
vazio/suga energia dos outros	cheio/incapaz de ouvir
linhas curvas/não consegue mudar	linhas retas/desistirá
macio/vítima	duro/algoz
baixo/tímido	alto/controlador
quieto/mostra uma falsa imagem	agitado/procura aumentar falta de auto-estima

Uma amiga da infância tinha um estranho mobiliário na sala de estar: apenas cadeiras duras, sem nenhum estofo. Até então, eu nunca vira uma sala de estar sem um sofá ou sem cadeiras estofadas. Os pais de minha amiga eram pessoas severas e exigentes, pouco afetuosas e impacientes com os quatro filhos. O estoicismo deles me parecia insensível e rígido, exatamente como as cadeiras. A sala de estar deles era excessivamente yang.

Outra amiga, cujo único desejo é tornar-se escritora em tempo integral, só tem estofados em seu escritório. Os sofás e as cadeiras são tão macios e fofos, que a pessoa tem dificuldade para levantar-se, pois a envolvem por inteiro e praticamente a prendem no lugar. Eu me sinto indolente nesse escritório, e imagino que deva acontecer o mesmo com ela. É fácil de ver por que ela não conseguiu automotivar-se para se tornar uma escritora de sucesso. Essa peça é excessivamente yin, não oferecendo o impulso que poderia pôr as idéias dela em órbita.

Tudo tende ao equilíbrio. Quando mantemos condições que nos deixam num estado de desequilíbrio, criamos um estilo de vida estressante. Quer esse *stress* disfarce algo muito doloroso para ser abordado ou simplesmente um vestígio do passado, é melhor identificar os desequilíbrios e descobrir como lidar com eles para que não se tornem barreiras intransponíveis.

Por outro lado, não tenha medo de criar um desequilíbrio, pois este pode ser o catalisador correto para a mudança. Às vezes, extremos podem ser úteis. Quando me separei do meu primeiro marido, senti-me estranhamente compelida a sair e comprar os cobertores mais felpudos possíveis para cobrir minha cama. Embora eu não seja o tipo de pessoa que aproveita o quentinho da cama, essa extravagância, considerando-se a falta de uma fonte de calor, foi relaxante. Uma cama cheia de cobertores pode parecer estranha, mas à luz do momento, esse foi um mecanismo sensato para suavizar um período doloroso de minha vida.

Yin e yang são oportunidades e também realidades. É provável que nos sintamos mais vivos com um espectro completo de experiências. Compreender como yin e yang se expressam pode ajudar-nos a conduzir as experiências da vida.

Como Yin e Yang se Expressam

Yin	**Yang**
escuro	claro
frio	quente
linhas curvas	linhas retas
padrões indefinidos	padrões definidos
ar carregado	ar fresco
fechado	aberto
repleto	ralo
quietude	movimento

Padrões Yin   **Padrões Yang**

Padrões yin têm linhas curvas; padrões yang têm linhas retas.

CHI

A vida está intimamente ligada ao chi, que pode ser descrito com as palavras *energia* ou *vitalidade*. Chi é o espírito de uma pessoa, de um lugar, e o sistema de comunicação intangível de todas as coisas. Nós nos apaixonamos pelas pessoas devido ao chi delas, e quando relacionamos as qualidades de um amante, caracteristicamente enumeramos os atributos chi ou os que expressam uma vitalidade manifesta. É mais provável dizermos que uma pessoa é bondosa, generosa, inteligente ou boa jogadora de tênis do que mencionarmos que ela prefere a cor verde, que é vegetariana ou que gosta de fazer palavras cruzadas difíceis. Tudo o que existe emite alguma forma de energia ou chi.

Além de mal compreendida, a palavra chi tem sido usada para descrições imprecisas. Muitos a empregam para denotar algo amorfo — sem definição ou forma. Ouço as pessoas fazerem afirmações como "O chi não pára numa sala que tenha uma janela de frente para uma porta" ou "O chi não consegue circular nesta casa". Essas descrições são sem sentido e confusas, porque não indicam a experiência sensorial que falta quando há um problema com o chi.

> **O chi descreve uma experiência sensorial — o que vemos, cheiramos, sentimos e ouvimos.**

Vemos a paisagem externa se há uma janela no lado oposto a uma entrada? As cores são muito escuras numa sala, a iluminação é muito fraca, ou os móveis são tantos, que não conseguimos andar com liberdade pela casa? Nossa vitalidade é afetada pela visão, pela audição, pelo olfato e pelo tato. Precisamos descrever o chi pelo modo como ele afeta um dos sentidos.

Como as preferências, o chi assume muitas formas. Uma rocha se firma estoicamente na terra ou sobre a terra e só se move quando acionada por uma força externa. Conquanto a forma da rocha se altere com o tempo, para nós ela parece imutável. Por outro lado, um dente-de-leão surge do nada da noite para o dia, expõe um botão amarelo que se metamorfoseia numa bola de pó de um branco etéreo, e acaba rapidamente se dissipando com o movimento do ar ou com o toque de um transeunte. Ambas as formas de chi nos parecem diferentes, a primeira, perene, a segunda, efêmera.

Devido à diferença de tamanho, um pequeno seixo e uma grande pedra atuam de modo diferente num curso de água. Um dente-de-leão que tem a desdita de nascer num gramado aparado todos os dias reage de forma diferente de outro que pode se desenvolver normalmente. Em resumo, o chi varia devido a uma série interminável de combinações, situações e experiências. Ao aplicar a técnica do *scope-ing* ao espaço de uma pessoa, você verá que a mesma estampa, objeto ou tapete emitirá um chi diferente, dependendo do ambiente.

O chi é a reação dos nossos sentidos a condições do mundo físico. Para determinar se o chi é positivo ou não, você precisa descrever o sensor que o detecta. Temos o chi da visão, que inclui cores, linhas e materiais; o chi do movimento; o chi do som; o chi do cheiro e o chi do tato. Só podemos analisar o chi quando ele é definido. Veja um exemplo do chi do movimento. O chi de uma estrada longa e reta faz uma pessoa caminhar mais rápido do que uma estrada curta ou em curva. Numa estação ferroviária, uma plataforma longa e reta induz as pessoas a se apressarem mais do que normalmente. Se alterássemos a plataforma, tornando-a curva ou encurtando-a, reduziríamos o ímpeto do chi da pressa. O chi da visão é ilustrado pelo seguinte exemplo. Quando percorremos uma passagem longa e estreita, o olho tende a estender-se a distância, em vez de buscar informações periféricas. Assim, quando percorremos uma galeria de arte, tendemos a não ver os quadros pendurados nas paredes de corredores longos e retos. O chi da visão evita o que está próximo e se volta para o objetivo final (o fim do corredor).

Como grande parte do que sentimos tem origem no sistema biológico que ajudou nossa espécie a sobreviver, nossas reações aos estímulos muitas vezes são semelhantes. Sentimos como se fôssemos bloqueados quando, ao entrar numa casa, topamos com uma parede muito próxima da entrada. Essa parede interrompe nossa tendência natural de movimento para a frente. Uma janela no lado oposto a uma porta atrai nosso olhar porque os olhos se movimentam naturalmente para a luz.

Como essas reações são inatas, o chi, como o amor à primeira vista, é imediato, envolvente e nos consome sem nos dar tempo de pensar e racionalizar. A experiência do chi é internalizada sem esforço; não conseguimos impedir-nos de sentir e reagir ao chi, ou energia, de outra pessoa. Lembre-se da primeira vez em que você se deparou com muitas pessoas. Sem saber por que, você reagiu ao chi de outra pessoa e gostou dela ou não. Um exame minucioso da situação poderia revelar por que você se sentiu atraído por essa pessoa: o modo como ela lhe sorriu, uma emanação de perfume de que você gostou, o tom melódico da voz ou a sensação do braço da pessoa no seu ombro.

Como o chi se expressa numa casa? Dito de maneira simples, cores vivas, objetos grandes ou excesso de mobília expressam um chi ativo; paredes nuas ou poucos acessórios expressam pouco chi. Uma situação não é melhor do que a outra, e é importante compreender que todas as coisas podem ser favoráveis ou desfavoráveis, dependendo de quem você é e das necessidades que se manifestam em sua vida. Para ler o chi de uma casa e interpretar sua mensagem, envolva todos os sentidos.

A Visão

Obtemos a maioria das informações através dos olhos. Nós ocidentais damos menos atenção a outras experiências sensoriais e captamos informações principalmente pelo olhar. Quando observamos os objetos, precisamos levar em consideração a cor, as linhas, o material e a forma geral.

O mundo natural e o corpo humano usam cores equivalentes para funções semelhantes. Por exemplo, o Sol é amarelo, que é também a cor das células dos olhos que nos permitem ver com nitidez. Quando essas células degeneram, perdemos a acuidade visual do mesmo modo que todas as criaturas providas de visão vêem menos claramente quando o Sol se põe. O amarelo representa a claridade tanto no Sol como em nossos olhos.

Além do uso geral das cores, a experiência pessoal determina nossa reação positiva ou negativa a uma cor. Uma associação desagradável com uma cor pode afetar para sempre o modo como nos sentimos com relação a ela. Um dia, durante uma aula de culinária no início do segundo grau, eu estava usando um xale felpudo cor-de-rosa sobre um cardigã cor-de-rosa e uma saia de feltro cor-de-rosa e preto (sim, com um *poodle* bordado nela). Estávamos preparando um prato assado, e minha tarefa era acender o fogão a gás. Imagino que, depois de ligar o gás, demorei muito tempo para aproximar o fósforo da boca do fogão. Ouvi um chiado e uma explosão dentro do forninho antes de poder desviar a cabeça. Quase toda a franja e as sobrancelhas ficaram queimadas, e até hoje me encolho quando vejo roupas cor-de-rosa, pois atribuí minha falta de sorte ao fato de usar tudo cor-de-rosa naquele dia.

Quando certas cores se popularizam, elas se relacionam tipicamente com as questões que estão em voga na época. Por exemplo, o laranja é mais popular atualmente do que o foi há décadas. Essa cor simboliza a fusão e a precedência do bem comum sobre os interesses individuais. Parece que a geração "eu" emitiu seu último brado de glória; a popularidade da cor laranja representa uma nova direção.

O Chi da Cor

Não é por acaso que escolhemos cercar-nos de certas cores. Quer o saibamos ou não, freqüentemente a escolha de uma cor, sob o aspecto positivo, pode proporcionar-nos benefícios emocionais ou, inversamente, agravar nossos problemas. Por exemplo, se uma pessoa está presa a um antigo hábito e não consegue mudar, cores terra dificultam ainda mais a mudança. As cores terra nos proporcionam a segurança da estabilidade e nos levam a valorizar o aqui e agora, e não o desejo de mudança. Por isso, ao avaliar um espaço, próprio ou de outrem, saiba que a cor, ao expressar partes de uma pessoa, pode indicar aspectos benéficos ou prejudiciais para a vida da pessoa.

Vermelho

O vermelho representa uma energia forte. O sangue, o líquido que leva a vitalidade para todo o corpo, representa perfeitamente o espírito do vermelho. Todas as cores emitem ondas ou vibrações, e, dentre as cores, o vermelho é o que tem o maior comprimento de onda. Ele enche nosso campo visual como uma bandeira grande tremulando entre bandeiras menores. É impossível não ver o vermelho antes das outras cores. Muitas flores que precisam da ajuda de pássaros, abelhas e borboletas para se reproduzirem são vermelhas. O vermelho é uma corda salva-vidas para a existência, uma demonstração de ânimo e atividade. Usar vermelho implica o desejo de ser notado, admirado e importante. Não é de admirar que as vestes de líderes religiosos muitas vezes sejam vermelhas.

Possíveis Significados do Uso do Vermelho

Favoráveis	Desfavoráveis
vital	egocêntrico
animado	amor-próprio exagerado
ativo	dominador

Amarelo

Ao amarelo associam-se o brilho, a jovialidade e a claridade. Escolher o amarelo implica o desejo de ser claro, de observar e de ser observado. Por outro lado, o amarelo indica também que a pessoa deve estar atenta, pois ele representa uma condição que precisa ser desintoxicada, purificada ou regenerada. Essa cor está ainda relacionada com o envelhecimento e a perda, como as folhas que caem quando estão para morrer e o papel desbotado em processo de deterioração.

Possíveis Significados do Uso do Amarelo

Favoráveis	Desfavoráveis
alegre	cansaço
observador	declínio
otimista	compatibilidade forçada

Azul

O contato visual com uma superfície azul nos deixa mais leves. Quando queremos ou buscamos respostas para os enigmas da vida, nossa tendência é contemplar o céu ou então uma massa de água. A busca de orientação, o recolhimento interior, a aquietação da mente e a pacificação das emoções estão em geral associados ao azul do céu ou da água.

Faber Birren, um respeitado pesquisador da cor, divulgou estudos que mostram que a pressão sangüínea e a freqüência respiratória baixam quando ficamos durante algum tempo numa sala toda azul. O azul nos acalma e nos desacelera. Visualizar um espaço azul é uma boa maneira de começar uma meditação.

As pessoas que escolhem o azul como cor predominante para uma sala podem manifestar a necessidade de aquietação ou de auto-engrandecimento. Conquanto o azul nos acalme, com ele também perdemos o vínculo que temos com os outros e nos voltamos para nós mesmos, fixando a atenção em nossas necessidades e sonhos. O azul reforça a crença no eu e tem relação tanto com a autoconfiança como com o egocentrismo.

Possíveis Significados do Uso do Azul

Favoráveis	Desfavoráveis
autoconfiante	egocêntrico
apoiador	ensimesmado
solto	distante
capaz de ceder	apático

Verde

O verde é a cor da fotossíntese. O significado principal do verde está no processo de crescimento; por isso, essa cor nos inspira a buscar o aprendizado, o desenvolvimento e a mudança.

Um tanto incorretamente, o verde também está associado a um estado de relaxamento, porque relacionamos essa cor com a natureza. Entretanto, a cor dos vegetais é apenas uma das muitas experiências sensoriais vividas num espaço ao ar livre. O canto dos pássaros muitas vezes interrompe o silêncio, uma brisa fresca pode roçar nossa pele, e muitas vezes um perfume inebriante impregna o ar. O que acalma, recupera e refresca é a combinação de experiências, e não apenas a contemplação do verde. Se pintarmos uma parede de verde, não reproduziremos as experiências multissensoriais da natureza, e tampouco nos acalmaremos.

No solstício do inverno, levamos para dentro de casa coisas verdes que nos lembram o rejuvenescimento que nos espera na primavera. O verde propicia crescimento e mudança; freqüentemente, essa é a cor das pessoas que não temem o desconhecido nem a transformação.

Possíveis Significados do Uso do Verde

Favoráveis	Desfavoráveis
aventureiro	excessivamente disperso
líder	incapaz de concentrar-se
enfrenta bem os problemas	tende a começar novo projeto antes de concluir o que está em andamento

Laranja

O laranja é a cor complementar do azul, situando-se no lado oposto a este na roda das cores, o que sugere também um significado oposto. Enquanto o azul leva a pessoa a interiorizar-se, o laranja a relaciona a um conteúdo fora do eu ou maior do que o eu. O laranja é a escolha dos monges budistas que buscam a realização afastando-se dos desejos pessoais. Não é de surpreender que não seja essa a cor das vestes dos padres católicos, que têm por missão interpretar pessoalmente os princípios religiosos para as massas. O uso do laranja não favoreceria a posição autoritária desse clero. Os que escolhem essa cor para sua casa podem estar comunicando um compromisso com um processo mais amplo ou pelo menos um reconhecimento da importância reduzida do eu.

Possíveis Significados do Uso do Laranja

Favoráveis	Desfavoráveis
capaz de comprometer-se	incapaz de gerar idéias
desprendido	sem metas
generoso	satisfeito

Púrpura

Como a luz ultravioleta não é percebida no espectro visível, as cores que refletem seus matizes, como o violeta, o púrpura e o magenta, são freqüentemente associadas ao que não é visto ou não está presente. Essas cores têm relação com a consciência elevada e com a espiritualidade. Como o púrpura real sugere uma posição que está além dos limites das pessoas comuns, os que escolhem essa cor para suas casas talvez tenham o desejo de estar fora dessas definições corriqueiras.

Escolher o púrpura para o ambiente pessoal sugere um desejo de estar ligado com o que ainda precisa ser desenvolvido. Adolescentes do sexo feminino e pessoas que se esforçam para encontrar a si mesmas freqüentemente gostam dessa cor. É interessante observar que quando essas pessoas se realizam ou se desenvolvem, o púrpura deixa de ser uma atração para elas. Se você encontrar uma casa decorada com púrpura, saiba que o ocupante adulto dessa casa provavelmente sente que ainda precisa se desenvolver.

Possíveis Significados do Uso da Púrpura

Favoráveis	Desfavoráveis
não-materialista	quer ser percebido como tendo uma vida espiritual profunda
buscando um propósito mais elevado	em transição
quer ser notado	não se sente realizado

Preto

O preto absorve toda a luz. Ele sugere que todas as coisas são possíveis; mais do que ser, o preto sugere. Até certo ponto, o preto expressa a qualidade paradoxal da vida. Visto-me freqüentemente de preto, sabendo muito bem que não poderei ficar limpa durante toda uma noite. O preto me fará parecer mais do que estar limpa. Do mesmo modo que uma mulher vestida de preto transpira mistério, uma sala preta desperta nossa curiosidade.

Sentimos visualmente o preto como um buraco. Uma porta preta desaparece, como desaparecem cinco quilos de carne quando uso um vestido preto. De fato, o preto impede que pacientes do mal de Alzheimer fujam de casa. Como as pessoas que sofrem dessa doença perderam a capacidade de perceber com precisão, elas vêem o preto como um buraco e não como um objeto. Se uma peça de borracha preta for cortada em círculo, de modo a cobrir o vão de uma porta, um portador desse mal não se aproximará desse ponto. Um enfermeiro se sentirá muito mais tranqüilo quando, estando na cozinha ou no banheiro, dispuser de meios que impeçam a possível fuga de um paciente com essa doença.

Quartos pintados de preto implicam um desejo de assombrar e confundir mais do que de apoiar e ajudar.

Possíveis Significados do Uso do Preto

Favoráveis	Desfavoráveis
quer ser desafiado	sente-se inseguro com relação a escolhas
não tem medo	reabastece-se através da energia dos outros
corajoso	o negativismo pode impor-se sobre o otimismo
ousado	esconde alguma coisa

Branco

O risco de estar numa sala branca é o mesmo de vestir um traje branco. A tarefa é manter a limpeza e não comprometer a qualidade de pureza do ambiente ou da roupa. O branco reflete tudo; refletindo tudo, ele revela tudo. Numa sala branca, não há onde esconder-se. A escolha do branco sugere que a pessoa não quer rebater, ou ainda que prefere manter um bom relacionamento ou ficar anônima.

Possíveis Significados do Uso do Branco

Favoráveis	Desfavoráveis
destemido	requer atenção
arrojado	excessivamente cortês
verdadeiro	sem comprometimentos fortes

O Chi da Linha/Forma

Uma forma é definida por seus contornos. Sentimos a exuberante vitalidade das Montanhas Rochosas por seus picos triangulares e os Apalaches, mais suaves e acessíveis, por seus cumes arredondados e amistosos. Como as cores, as linhas também transmitem mensagens. Todas as coisas têm uma forma, e ao fazermos escolhas, subconscientemente escolhemos uma mensagem. Sempre que compreendemos o que uma forma expressa encaixamos mais uma peça do quebra-cabeça do chi. Ao aplicar a técnica do *scope-ing* a um ambiente, depois da cor examinamos a linha e a forma.

Triângulos

Quer se trate da agitação de uma chama ou da dinâmica de montanhas pontiagudas, uma forma triangular é estimulante, instável e mutável. Ao longo dos anos, venho observando que o padrão da chama e de outras configurações triangulares é usado cada vez menos. Quando presente em tecidos, em acessórios ou em desenhos de móveis, o triângulo desperta uma forte reação. Como a chama bruxuleante, os triângulos nos deixam inseguros, instigam-nos à ação e dificultam a contemplação.

Possíveis Significados da Escolha de um Triângulo

Favoráveis	Desfavoráveis
em transição	fugidio
cheio de energia	instável
envolve-se	acumula *stress*

Quadrados

Com todos os lados iguais, o quadrado é uma forma que dificilmente tomba. Associado à terra e à sensação de solidez, o quadrado simboliza firmeza, tenacidade e perseverança. Quando você tiver necessidade de mudança ou lhe for difícil encontrar motivação, evite a forma quadrada. Inversamente, quando a vida for um caos, e você se sentir jogado para todos os lados, o quadrado pode ser o remédio perfeito.

Possíveis Significados da Escolha de um Quadrado

Favoráveis	Desfavoráveis
firme	apegado
alicerçado	preso
perseverante	obstinado

Círculos

A lembrança de andar num carrossel pode evocar a visão de rostos indistintos e do vento soprando frio numa face enlevada. Quer girando realmente ou visualmente, a forma do círculo presta-se ao movimento. Observe a borda de um círculo e sinta como seus olhos se movimentam. Sem interrupção ou borda, não há motivo para os olhos pararem de se movimentar. Se você quer estimular-se de manhã, visualize um círculo. Um círculo é uma xícara de café visual.

Conquanto o olho seja estimulado a continuar o movimento, ele não pode perder-se. Não há linhas que se irradiam a partir dessa forma. Por isso, o círculo é contido e inibe a dispersão. Assim, o círculo nos contém e nos força a ficar no controle.

Possíveis Significados da Escolha de um Círculo

Favoráveis
mentalmente ativo
aceita as limitações
pesquisador

Desfavoráveis
exige precisão
importuno
tem dificuldade de pôr as
   idéias em ação

Formas onduladas

Não importa o tempo que seja necessário, a água procura e chega ao ponto mais baixo. O Grand Canyon é um exemplo espetacular da persistência da água. Cursos de água superficiais tendem a fluir em ondas, a não ser que leitos rochosos os impeçam. As pessoas que têm facilidade de acompanhar o fluxo ou de adaptar-se a qualquer situação freqüentemente estão mais à vontade com linhas de fluxo livre. Formas onduladas dificultam a focalização e favorecem o devaneio. Se a pessoa tende à indecisão, um fluxo de água curvo não é uma boa escolha.

Possíveis Significados da Escolha de uma Linha Ondulada

Favoráveis
acolhedor
dócil
simpático

Desfavoráveis
indeciso
temperamental
sentimento de vítima

Retângulos

A tendência de todas as coisas vivas de crescerem para cima ou para fora durante o processo de amadurecimento é representada por um retângulo vertical ou horizontal.
   Como um imponente carvalho nasce de um minúsculo botão, assim o senso de expansão e movimento está associado ao impulso do retângulo. Listras e retângulos imitam a expansão. A escolha de um padrão retangular para um papel de parede ou para um tecido pode indicar conforto com a mudança ou o desejo de que a mudança ocorra. De todo modo, essa é uma forma forte e difícil de ignorar visualmente.

Possíveis Significados da Escolha de um Retângulo

Favoráveis
disposição de mudar
gosta de desafios
energético

Desfavoráveis
não quer a permanência
instável
imprevisível

O Chi do Movimento

Talvez você tenha lido artigos sobre feng shui que diziam que o chi fica parado ou que se movimenta muito rápido. Isso o deixa curioso para saber se o chi tem pernas ou se circula invisível como um ciclone? Realmente, o movimento do chi se refere ao modo como **você** se movimenta no ambiente, quer pelo transporte físico do corpo quer pelos diversos órgãos dos sentidos.

Voltando à janela localizada no lado oposto à porta: essa janela o induz a observar a paisagem externa? Você se sente atraído pela vista ou fica vagueando e chegando à cena sem querer? Você se sente impedido de entrar no espaço ou forçado a tomar um caminho acidentado ou difícil? As dificuldades ou facilidades que temos para movimentar-nos pelo ambiente merecem atenção, pois as implicações podem ser profundas. Minha amiga Joanne pôs um porta-retratos com fotografias da família à esquerda da porta da cozinha. Como o espaço de encontro ficava à direita da cozinha, os convidados raramente viam as fotos. Colocar algo importante fora do lugar que lhe seria normal, dificultando vê-lo, implica o desejo de manter oculto o que foge à rotina diária. Quando uma foto minha passar a fazer parte do porta-retratos de Joanne, saberei que faço parte da família.

Podemos ver exemplos mais evidentes em casas onde é difícil sentar-se, pois se precisa passar entre os móveis, ou onde as cadeiras da mesa de jantar estão muito perto da parede, sendo desconfortáveis. Observe as áreas que são de acesso fácil e as que são de acesso difícil. O mínimo que você poderá perceber são aspectos considerados pessoais que dificilmente são partilhados.

O que Favorece o Movimento

Antes de movimentar-nos fisicamente pelo espaço, procuramos a direção mais favorável. Se não vemos um caminho ou se este for cheio de obstáculos, sentimo-nos derrotados antes mesmo de começar a trilhá-lo. Quando não há claridade suficiente, ou quando um objeto bloqueia uma paisagem ou alguma coisa desvia nossa atenção, normalmente nos deslocamos pela periferia da área.

O que uma Iluminação Fraca ou Obstruções Podem Indicar

barreiras emocionais nos relacionamentos
auto-estima baixa
timidez
dificuldade de estar no aqui e agora

O Chi do Espaço Aberto

Anos atrás, ao visitar uma casa de Frank Lloyd Wright, assustei-me ao entrar no espaço de encontro devido a uma enorme área livre entre a porta por onde entrei e os móveis da sala. Sem nenhum apoio, eu teria de percorrer o que pareciam quilômetros de soalho absolutamente brilhante para chegar a uma cadeira. Pode ser difícil descrever com precisão, mas percebe-se imediatamente a diferença entre uma sala que passa e uma que não passa uma sensação de vazio total.

Conheci certa vez um homem que aos quarenta e oito anos tinha em casa apenas o que era necessário. Embora ele tivesse se mudado recentemente para a área, não havia nada que o relacionasse com sua vida passada. Apesar de sua desventurada história soar plausível e seu desinteresse pelas posses materiais ser louvável, alguma coisa me punha em estado de alerta. Como seria possível que uma pessoa que se relacionava com sua vida emocional não tivesse lembranças — nenhuma fotografia dos filhos, nenhum relógio de valor afetivo, nenhum peso para papel ou nenhuma recordação de férias? Anos mais tarde, descobri que esse homem teve um passado cheio de altos e baixos, um passado que o mantinha em constante fuga das situações e das pessoas. Não houve um único lugar ou uma única pessoa que se integrasse em sua vida. Ele fugia de todo lugar e se afastava de todas as pessoas que conhecia. A vitalidade ou o chi do passado foi eliminado de sua vida como alguém que retira um tumor maligno. O chi de espaços vazios pode implicar o que segue.

O que um Espaço Muito Vazio Pode Indicar:

incapacidade de manter relacionamentos
distanciamento emocional
incapacidade de assumir compromissos
cautela

O SOM

Quando nos fechamos em nós mesmos para criar um ambiente de silêncio absoluto, nós nos afastamos da vida. Mesmo num deserto, o vento provoca a fricção dos grãos de areia, acrescentando uma melodia suave a uma cena silenciosa. Raramente há silêncio absoluto na natureza. O som não é apenas música, e certamente não apenas vozes ou aparelhos eletrônicos. Um espaço vivo precisa incluir muitos sons diferentes. Vento ou ventiladores soprando sobre folhas ou objetos leves tocando-se quando são limpados, passos em diferentes superfícies ou objetos que produzem sons como sinos são modos de aumentar o estímulo auditivo dentro de casa.

O som talvez seja o chi mais difícil de se entrar em contato, porque quando esperamos uma visita muito provavelmente desligamos o televisor e ligamos o aparelho de som. Por isso, talvez seja mais sugestivo observar a posição dos aparelhos que produzem som do que o som propriamente dito. Por exemplo, para conhecer os hábitos de uma pessoa com relação à televisão, observe o número de aparelhos e a posição dos controles remotos. Se o controle fica perto do lugar onde a pessoa senta, é provável que ela permaneça durante muito tempo na frente da TV.

O Que Excesso de Som Pode Significar

Favorável	Desfavorável
pessoa de fácil convivência	incapaz de comunicar-se
ligado a muitascoisas	não gosta de ser julgado
capaz de enfrentar o *stress*	precisa ser constantemente estimulado

O Que Muito Pouco Som Pode Significar

Favorável	Desfavorável
capaz de concentrar-se	sente-se isolado
autoconfiante	egocêntrico

O OLFATO

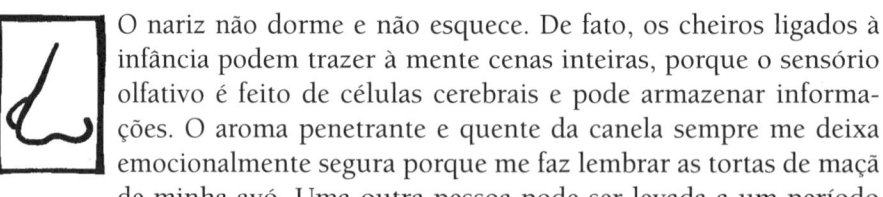

O nariz não dorme e não esquece. De fato, os cheiros ligados à infância podem trazer à mente cenas inteiras, porque o sensório olfativo é feito de células cerebrais e pode armazenar informações. O aroma penetrante e quente da canela sempre me deixa emocionalmente segura porque me faz lembrar as tortas de maçã de minha avó. Uma outra pessoa pode ser levada a um período específico do tempo, com pessoas, lugares e atividades despertados pelo simples perfume de uma rosa. A água do poço comunitário de nossa praia na Flórida produz um cheiro de enxofre na cozinha e nos banheiros; apesar de forte, esse cheiro me transporta mentalmente para minha deliciosa casa à beira-mar, e por isso ele é bastante agradável para mim, e não fétido, como para a maioria das pessoas.

À parte lembranças de cheiros pessoais, os odores nos despertam emocionalmente, com certos perfumes desencadeando reações bastante consistentes em todas as pessoas. Por isso, o uso habitual de uma fragrância específica pode mostrar o que uma pessoa precisa ou com que ela se relaciona. Por exemplo, as mulheres de mais idade geralmente preferem o perfume da alfazema. Entre outras coisas, ele é antiafrodisíaco, podendo ser apropriado nessa etapa da vida.

Categorias de Perfumes e seus Significados

Perfumes florais (rosas, gardênias, violetas, etc.) evocam desejos estimulantes e relacionamentos íntimos.

Perfumes suaves (pêra, banana) passam uma sensação de base sólida e estabilidade, e podem ser escolhidos por alguém que não gosta de mudança.

Perfumes acres (metais, vinagre) podem representar uma pessoa contida, perceptiva e que gosta de pensar e de resolver problemas.

Perfumes de menta (cedro, pinheiro, hortelã) podem indicar uma pessoa criativa e inovadora, mas também impaciente.

O almíscar é um perfume semelhante ao de um feromônio; as pessoas que o usam transpiram sexualidade.

Se você descobrir que uma pessoa que é um amante em potencial tem uma forte preferência por um perfume e o usa pessoalmente ou o aplica na casa dela habitualmente, você pode determinar o que essa pessoa gosta ou quer superar. Ao descobrir que uma pessoa que é um amante em potencial usa um perfume específico, você pode saber que em algum nível ela está expressando uma necessidade ou um desejo. Veja alguns exemplos.

Possíveis Significados de Perfumes Específicos

O perfume da rosa pode significar que a pessoa gosta de dar apoio ou que precisa fortalecer o espírito.

A alfazema pode indicar a necessidade de estar afastado, sedado, lúcido ou relaxado.

A menta pode significar que a pessoa precisa de um estimulante mental ou que se sente envergonhada.

O cedro pode significar que a pessoa está tentando superar o medo.

O almíscar pode significar o desejo de ser *sexy*.

Há muita literatura recente sobre os feromônios, substâncias químicas que influenciam o comportamento ao serem cheiradas. Embora não cheiremos o feromônio de outra pessoa conscientemente, ele influencia o modo como nos sentimos com relação a essa pessoa. Tive um amigo cuja noiva rompeu o noivado quando ele expressou que não gostava do cheiro natural dela. Uma regra geral prática é evitar estabelecer relacionamentos com pessoas cujo cheiro do corpo não agrada, por mais estimulantes que possam ser suas outras qualidades.

Tato

O chi do tato é muito sutil porque o contato táctil direto com os outros é ditado pelo que nossa cultura nos ensina ser apropriado. De muitos modos, compensamos a falta de sensação táctil direta armazenando associações mentais situadas entre a sensação aparente e a sensação real das coisas. A visão de uma cadeira de veludo nos convida a sentar, o que não acontece com a visão de uma cadeira de fibras sintéticas pesadas e oleosas. Diante de um objeto, observe se você se sente levado a tocar ou não. Materiais e tecidos que estimulam o toque podem projetar o desejo de relacionar-se emocionalmente. Exemplos extremos são as prisões, que evitam todas as texturas macias, e as casas de prostituição, repletas de fibras sensuais enfeitando grande parte do mobiliário.

Possíveis Significados de Texturas Suaves ao Tato

Favoráveis	Desfavoráveis
sensual	demasiadamente ocupado com as próprias sensações
empático	excessivamente emocional
autocontido	egoísta

Possíveis Significados de Texturas Ásperas ao Tato

Favoráveis	Desfavoráveis
prático	emocionalmente distante
focalizado em coisas externas ao eu	pouco amistoso
voltado para o outro	não alimenta o eu

Para concluir, chi é a vitalidade de todos os sentidos. É através das experiências sensoriais que absorvemos o mundo externo. Se a sensação, a visão, o som ou o cheiro de um espaço não lhe agrada, isso pode indicar uma inadequação do ocupante desse espaço. Se há pouco para ver, ouvir, sentir ou cheirar, tenha sensibilidade para as razões por que as experiências sensoriais estão sendo evitadas. Freqüentemente o chi de um espaço corresponde às energias emocional e física de uma pessoa.

O bom senso o ajudará a interpretar como o chi de outra pessoa pode ajudar ou dificultar um relacionamento. Se você vem de uma família muito unida, se gosta de atividade e se abraça uma amiga que o visita, uma casa sem fotografias da família, sem som e sem movimento pode indicar uma diferença entre você e o ocupante dessa casa. Durante toda minha vida ouvi rádio todas as manhãs. Escovar os dentes e tomar café me pareciam ações estranhas sem o refrão "Considerando tudo". Meu desjejum era incompleto sem esse chi. Infelizmente, uma vez tive uma colega de quarto que detestava qualquer som até depois do café. Uma diferença aparentemente pequena evidenciava necessidades profundamente diferentes; ficamos juntas por muito pouco tempo.

O chi é a força que vivifica a vida. Não dispense nenhuma experiência sensorial, pois a vida é estimulada pelo chi. Na maioria dos casos, um compromisso relacionado com um aspecto chi fundamental se revelará em tempo. Em caso de dúvida, é melhor errar no sentido de mais chi e viver com experiências sensoriais cada vez mais ampliadas. A vida gera a vida.

7

O BA-GUÁ: SIMPLES COMO 1, 2, 3, 4, 5, 6, 7, 8, 9

O ba-guá é uma forma octogonal que podemos sobrepor a uma peça ou a uma casa para definir áreas que com maior probabilidade podem evocar emoções específicas. De acordo com os chineses, o mundo físico é um mapa da nossa vida emocional; o que observamos nas diversas áreas expressa aspectos da vida interior da pessoa. Enquanto o feng shui tradicional aplica o ba-guá sobre a casa inteira, a escola da pirâmide tende a sobrepô-lo a cada espaço. Um espaço é dividido em nove áreas, oito seções no perímetro e uma no centro. Instrumento antigo, o ba-guá nos ajuda a definir que áreas específicas da vida vão bem, quais têm problemas e quais precisam de atenção ou equilíbrio.

Estou maravilhada com a capacidade dos antigos chineses de elaborar um corpo de conhecimentos que só hoje estamos confirmando. Por que os chineses escolheram um octógono para representar uma peça é um mistério, uma vez que poucas pessoas daquele tempo ou de agora têm salas ou quartos de oito lados. Só recentemente os cientistas descobriram que a

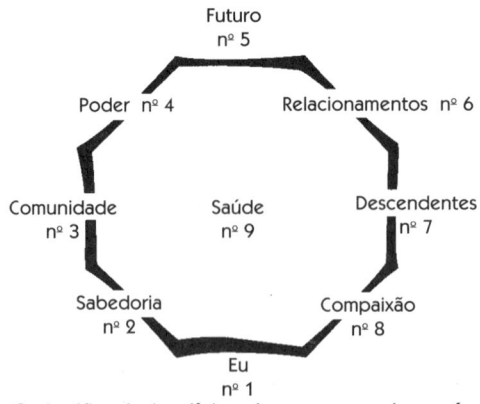

O significado implícito do espaço: o ba-guá.

menor partícula da matéria é octogonal. De algum modo os chineses escolheram intuitivamente como expressão de todos os espaços vivos uma forma que representa a porção mais diminuta da matéria.

> **A disposição dos objetos e dos móveis num espaço mostra o modo de ser e de agir de uma pessoa.**

A disposição dos objetos e dos móveis num espaço pode revelar áreas fortes ou fracas. Por exemplo, se um parceiro potencial não dispõe de um lugar para sentar na área do relacionamento do ba-guá, você pode corretamente concluir que ele não está preparado para as responsabilidades de um vínculo. Se não houver uma mesa ou uma cadeira robustas à direita de uma porta principal, é possível que a pessoa dê pouco apoio ou não se dedique aos outros. Aprendendo a identificar as relações dos diferentes segmentos de um espaço, podemos obter informações a que dificilmente teríamos acesso.

Como Usar os Segmentos do Ba-guá para Compreender a Verdadeira Natureza de uma Pessoa

Definir que tipos de móveis e de objetos estão nas diferentes seções do ba-guá leva-nos a identificar os pontos fortes e os pontos fracos de uma pessoa. Adquirindo a habilidade de relacionar a mensagem de espaços vazios, de áreas desordenadas e de símbolos incomuns a uma esfera emocional ou social, você pode perceber as qualidades ou as deficiências de outra pessoa. Em sua própria casa, você pode abordar de modo diferente áreas problemáticas de sua vida apenas trocando de lugar alguns móveis e acessórios. Se, por exemplo, a pessoa que você ama é egoísta, ativar a área da compaixão do ba-guá no quarto onde você dorme estimulará emoções que levam à reflexão.

> **Desenvolver atividades nas áreas apropriadas do ba-guá pode ajudar a superar deficiências e a aumentar potencialidades.**

Para alcançar os resultados desejados, você pode trabalhar sobre a área real relacionada com o ba-guá ou sobre a área oposta a ela. Por exemplo, colocar símbolos de parceria na área do relacionamento pode acelerar sua intenção de achar um companheiro. Entretanto, se o trabalho sobre a área real não produz mudança de energia, volte-se para a área oposta. Assim, para começar uma relação, cultive sua própria sabedoria. Para fortalecer seu poder, procure ter compaixão pelas pessoas. Para ter certeza de que você será lembrado por suas boas ações, fortaleça sua comunidade. Para parar de se preocupar com o futuro, concentre-se em você mesmo no aqui e agora.

A ativação de uma área do ba-guá pode influenciar a área oposta.

É recomendável aplicar o ba-guá a cada peça. Para que tudo seja feito com precisão, coloque a posição do eu do ba-guá na porta da peça usada com maior freqüência. Assim, colocando-se na entrada de uma peça, você estará na posição do eu. Se a porta não estiver no centro, as áreas adjacentes (sabedoria e compaixão) ficarão comprometidas.

Observe se algum ponto específico está em desordem, vazio, desarrumado ou se de alguma forma tem uma aparência diferente do restante do cômodo. Por exemplo, se não houver móveis, cortinas ou objetos de arte na área da compaixão de uma sala, fique alerta, pois é possível que a pessoa seja egocêntrica e provavelmente não dará atenção às suas necessidades. Se você observar pilhas de papel ou desordem na área do poder de uma sala, talvez você esteja captando o fato de que a pessoa ainda tem dificuldade de agir em sua capacidade plena.

Observe se há algum símbolo incomum. Quando o relacionamento de minha irmã com seu companheiro estava se desintegrando, ela pôs uma escultura de *Annie Get Your Gun* no canto do relacionamento da sala de estar. A Annie de papel machê apontava o rifle para um alvo, exatamente como minha irmã estava mentalmente pronta para afastar o parceiro de sua vida. Quando lhe mostrei isso, ela compreendeu que queria realmente livrar-se daquela relação. Nesse caso, o símbolo revelou um desejo.

Verifique se as escolhas são apropriadas. Certa vez percorri algumas casas para uma campanha beneficente e fiquei perplexa com o que vi numa delas. Saudando os visitantes à entrada, na frente de todos os pontos onde se podia sentar, e mesmo na cozinha, estavam quadros a óleo de nus da dona da casa. Tudo bem, era impossível não sentir uma ponta de inveja, pois ela estava no auge de sua forma física, mas não era difícil adivinhar o seu grau de egocentrismo, precisando exibir a si mesma por toda a casa. O que chama sua atenção como excêntrico, em geral é excêntrico.

Sinais Desfavoráveis Válidos para Qualquer Área do Ba-guá

objetos ou móveis em excesso (acúmulo)
espaços vazios ou ausência de componentes apropriados (uma única cadeira numa mesa de jantar)
desordem (papéis jogados pelo chão perto de uma escrivaninha, projetos inacabados espalhados por toda a parte)
objetos fora de lugar (jogos na área do poder, escrivaninha na área do relacionamento)
símbolos incomuns (espada na área da compaixão ou a fotografia de um amor antigo na mesa de cabeceira)

VISÃO GERAL DE TODAS AS ÁREAS DO BA-GUÁ

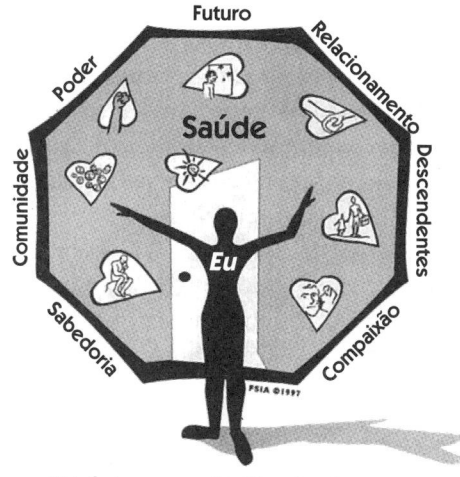

O bá-gua ou o significado do espaço.

Eu (nº 1)

A entrada de acesso a um espaço é crucial, pois é onde recebemos a primeira impressão, geralmente forte e duradoura. Eu me lembro que estava com minha mãe quando achamos a casa que seria meu lar da infância. Ramos de pinheiro crepitavam na lareira, exalando um cheiro que me chamava a atenção, pois o desconhecia completamente devido à minha criação urbana. Embora já se tenham passado décadas desde então, a lembrança dessa primeira impressão permanece viva. O ponto de entrada influencia profundamente e pode compor impressões duradouras.

Sinais Observáveis na Área do Eu

Favoráveis	Desfavoráveis
tapetes	piso escorregadio
iluminação adequada	falta de lâmpadas; interruptor longe
sino ou dispositivo sonoro na porta	fechadura emperrada
presença de algo que chama a atenção	nada que chame a atenção
quadro convidativo, como uma paisagem relaxante	peça de arte que assusta ou intimida

Sabedoria ou Auto-aperfeiçoamento (nº 2)

SABEDORIA

Sabedoria é a habilidade de penetrar na essência das coisas. Uma pessoa sábia capta a mensagem, não apenas os fatos. Não devemos confundir sabedoria com conhecimento, pois são duas coisas claramente diferentes. Assim como uma pessoa pode ler uma língua estrangeira mas não compreendê-la, sabedoria é mais do que fatos.

> **A sabedoria nasce do desejo de aprender de cada experiência.**

Para nos tornarmos sábios é necessário que nos aperfeiçoemos. O auto-aperfeiçoamento nos propicia muitas recompensas da vida. É interessante, mas a área à esquerda da porta é freqüentemente a menos usada da peça. Observe o que você tem no chão e nas paredes à esquerda das portas de sua casa, porque o que colocamos aí em geral representa o modo como desenvolvemos nosso potencial.

Duke, um pretenso escritor, colocou sua escrivaninha da infância à esquerda da entrada principal da casa. Seus manuscritos jorram como água da torneira, mas ele não consegue editar nenhum. Observando a escrivaninha da infância na área da sabedoria, você poderia imaginar que, quando pela enésima vez ele puxa um poema, uma história ou um ensaio para você ler, ele está a ponto de terminar. Você pode achar que esse tipo promete o mundo, mas cumpre muito pouco. Como a escrivaninha, a habilidade realizadora de Duke permanece num nível infantil.

Verificando o grau de atenção dado a essa área e os símbolos nela colocados lhe possibilitará concluir quanta importância a pessoa atribui ao aperfeiçoamento do eu.

Sinais Observáveis na Área da Sabedoria

Favoráveis	Desfavoráveis
livros, manuais, listas de tarefas	nada que envolva a atenção
equipamento estereofônico, instrumentos musicais	TV
	desordem
cadeira de leitura	fotografias do passado
plantas, aquário, gaiolas	plantas descuidadas

Comunidade (nº 3)

A área da *Comunidade* implica relações e dependência. Assim como um bebê depende de alguém que cuide dele, todos contamos com um enorme sistema de apoio para sobreviver. Não fomos feitos para ficar separados das outras pessoas, e quanto mais afastados estamos, menos condições temos de partilhar nosso potencial rico e pleno, que se desenvolve quando é alimentado. Perder os vínculos com as outras pessoas nos aprisiona e nos submete à forma mais grave de punição e isolamento.

O grau de envolvimento de uma pessoa numa rede ou num sistema de apoio é revelado pela área da comunidade do ba-guá. Geralmente encontramos uma área da comunidade vazia na casa de alguém que não tem amizades duradouras e que está afastada de sua família; para essa pessoa, as festas do escritório, a associação do bairro ou a filiação a um clube são de pouco interesse.

Sinais Observáveis na Área da Comunidade

Favoráveis	Desfavoráveis
telefone	vazio
computador ou fax	tela divisória
duas ou mais cadeiras	uma única cadeira
prêmios de serviço	troféus esportivos
arquivos para projetos de voluntariado	diário ou álbum pessoal

Poder (nº 4)

PODER

Sentimo-nos fortes e contentes quando nos dedicamos a atividades que amamos. Quando não desenvolvemos nossos talentos, predisposições e desejos, a vida parece vazia. Num relacionamento, é recomendável que ambas as partes estejam envolvidas em atividades prazerosas; por isso, é bom saber se você escolheu um parceiro que procura tornar a vida mais rica e plena. Num quarto, num escritório em casa ou num espaço pessoal, observe atentamente se a área do poder é cuidada.

> **Quanto maior a sintonia com sua paixão, mais você estará preparando sua felicidade.**

O segredo do contentamento está em sentir-se forte. O poder pessoal consiste em saber que podemos satisfazer nossas aspirações operando no máximo de nossa capacidade. Quando estamos em nosso poder, é provável que sejamos melhores companheiros.

> **A sensação de ter poder pessoal nos dá o impulso que precisamos para satisfazer nossas aspirações.**

Freqüentemente, na casa de pessoas realizadas, móveis importantes, como uma escrivaninha, uma cadeira de leitura ou um sofá, estão no canto do poder. Minha irmã, Robyn, tem no canto do poder um gabinete que não comporta móveis. Entretanto, ela pendurou nessa parede um quadro a óleo representando uma família, muito bonito e de grande valor. Conhecendo minha irmã como conheço, sei que um relacionamento é de fundamental importância para que ela tenha sucesso. O poder pessoal de minha irmã está intimamente ligado à vida familiar.

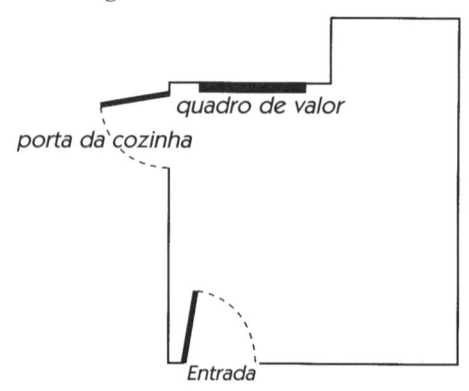

quadro de valor
porta da cozinha
Entrada

Não havendo espaço para móveis numa área, procure mensagens nas peças de arte.

Outra amiga tem quadros de anjos em toda sua área do poder. A exposição desses guardiães benevolentes na seção do poder mostra o desejo de minha amiga de ser orientada ou protegida. Ela não se desenvolveria com um companheiro ensimesmado ou que tivesse pouca energia para inspirá-la. Preste atenção ao tema da obra de arte na área do poder, porque ele pode esclarecer o que é preciso para prosperar. Os objetos colocados na área do poder geralmente mostram como a pessoa procura alcançar as metas pessoais.

> As peças artísticas expostas na parede do poder em geral indicam o que o proprietário precisa para prosperar.

Sinais Observáveis na Área do Poder

Favoráveis	Desfavoráveis
cadeira confortável	móveis desgastados ou desleixados
mesa ou bancada para atividades de passatempo	projetos de longo prazo inacabados
	muita desordem ou pintura descascando
diplomas ou prêmios	
objetos feitos pelo ocupante	equipamentos quebrados
plantas saudáveis ou um aquário	plantas doentes ou moribundas

Futuro (nº 5)

FUTURO

Raramente nos preocupamos com o momento presente, porque quase sempre estamos ocupados com ele. Por outro lado, o futuro provoca grande ansiedade. Conquanto o futuro sempre esteja fora de alcance, ele se agiganta à nossa frente, exatamente como acontece com a posição do futuro no ba-guá.

Boa parte de nossas preocupações se relaciona com o que pode acontecer. Se eu lhe pedisse para mencionar três coisas que atraem sua atenção no momento, provavelmente a resposta envolveria o que pode acontecer. O desconhecido nos deixa inseguros. O que escolhemos para enfeitar as paredes e o espaço da área do futuro muitas vezes expressa o que desejamos ou tememos. Vendedores que mantêm gráficos de vendas na área do futuro do escritório estão subconscientemente expressando que sua eficiência está no nível do seu desempenho atual.

> O que escolhemos para enfeitar as paredes
> da área do futuro expressa o que
> desejamos ou tememos.

Durante grande parte do dia, fico de frente para uma janela localizada na área do futuro do meu escritório. Quando uma janela, somada à falta de espaço, impede de colocar objetos numa área, observe se foi colocada alguma coisa no lado de fora. No meu caso, tenho um jardim de ervas e um alimentador de aves nesse ponto. O crescimento das plantas simboliza o crescimento que quero ter enquanto progrido na vida, e os pássaros que voam para o alimentador trazem movimento para a área do futuro, que espero infundir com vitalidade máxima. Ambos os símbolos representam uma visão otimista do que está à frente.

Sinais Observáveis na Área do Futuro

Favoráveis	Desfavoráveis
peças de arte representando sonhos e realizações	fotografias do passado
cama com as cobertas no lugar	banquinho de bar
escrivaninha usada para desenvolver projetos	arquivo com pastas inativas
plantas saudáveis	plantas doentes ou moribundas
objetos que se movimentam	poeira ou bolor
afirmação positiva de metas através de quadros, palavras ou imagens	caixas para guardar coisas que não são usadas

Relacionamentos (nº 6)

RELACIONAMENTOS

O modo como nos relacionamos com as outras pessoas pode contribuir significativamente para nossa felicidade. É fundamental que observemos a capacidade de relacionamento da outra pessoa antes de abrir nosso coração. Tenha cuidado ao expor suas emoções a uma pessoa sem amizades profundas no passado e com poucas no presente. Podemos detectar os padrões de relacionamento de uma pessoa na área do relacionamento de uma sala. Veja, por exemplo, o caso de Selma, uma cliente que no momento em que escrevo este livro acabou de desfazer seu quarto casamento. Embora ela seja uma colecionadora voraz de arte plana, não havia sequer um quadro na área do relacionamento na sua sala de estar. "Não consigo encontrar um quadro adequado para essa área", disse ela, quando insisti que ela devia pendurar alguma coisa naquela parede. Mesmo depois de comprar um quadro a óleo muito significativo especificamente para pendurar na parede do relacionamento, ao chegar em casa ela resolveu pendurá-lo em outro lugar. Selma estava pronta para outro relacionamento? Certamente não; e se ela voltasse a se envolver, o novo relacionamento provavelmente não duraria.

Sinais Observáveis na Área do Relacionamento

Favoráveis	Desfavoráveis
duas cadeiras	vazio
fotos recentes de membros da família	biombo ou divisória
mesa de jogo	área de trabalho
esconderijo de presentes	caixas de papéis velhos
arte representando duplas de alguma coisa	paredes vazias
arranjos de flores ou de plantas	quadros ou estátua de pessoa solitária

Descendentes (nº 7)

DESCENDENTES

O impulso biológico mais forte de qualquer espécie é reproduzir-se para deixar uma impressão genética na geração seguinte. Nos humanos é de menor importância se nossa influência é expressa por filhos, amigos, colegas, idéias ou ações. O normal é querer ser lembrado devido a alguma contribuição positiva e ser respeitado por inspirar gerações futuras. A casa das pessoas que dedicam seu tempo a atividades voluntárias e caritativas ou daquelas que se empenham em ajudar os filhos a alcançarem o sucesso em geral tem na área dos descendentes de uma sala muitos objetos que representam o que poderá ser a futura contribuição desses filhos.

Observando o que uma pessoa coloca nessa área, você pode avaliar o grau de comprometimento que ela tem com o futuro, através da família, dos amigos e de boas ações. Uma pessoa que investe tempo, energia e habilidades para deixar uma marca no futuro é alguém que hoje procurará relacionar-se com gentileza, compaixão e dedicação.

> O grau de comprometimento de uma pessoa com um relacionamento de longo prazo pode ser observado na área dos descendentes.

Helen e Rose são os pais de Theo; elas o adoram e lhe dedicam todo seu afeto. Apesar de ser um sofisticado apartamento em Nova York, a casa delas está cheia de brinquedos, engenhocas, roupas e guloseimas para Theo e seus amigos. Não admira que esse ambiente se situe na área dos descendentes do espaço de encontro. Os casais sem filhos geralmente colocam plantas, fotografias, luz, peças de arte preferidas e livros na área dos descendentes, em vez de objetos de lazer, como uma mesa de jogos ou uma TV.

Sinais Observáveis na Área dos Descendentes de um Cômodo

Favoráveis	Desfavoráveis
fotografias ou álbuns de fotografias dos filhos	toucador
guarda-louça ou mesa	fotografia de si mesmo
sofá	cadeira de balanço
xadrez, damas ou mesa de jogo	equipamento de exercícios físicos
plantas saudáveis	alvo de dardos, palavras cruzadas
lâmpada ou *spot*	quebra-cabeças

Compaixão (nº 8)

COMPAIXÃO

A compaixão nos dá a sensibilidade de que precisamos para nos identificar e entrar em empatia, fortalecendo assim a perspectiva de relacionamentos bem-sucedidos. Quando agimos movidos por uma dedicação profunda, motivamos reações positivas das outras pessoas.

A área da compaixão está localizada à direita da entrada de um espaço. Há casos em que a casa ou o apartamento tem duas entradas, uma usada pelos moradores e a outra pelos visitantes. Leve em conta apenas a entrada que um visitante normalmente usaria para determinar a compaixão de seu potencial parceiro com relação às pessoas. Para avaliar a compaixão para consigo mesmo, observe a entrada que o proprietário usa habitualmente. Observe se ambas as áreas recebem atenção igual, ou se não, qual delas prevalece sobre a outra. Se não houver sinais favoráveis na área da compaixão da entrada das visitas, ou se esses forem poucos, seu potencial parceiro pode ser alguém que dará pouca atenção às suas necessidades.

> Uma pessoa que dá pouca atenção à colocação de itens apropriados na área da compaixão provavelmente dará pouca importância às suas necessidades.

Sinais Observáveis na Área da Compaixão

Favoráveis	Desfavoráveis
mesa com objetos deixados temporariamente	acúmulo numa mesa
cabideiro ou armário parcialmente vazio	iluminação deficiente
um lugar para sentar	artefatos frágeis
porta-guarda-chuva	inexistência de espaço para objetos pessoais
cadeira	vazio

Saúde – Física, Mental e Espiritual (n° 9)

Do mesmo modo que a maioria dos órgãos importantes do corpo se localiza no centro, assim um espaço com um centro vazio ou incompleto indica um distúrbio de saúde físico, mental ou espiritual da pessoa. A vitalidade é pequena quando o centro de uma sala dispõe de poucos acessórios ou móveis significativos ou quando está totalmente vazio. De alguns pontos de vista, essa é a área mais importante a se observar num cômodo, porque ela sugere a condição de bem-estar de uma pessoa.

> **Quando o centro de uma peça está vazio, deve-se dar atenção à vitalidade física, mental ou espiritual.**

Num quarto de dormir, onde a cama de casal geralmente alcança o centro da peça, observe os detalhes do cobertor, a escolha dos lençóis e os objetos ao pé da cama, como um baú, uma mesa ou um aparador de colchas. Quanto maior for o número de detalhes, mais atenção o ocupante está dando à saúde física, emocional ou espiritual. As pessoas que não arrumam a cama ou que a enfeitam pouco freqüentemente sofrem de problemas físicos, mentais ou espirituais.

Sinais Observáveis na Área da Saúde de uma Peça

Favoráveis	Desfavoráveis
tapetes vibrantes, padronizados	soalho não-padronizado e sem mobília
artefatos e objetos numa mesa de coquetel	mesa de coquetel vazia
qualquer tipo de cadeira	desordem

iluminação dirigida para o centro

iluminação ou móveis insignificantes ou de tamanho pequeno

Agrupamento de Categorias de um Ba-guá

Podemos agrupar as seções de um ba-guá para ter a visão geral de um conjunto de áreas, em vez de uma única área. Às vezes, uma porta ou uma janela impede que se coloque alguma coisa numa área. No caso de haver várias portas ou janelas, o uso dessas categorias mais amplas pode revelar algumas qualidades ou problemas que uma pessoa pode ter.

Principais Categorias do Ba-guá

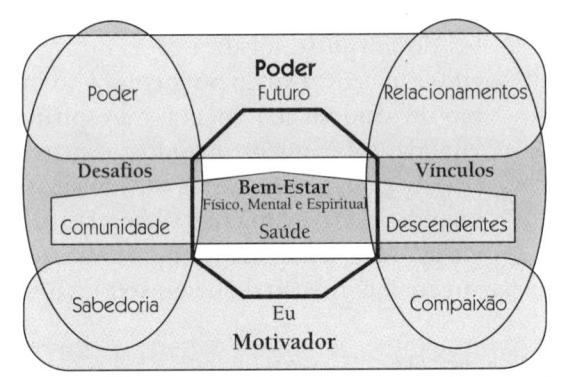

Agrupando três áreas contíguas do ba-guá, obtemos cinco seções de um espaço controladas por fatores caracteristicamente diferentes.

Área do Poder: Poder, Futuro e Relacionamentos

Poder   **Futuro**   **Relacionamentos**

Num espaço fechado, a parede mais afastada da entrada de uma peça é a parede do poder. Olhando dessa posição, você tem mais tempo para reagir e está à maior distância da pessoa que entra. Você é forte porque está na melhor posição para proteger-se. Embora você talvez não precise de proteção física hoje, os humanos dependem do tempo e do espaço para fugir do perigo. Somos mais poderosos quando estamos mais afastados da entrada de um espaço.

Junto à parece mais afastada, da esquerda para a direita, localizam-se as áreas do poder, do futuro e dos relacionamentos. Alcançar o nível máximo de maestria, estar livres de preocupações e receber o apoio emocional dos nossos semelhantes são as três formas de poder pelas quais lutamos. Por isso, a decoração perto da parede do poder e na própria parede pode revelar os sentimentos do usuário com relação à vida.

> As pessoas satisfeitas com a vida geralmente têm pelo menos um objeto de grande valor afetivo na parede do poder.

Sinais Observáveis na Área do Poder

Favoráveis	Desfavoráveis
diploma, prêmios ou troféus	vazio
representações da área de maestria da pessoa	pilhas de materiais de leitura não-lidos
plantas grandes ou exóticas	fotografias de férias
peças raras ou de valor pessoal	almanaques antigos
computadores, bancadas, escrivaninhas em uso	fotos ou lembranças de realizações passadas

Área dos Vínculos: Relacionamentos, Descendentes e Compaixão

Relacionamentos    **Descendentes**    **Compaixão**

Noventa por cento da espécie humana são predominantemente destros. Os cientistas não conseguiram descobrir um gene responsável pelo uso predominante da mão esquerda, mas descobriram que a predominância dessa mão tem como causa os altos níveis de hormônios segregados pelo *stress* durante a gravidez. A maioria das pessoas canhotas se sente quase tão à vontade com o lado direito como os destros. Apertamos as mãos, abraçamos e nos dirigimos para a direita quando nos relacionamos fisicamente com outro ser humano. Em momentos de pânico, como quando perdemos o equilíbrio, quase todos estendemos a mão direita antes da esquerda para não cair. Os seres humanos se relacionam com objetos e com seus semelhantes com maior facilidade no lado direito do corpo e, num espaço, preferem dirigir-se para esse lado. Objetos no lado esquerdo de uma peça são usados menos do que os localizados à direita.

> A capacidade para laços profundos se revela quando a área dos vínculos de uma sala contém elementos que oferecem conforto.

As pessoas que têm relações com outras (relacionamentos), as que, por suas relações significativas, influenciam o futuro (descendentes) e as que se relacionam empaticamente com outras (compaixão) podem ser parceiras ideais. Tudo o que está no lado direito de uma peça pode revelar a capacidade para laços profundamente enraizados.

Sinais Observáveis na Área dos Vínculos

Favoráveis	Desfavoráveis
sofás para mais de uma pessoa	gabinetes com portas fechadas
cabideiros	unidades de depósito
quadros com mais de uma pessoa	temas sombrios ou depressivos nos quadros
iluminação ou cores vivas numa peça	mármore, paredes ou cortinas escuros
réplicas de casas, cenas de rua	paisagens sem a presença de pessoas
mesas de jogos	área para contabilidade
fotografias da família e de amigos	fotografias sem pessoas

Para existir, o grupo dos relacionamentos, dos descendentes e da compaixão depende dos vínculos. Se você quer relacionamentos profundos, se dedica tempo para criar coisas boas para o futuro, se procura saber como as pessoas se sentem, você está motivado por aspectos relacionados com a área dos vínculos.

Motivador ou Área de Entrada: Sabedoria, Eu e Compaixão

Sabedoria   **Eu**   **Compaixão**

A parede de entrada é um trampolim para todas as experiências. A entrada define o comportamento de uma pessoa e fixa um modo de ser difícil de alterar. Pode-se comparar a entrada para um espaço ao nascimento; a compreensão da entrada pode pôr em movimento um sentimento sobre uma pessoa difícil de mudar.

O acesso a uma casa consiste em cruzar três limiares. O limiar número um é a primeira visão da casa. Há um momento de reconhecimento, um instante em que se diz "ah-ah" ao dobrar a esquina e aproximar-se o suficiente para ver parte da propriedade ou do edifício-casa. Quer você se aproxime de sua casa por uma modesta porta de fundos ou por um belo gramado na frente, seus sentimentos ao chegar serão influenciados pelas associações positivas ou negativas que lhe ocorrerem nesse momento. Essas associações, porém, não afetam a experiência das outras pessoas ao se aproximarem de sua casa. Há sempre diferentes caminhos que levam a um ponto. Qual é o caminho que leva à sua casa? É o mais conveniente, o mais pitoresco, o mais interessante? O pragmatista procurará o caminho mais curto, o sonhador o mais atraente, o benfeitor o mais detalhado.

O segundo limiar começa com o contato táctil. Pôr o pé na área de acesso, bater na porta ou girar a chave é o primeiro vínculo táctil que se estabelece com uma casa. Há uma aldrava pesada, dando a sensação de permanência? A chave funciona com eficiência, sem ranger? Há um capacho suficientemente grosso e resistente para remover a sujeira dos sapatos, ou fino e enrugável ao toque? Além de ser usada todos os dias, a entrada também nos prepara para a experiência que teremos dentro de casa, e por isso, quanto mais mal cuidada, mais ela reflete uma falta de interesse pelos outros.

O último encontro acontece depois de entrar. Essa é uma experiência visceral, pois o cheiro do lugar enche nossas narinas e a temperatura ambiente faz nosso corpo reagir. A sensação a que você reage é a esfera íntima do lugar; se você não se sentir bem, tenha cuidado. Às vezes, essa primeira experiência, por si só, é suficiente para preveni-la.

O ambiente a que somos conduzidos é importante. Você é levado à cozinha, a um espaço de encontro ou a uma sala especial? Oferecem-lhe algo para comer ou você é convidado a sentar-se? A primeira impressão do lugar diz muito sobre o que o residente acredita motivar os outros. O modo como você é introduzido numa casa pode ser o prenúncio de um futuro relacionamento pessoal.

A parede de entrada dá o tom e a base para ações subseqüentes. Nesse sentido, ela motiva e serve de trampolim para o modo como a pessoa vive. A sabedoria ou o cultivo de si e a compaixão levam à maioria das ações da vida, e portanto são aspectos importantes dos relacionamentos interpessoais. É mais satisfatório envolver-se com uma pessoa compassiva, que pode ser empática, e ver como ela se relaciona com os outros.

Sinais Observáveis na Área do Motivador

Favoráveis	Desfavoráveis
perfumes agradáveis	pilhas de correspondência ainda fechada
mesa	secretária eletrônica
flores frescas	área sem tapetes e sem piso padronizado
livros e revistas	objetos delicados ou frágeis
campainha com som agradável ou aldrava pesada	cesto de lixo
candelabro ou iluminação de parede	ausência de iluminação
aquário, gaiola	alimentador de animal ou casinha do gato

> O grupo da sabedoria, do eu e da compaixão favorece um relacionamento sólido.

Se você é a primeira pessoa a visitar um amigo doente, se tende a concentrar-se no presente e se gosta de aprender e de se desenvolver continuamente, você está automotivado e é um catalisador do crescimento seu e das outras pessoas.

Área do Desafio: Sabedoria/Cultivo de Si, Comunidade e Poder

Sabedoria    **Comunidade**    **Poder**

As três áreas contíguas à esquerda do ba-guá são as mais difíceis de realizar, assim como quase todos temos dificuldade de usar a mão esquerda. Geralmente evitamos o que é difícil. Entretanto, sabedoria/cultivo de si, comunidade e poder criam bases sólidas para a vida e uma estrutura de sustentação de uma vida significativa; por isso essa parte de uma peça merece atenção.

Quando somos desafiados a observar e a ir além da nossa zona de conforto, trilhamos um caminho com o qual muitas vezes sonhamos, mas que raramente percorremos. As pessoas que se concentram no lado esquerdo de um espaço têm habilidades notáveis para enfrentar desafios e para transformá-los em oportunidades.

Sinais Observáveis na Área do Desafio

Favoráveis	Desfavoráveis
metas futuras indicadas visualmente	realizações passadas
biografias	muitas diferentes tarefas em andamento (costura e cartas inacabadas)
cores salmão ou verde	cores suntuosas, fortes, especialmente púrpura ou azul régio

Área do Bem-Estar: Saúde Física, Mental e Espiritual

Se queremos prosperar, não podemos descuidar de nossa saúde física, mental e espiritual. A área central de um espaço representa nossa vitalidade em aspectos fundamentais da vida.

SAÚDE

Sinais Observáveis na Área do Bem-Estar

Favoráveis	Desfavoráveis
tapetes de valor, peças de arte	coisas quebradas
limpeza imaculada	tapetes manchados ou desgastados
plantas saudáveis	
jornais atuais	periódicos atrasados

Outras Considerações sobre o Ba-guá

Objetos Incomuns

Observe a localização de todos os objetos incomuns. Por exemplo, uma cliente tinha a escultura de um guerreiro com um escudo e uma lança empunhada ameaçadoramente. Essa escultura era diferente de todas as outras peças de arte na residência e estava localizada no canto do poder do espaço de encontro. A peça dizia que minha cliente estava disposta a ir até o fim na busca de suas metas, inclusive usando as pessoas que ela percebia dificultarem suas possibilidades de subir na hierarquia empresarial. O lugar que abriga itens incomuns pode revelar muitas coisas.

Coleções

As coleções dizem muita coisa sobre uma pessoa. Observe que coleções são e se estão num único lugar ou em vários. Por exemplo, meu tio Mike colecionava selos e guardava a maior parte deles debaixo de chave na área da comunicação do quarto de hóspedes. Ele também tinha um álbum predileto que guardava na cômoda do seu quarto, também na área da comunidade. A escolha desses pontos não poderia expressar meu tio de modo mais sucinto. Não querendo ser sociável, ele preferia que minha tia fosse às festas e saísse para jantar sozinha, enquanto ele passava o tempo com sua coleção. A coleção de selos era sua comunidade, com a qual ele se relacionava perfeitamente.

Concluindo, o significado implícito do espaço, ou ba-guá, é um instrumento útil para pôr em evidência tanto aspectos favoráveis como desfavoráveis de uma pessoa. A observação das escolhas para as diferentes áreas pode ajudar você a chegar à raiz dos problemas de uma pessoa. Por exemplo, se alguém escolhe um tapete de padrão triangular para o centro de uma sala, volte sua atenção para a saúde da pessoa. Se formas quadradas pesadas são escolhidas para a área dos descendentes, a pessoa pode estar esperando demais dos filhos ou dos amigos.

Não é por acaso que colocamos móveis, objetos e luzes onde colocamos. Sentimos maior conforto nas posições que escolhemos porque elas expressam o que está dentro de nós. Quando usado para perscrutar a alma de uma pessoa, o ba-guá é um instrumento de enorme eficácia.

8

OS ELEMENTOS

Os elementos fogo, terra, metal, água e madeira são usados no feng shui para descrever todos os objetos num ambiente físico. Olhe à sua volta. Tudo o que você vê é feito de três desses elementos (terra, metal e madeira) e é formado por um dos outros dois (fogo e água). Apenas os plásticos e os tecidos são de difícil classificação elemental, embora possamos considerar os plásticos como terra ou metal e os tecidos como madeira (quando provêm de plantas) ou como metal (quando provenientes de materiais sintéticos).

Todo objeto precisa de um catalisador (fogo e água) para formá-lo — ou o fogo real ou o calor gerado por uma ação física ou por um líquido (água). Por exemplo, uma cadeira de madeira entalhada precisa do calor de uma máquina ou da ação humana para entalhá-la, enquanto o papel precisa de água acrescentada à madeira. Embora ambos sejam elementos madeira, a cadeira é considerada madeira/fogo, e o papel, madeira/água. O catalisador determina como um elemento será afetado pelos outros.

Pessoas não são objetos, mas todas os seres animados e inanimados habitam o mesmo mundo, de modo que podemos ver uma relação com os elementos da terra também nas pessoas. Os seres humanos evoluíram de acordo com as mesmas leis naturais que regem todas as coisas. Por isso, é razoável pensar que nos expressamos de modo semelhante. Deixo aos geneticistas e aos psicólogos a tarefa de desvendar o mistério do porquê alguns humanos nascem mais corajosos ou com maiores habilidades musicais. Quanto a mim, argumento simplesmente que nós, num sentido geral, não somos distintamente diferentes de tudo o que existe no plano físico. Examinando as características mais gerais atribuídas a cada elemento, chegamos aos aspectos específicos de um grupo que predizem como uma pessoa, que é semelhante a um elemento, irá inter-relacionar-se com as suas circunstâncias.

As personalidades, como objetos físicos, geralmente são motivadas por um elemento e por um catalisador. As pessoas com apenas um elemento e sem um catalisador podem achar que não conseguem se realizar com a mesma facilidade que as que têm um elemento e um catalisador. Com um catalisador é possível compreender as preferências de uma pessoa e como ela provavelmente se sente mais à vontade. Por exemplo, uma pessoa madeira/fogo seria expansiva, como a madeira, e reativa, como o fogo. Se você amasse uma pessoa madeira/fogo e quisesse apresentá-la à sua família, seria melhor fazer isso num restaurante, não em casa. Uma personalidade madeira com uma emoção fogo sente-se menos ameaçada, com mais espaço à sua volta. Por outro lado, um tipo madeira/água sente-se melhor num ambiente íntimo, porque tipos água preferem intimidade e contato. Alguém que você ame e que seja madeira/água se sentiria melhor sendo apresentado à sua família num jantar em casa.

A maneira como agimos e como nos sentimos são em geral diferentes. Nossa personalidade é a camada externa; nossas emoções, a camada interna. Mais adiante neste capítulo há um teste para ajudá-lo a descobrir os elementos que expressam sua personalidade e os que expressam suas emoções. Eles são chamados de *elemento expresso* (personalidade) e *elemento oculto* (emoções). Muito provavelmente, um elemento será ligeiramente dominante em cada categoria. É possível, e até provável, que seu elemento expresso seja diferente do seu elemento oculto ou que sua personalidade e suas emoções expressem, cada uma, mais de um elemento. Quanto maior o número de elementos que você tiver, mais fácil será avançar no caminho da vida. Na busca da realização, devemos acumular todas as características elementais. As pessoas que fazem isso geralmente são as mais satisfeitas.

> **O modo como uma pessoa age e sente é semelhante à expressão de um ou mais dos cinco elementos.**

Cada elemento tem relação com uma forma, uma cor, uma textura, uma direção, um cheiro/sabor, um som, uma estação e com aspectos do comportamento humano. Por exemplo, é razoável associar o fogo à vivacidade, a um temperamento ardente e à energia considerando como as chamas saltam, quer de uma vela quer de um inferno enfurecido. Veja o que se relaciona com o fogo, e por quê:

Triângulo — a forma da chama, considerada a menos estável

Vermelho — a cor com o maior comprimento de onda, a que mais chama a atenção

Texturas ásperas — quando não consome completamente, o fogo deixa as superfícies rugosas e ásperas

Sul — no hemisfério norte, o sul é a direção do tempo quente; o fogo tem relação com o calor

Condimento — os condimentos picantes queimam a boca ou nos fazem transpirar, como o faz o fogo

Pratos (de percussão) — a batida inesperada desse instrumento faz-nos saltar assustados, como quando a mão entra em contato com uma chama

Quando conhecemos a configuração elemental da pessoa, podemos prever como ela reagirá numa determinada situação. Tipos fogo não toleram a frustração sem bastante alvoroço, enquanto os tipos água tendem a deixar o *stress* rolar pelas costas, como as ondas na praia. A alta energia do fogo produz sensações fortes e se assemelha a reações intensas, como movimentar-se rapidamente. Os tipos fogo freqüentemente se vêem envolvidos em todos os tipos de drama porque suas reações nem sempre são fruto de reflexão.

Quando se conhece o tipo elemental de uma pessoa, pode-se facilmente concluir que elementos devem ser introduzidos no ambiente para que ela se sinta à vontade. Antes de examinar nossos eus elementais, vamos dar uma olhada nos atributos de cada elemento. A lista a seguir relaciona o elemento com sua forma, cor, textura, direção, cheiro/sabor, som e estação. Esses são instrumentos que devemos usar na harmonização de um ambiente. Por exemplo, para fazer com que um tipo fogo mude uma opinião, acrescente o elemento água, que inclui escolhas como um ramalhete de tulipas negras, uma capa azul de entrançado aberto posta sobre um sofá ou uma música suave de harpa ou violino.

ELEMENTO	FORMA	COR	TEXTURA	DIREÇÃO	CHEIRO	SOM	ESTAÇÃO
fogo	▲	Vermelha	Áspera	Sul	Amargo	Pratos	Verão
terra	■	Terracota	Firme	Centro	Floral Almíscar Doce	Tambor	Maio Setembro
metal	●	Reflexivo Branco Ouro, Prata	Lisa Escorregadia	Oeste	Acre	Xilofone Piano	Outono
água	〜	Preto Azul	Entrançado aberto	Norte	Suave	Harpa Violino	Inverno
madeira	▮	Verde	Granulosa	Leste	Menta Resinoso	Oboé Trompete	Primavera

Quando os sentidos são estimulados pelas qualidades de um elemento, nós reagimos do mesmo modo como reagiríamos se estivéssemos em contato com o elemento. Por exemplo, a água nutre a madeira; por isso, a presença de símbolos, cores, formas e sons água num ambiente fará com que o tipo madeira se sinta nutrido e lhe fornecerá a energia necessária para perseguir suas metas. Se você quer estar com uma pessoa que expresse as características da terra, acrescente fogo, porque o fogo estimula a terra.

Como a psicologia, a astrologia e outras áreas categorizaram amplamente o comportamento humano, também é razoável agrupar as tendências humanas segundo os cinco elementos. Na verdade, há milhares de anos a medicina chinesa vem usando os cinco elementos para identificar e tratar doenças com sucesso. Compreendendo as reações típicas ao lugar, podemos expandir nossos recursos naturais e aumentar as possibilidades de entrar em sintonia com alguém que provavelmente se harmonizará com nossa natureza elemental. O quadro a seguir oferece uma visão geral das características relacionadas com cada elemento.

Características Gerais Favoráveis Relacionadas com os Elementos

Fogo — responsável, competitivo, enérgico, entusiasta, vivaz, carismático e apaixonado

Terra — estável, leal, constante, realista; gosta de pesquisar em profundidade, valoriza a família e a comunidade e atua como pacificador

Metal — emotivo, meticuloso, encanta-se facilmente, concentrado, perspicaz, sério e refinado

Água — simpático, reflexivo, dócil, condescendente, honesto, perceptivo, empático, auto-suficiente e persistente

Madeira — flexível, inquisidor, bem-humorado, meticuloso, acolhedor; sai-se bem sob pressão

Características Gerais Desfavoráveis Relacionadas com os Elementos

Fogo — agitado, combativo, reacionário, temperamental, entedia-se facilmente, tende a exceder-se

Terra — teimoso, avesso ao risco, recusa novas idéias, pouco à vontade com as mudanças, ambicioso, manipulador

Metal — defensivo, retraído, arrogante, difícil de agradar, não se envolve emocionalmente

Água — emotivo, suscetível, emocionalmente carente, temperamental, comodista, precipitado, crítico e reservado

Madeira — exigente, crítico, arrogante, julgador, oportunista, impaciente

Muito freqüentemente, uma pessoa que não se sente à vontade com as qualidades de um elemento não tem seus componentes (do quadro da página 99) em casa. Inversamente, o excesso de um elemento numa casa pode indicar uma pessoa que tem muito pouco de outras características elementais. Observe os extremos para descobrir desequilíbrios elementais.

COMO UM ELEMENTO AFETA OUTRO

Você já tentou acender um fósforo num dia de vento? Em geral, os elementos têm uma relação recíproca favorável ou desfavorável. Não é que você não possa absolutamente acender um fósforo num dia de ventos fortes; é só mais difícil. Observando como um elemento pode afetar outro, você pode deduzir como um ambiente específico pode influenciar uma pessoa. Uma de minhas alunas, insatisfeita com o casamento, havia montado um quarto com excesso de fogo. Com paredes vermelhas, superfícies brilhantes e ângulos agudos, ela estava inconscientemente usando a agitação do fogo para deixar seu marido do tipo madeira extremamente contrafeito. Ela o estava queimando, literalmente. Com pequenas alterações nos equilíbrios elementais você pode manipular um relacionamento.

O modo como os elementos num ambiente nos afetam depende do elemento a que pertencemos. Minha amiga Alison é uma pessoa água. Ela é calma e lenta para formar opiniões, pode compreender os dois lados de um conflito e é uma mediadora natural. Na maioria das vezes seu elemento água lhe é muito útil, porque ela tem por função manter a qualidade num grande centro de ensino, onde sua habilidade de intermediadora é muito exigida. Em sua vida pessoal, porém, seu aspecto água muitas vezes a impede de tomar decisões imediatas precisas. A vida pessoal de Alison receberia um forte impulso se ela introduzisse o elemento fogo em sua casa. O fogo atuaria como um estímulo para sacudir sua passividade nos momentos em que a ação seria a melhor escolha. O fogo poderia estimulá-la a tomar decisões. Em seu espaço de trabalho, entretanto, acelerar seus processos com fogo poderia perturbar um clima harmonioso. Quando apropriado, o uso de um elemento que temos em pequena quantidade pode dar início à mudança, ao crescimento ou ao movimento.

Por Que Descobrir seu Eu Elemental?

Conhecer os elementos que compõem sua personalidade e suas emoções pode ser útil ao planejar um espaço onde você possa prosperar com outra pessoa (e também sozinho; mas esse não é o assunto deste livro). Distinguir os elementos que uma pessoa escolheu para um ambiente pode trazer à luz a verdadeira natureza dela e ajudar você a avaliar o grau de compatibilidade existente. Quando for necessário ajustar um relacionamento, você pode acrescentar ou retirar o elemento que irá controlar ou exacerbar, sustentar ou suprimir. Saber o que colocar numa casa para expandir o positivo e reduzir o negativo pode ser de fundamental importância para uma parceria duradoura e voltada para a vida.

Veja o caso de Norm, um vendedor de trinta e um anos de idade, de palavra fácil, atraente e bem-sucedido. Norm impressionaria como um jovem expansivo e comunicativo. Todavia essas qualidades, normalmente relacionadas com madeira ou metal, contradizem o que ele realmente é.

Aos trinta e um anos, Norm tem a personalidade de um vencedor, boa aparência e sucesso financeiro — por que então ele não está casado? A sala de estar da casa de Norm, embora espaçosa, arejada e com pouco mobiliário, dá a impressão de sufocada e pesada. Na frente de um grande sofá de couro castanho-amarelado há uma enorme mesa maciça e atarracada. As pernas volumosas da mesa assentam-se firmes sobre um tapete quadrado, e sobre ela espalham-se pilhas de revistas populares masculinas.

Embora a sensação geral seja de vazio, a atmosfera é estranhamente letárgica, pois a casa contém um excesso de elementos terra — as cores bege/marrom, móveis baixos e atarracados e o tapete quadrado. Paredes nuas ampliam a sensação de solidez da peça, pois nada eleva ou afasta o olhar do nível do chão. A grande quantidade do elemento terra no ambiente sugere que, embora Norm sem dúvida tenha qualidades terra positivas, como estabilidade, tenacidade e competência numa crise, ele também tem atributos terra desfavoráveis, como teimosia, resistência à mudança e aversão ao risco.

Todos os elementos e pessoas podem coexistir tanto num plano físico como emocional se forem rodeados, revestidos ou impregnados com outro elemento. Se, por exemplo, Norm encontrasse Alison, eles poderiam ficar frustrados com a incapacidade de um e de outro para mudar. Entretanto, ambos poderiam se beneficiar se um introduzisse o elemento do outro em seu próprio ambiente, assim como o elemento fogo. Esse acréscimo a um ambiente mútuo daria suporte a um melhor relacionamento. Se você estiver para relacionar-se com alguém que pode não ser a melhor escolha elemental para você, vou sugerir modos de alterar um espaço para reduzir os aspectos desfavoráveis e aumentar o potencial de vocês como conjunto.

Este livro não sugere que você evite unir-se a alguém cuja natureza elemental seja desfavorável para você. Em vez disso, você aprenderá a compor um ambiente que sirva de apoio independentemente da combinação elemental de vocês. Pequenos ajustes num ambiente podem beneficiar tanto você como seu companheiro. Sabendo como os elementos se relacionam entre si, você pode preparar-se para determinadas reações e atitudes. Se você está envolvido num relacionamento no momento, comportamentos que podem parecer confusos serão vistos sob uma nova luz. Somos mais tolerantes com os outros quando sabemos que eles são constitucionalmente inclinados a se expressar de uma determinada maneira. Com um conhecimento específico, certos comportamentos se tornam menos perturbadores.

Uma casa é, de muitos modos, um espelho do eu, e ignorar os sinais nela presentes pode ser desastroso. Reunir informações sobre o seu tipo elemental e o do companheiro/a ajudará a construir um relacionamento harmonioso.

OS ELEMENTOS E COMO CLASSIFICÁ-LOS

Quase todos nós tendemos a um determinado visual ou estilo. Abra seu guarda-roupa e veja se alguma cor predomina. Até mudar-me definitivamente para a Flórida, o interior do meu guarda-roupa poderia ter sido fotografado para uma odisséia no espaço chamada *Viagem Para o Buraco Negro*. Era quase impossível distinguir um traje preto do outro. Além disso, parece estranho, mas toda peça de arte pela qual me apaixono e levo para casa parece ter uma grande quantidade de preto. As pessoas tendem a ser coerentes em suas opções. Quase sem exceção, fazemos certas escolhas que convergem para um tema congruente.

Você será capaz de identificar uma categoria elemental observando o ambiente geral. Uma casa com mobiliário contemporâneo liso e de linhas retas é um ambiente madeira, enquanto uma peça mobiliada segundo os princípios da decoração *art nouveau* é água. Confirme essa impressão observando se as cores usadas combinam com o elemento identificado. Se as cadeiras contemporâneas lisas da casa estão forradas com verde-floresta (verde é a cor da madeira) e os quadros representam florestas ou a silhueta de uma grande cidade (retângulos são linhas da madeira), você tem uma confirmação clara do elemento madeira. Se a decoração *art nouveau* (água) está numa peça pintada de vermelho acetinado (fogo) e os quadros retratam montanhas dos Alpes cobertas de neve ou pássaros voando (fogo), você identificou dois elementos para essa pessoa, água e fogo.

QUAL É SUA NATUREZA ELEMENTAL?

Cada um de nós tem uma *persona* em público e outra na vida particular. O empregado subserviente pode ser um tirano com sua família; o diabrete na escola pode ser a criança obediente em casa. E mesmo quando a distinção é menos perceptível, saiba que pode haver uma discrepância entre o modo como agimos e o modo como nos sentimos. Os comediantes são exemplos clássicos.

Em sua autobiografia, Sid Caesar documentou sua longa batalha contra a depressão. A distância entre sua persona pública e a privada é tão colossal quanto o Grand Canyon. O que vemos nem sempre é a coisa real. A técnica do *scope-ing* facilita a apreensão das discrepâncias.

Este capítulo contém três testes, um para ajudá-lo a descobrir o elemento que representa seu eu expresso ou personalidade; outro para revelar seu eu emocional elemental e o terceiro para verificar se seus elementos estão no lado favorável ou não. Conquanto a maioria das pessoas saudáveis expresse todos os elementos em algum momento, nossa tendência é pender para um ou dois apenas. Esses testes ajudá-lo-ão a identificar os elementos que o definem mais enfaticamente, tanto interna como externamente. As pessoas muitas vezes alteram segmentos de sua personalidade para se acomodar a situações de trabalho; por isso, faça os testes de um ponto de vista pessoal, e não profissional.

Ao fazer esses testes, você estará respondendo as perguntas no "limiar da consciência", como Joseph Campbell o denominou — você estará descrevendo a si mesmo com total consciência do modo como você escolhe responder. Mas esse não é o modo como fazemos nossas escolhas para nossa casa. Certamente tomamos decisões conscientes para comprar um sofá em vez de outro, mas é o subconsciente que dita se tendemos repetidamente para um elemento ou outro. A contribuição consciente para as escolhas de nossa casa pode provir do que Campbell chamou de *persona*, palavra latina para "máscara". Sua persona pode ditar a escolha de um estilo de sofá e seu eu interior pode preferir outro. Para complicar as coisas, nossas personas não são entidades fixas, mas estão sujeitas às nossas experiências adquiridas somadas à nossa fisiologia e às nossas tendências comportamentais. Nós nos adaptamos tanto ao grande como ao pequeno para lidar com o aqui e agora. A pontuação do teste de hoje pode mudar conforme as experiências da vida forem se acumulando. Além disso, quase todos temos mais de uma persona, como uma persona executiva, uma persona paterna ou materna, uma persona amante, e assim por diante. Compreender que partes suas orientam que escolhas fará com que você se torne progressivamente perspicaz na interpretação das escolhas complexas que os outros fazem. (Lembre-se de que para as pessoas que não têm condições de escolher, como pode ser o caso das que dividem com outras o aluguel de um quarto, a casa delas necessariamente não as representa.)

É interessante observar que em seu livro *Just the Way You Are*, Winifred Gallagher apresenta modelos de personalidade propostos por Paul Costa e Robert McCrae. Cinco tipos básicos de personalidade são descritos: extrovertido, agradável, consciente, neurótico e aberto à experiência. Não podemos comparar esses cinco tipos com os cinco elementos? Os tipos fogo podem ser relacionados com a extroversão, enquanto os tipos terra são agradáveis na medida em que, com freqüência, são considerados dignos de confiança. Os tipos metal acham que sua consciência os mantém envolvidos no processo. O neurotismo dos tipos água é no sentido de que eles estão sempre em fluxo. Finalmente, a expansividade de um tipo madeira pode ser facilmente descrita como uma abertura à experiência.

Qual é o seu tipo? Responda este teste; quem sabe, ofereça-o também a um amor em potencial.

Teste de Elemento 1: Sua Personalidade ou Eu Expresso

Responda *Sim* ou *Não*. Escolha a resposta que se aplica mais freqüentemente.

1. Você planeja as atividades de cada dia, e em geral consegue realizar o que planejou?
2. Você demora para formar uma opinião e depois custa a mudá-la?
3. Você chora na maioria dos casamentos, ao assistir a filmes que despertam emoções ou em eventos felizes?

4. Você está constantemente pensando, devaneando ou planejando?
5. Você tem tendência para mudar freqüentemente de marcas da pasta de dente, do papel higiênico ou do sabão em pó?
6. Você se decide rapidamente?
7. As outras pessoas procuram o seu conselho?
8. É fácil para você compreender por que algumas pessoas manifestam emoções extremas?
9. Você consegue conter suas emoções na maioria das vezes e não mostrar como se sente?
10. É difícil para você compreender por que algumas pessoas não conseguem mudar uma situação difícil?
11. Você gosta mais do processo do que dos resultados?
12. Você não consegue conter-se de manifestar sua opinião?
13. Você prospera na competição e se sente ambicioso?
14. Você gosta de passar o tempo sozinho e não precisa de vida social o tempo todo?
15. Na família ou no círculo de amizades, você é a pessoa que procura manter a paz?

Teste de Elemento 2: Seu Eu Emocional ou Oculto

Circunde a letra cuja resposta o descreve melhor.

1. Como você se sente com relação a novas aventuras?
    a. Odeio mudanças.
    b. Aceito bem a mudança.
    c. Raramente penso nisso.
    d. Adoro planejar mudanças.
    e. Gosto de mudanças, mas elas me deixam um tanto ansioso.

2. Você pensa muito sobre suas decisões antes de começar um novo projeto?
    a. Não, minha tendência é deixar a resposta surgir intuitivamente.
    b. Sim, mas minha tendência é montar uma estratégia em vez de pensar se devo ou não.
    c. Não, mergulho no projeto e começo a executá-lo.
    d. Sim, minha tendência é examinar cuidadosamente os aspectos positivos e negativos antes de decidir.
    e. Sim, avalio o impacto sobre o meu futuro e continuo somente se ele for positivo.

3. Quais são suas atividades preferidas?
   a. Gosto de começar do zero (carpintaria, cozinha, costura, etc.).
   b. Gosto de inventar ou de jogar jogos mentais (elaborar testes, fazer palavras cruzadas, etc.).
   c. Gosto de jogos de azar (bolsa de mercadorias, bolsa de valores, jogos de cartas, etc.).
   d. Eu gostaria de ser criativo e criar um conceito (coreografar, escrever música, dirigir peças, etc.).
   e. Eu gosto de ser criativo e literalmente "pôr as mãos na massa" (cozinhando, trabalhando com argila, praticando jardinagem).

4. O que mais o aborrece?
   a. Imagino que pego todas as doenças sobre as quais leio.
   b. Sempre que viajo, penso que o avião vai cair.
   c. Fico nervoso por, talvez, não conseguir me explicar em situações tensas ou de confronto.
   d. Sinto-me protegido de meus pensamentos íntimos.
   e. Preocupo-me com relação a não conseguir fazer as coisas.

5. Como você reage à doença?
   a. Minha tendência é ficar em casa e restabelecer-me.
   b. Busco orientações com um médico de confiança e sigo-as metodicamente.
   c. Tenho tendência para me sentir deprimido no início.
   d. Tenho força de vontade para fazer tudo o que é necessário para recuperar-me.
   e. Considero-a um desafio a ser vencido.

6. O que você mais gosta de fazer num sábado à noite?
   a. Desfrutar a solidão e ficar em casa.
   b. Gosto de sair com os amigos e conversar sobre os acontecimentos da semana.
   c. Gosto de vestir-me e ir a uma festa.
   d. Gosto de visitar amigos íntimos ou familiares.
   e. Gosto de ficar com um amigo ou com meu cônjuge.

7. Gosto que as outras pessoas me reconheçam como:
   a. paciente e profundo.
   b. forte e confiante.
   c. diplomático e dotado de tato.
   d. organizado, de bom gosto e minucioso.
   e. intuitivo, divertido e otimista.

8. Quando estou envolvido com alguma coisa que gosto de fazer, eu geralmente:
   a. gosto de metas e orientações definidas explicitamente.
   b. gosto de ter certeza de que todos os envolvidos trabalham em harmonia.
   c. descubro que a pressão não me impede de fazer a tarefa a contento.
   d. sou paciente e constante até que a tarefa esteja concluída.
   e. espero ser capaz de perceber novas maneiras de fazer as coisas.

9. No fundo, eu sei que sou:
   a. divertido, empático e espirituoso.
   b. descontraído, leal e apoiador.
   c. eficiente, virtuoso e esperto.
   d. auto-suficiente, honesto e perseverante.
   e. líder, talentoso e positivo.

Teste de Elemento 3: Favorável ou Desfavorável?
Responda *Sim* ou *Não*.

1. O dia fica incompleto se você não consegue fazer exercícios?
2. Você fica um pouco zangado com alguma coisa pelo menos uma ou duas vezes por dia?
3. Você prefere ficar em casa a sair quase todas as noites?
4. Geralmente você é a pessoa a quem um amigo ou um familiar recorre quando está passando por dificuldades?
5. Enquanto ouve as pessoas falando, você geralmente pensa na resposta que vai dar?
6. Ao enfrentar um dilema, você consegue pensar em muitas soluções rapidamente?
7. Você não gosta de jogos que exigem agilidade mental?
8. Estando com um grupo de pessoas e sendo feito um comentário preconceituoso, você consegue perceber pelos trejeitos faciais e pela linguagem corporal se alguém no grupo ficou magoado?
9. Você se envolveu com muitos trabalhos, projetos e grupos diferentes durante os últimos dez por cento de sua vida?
10. Você tem medo de aprender coisas novas se elas parecem difíceis?

Pontuação do Teste de Elemento 1

As primeiras quinze questões têm por objetivo revelar os elementos através dos quais sua personalidade se expressa. É a persona que você não tem problema de expor ao mundo. Muito provavelmente você se relaciona com as características desses elementos desde a infância. Some as respostas *Sim*. O elemento com maior pontuação é o mais evidente em sua personalidade. Se você alcançou o mesmo número de pontos em dois ou mais elementos, sua personalidade é mais complexa e inclui características desses elementos.

1. Sim = 1 para fogo
2. Sim = 1 para terra
3. Sim = 1 para água
4. Sim = 1 para metal
5. Sim = 1 para madeira
6. Sim = 1 para fogo
7. Sim = 1 para terra
8. Sim = 1 para água
9. Sim = 1 para metal
10. Sim = 1 para madeira
11. Sim = 1 para metal
12. Sim = 1 para fogo
13. Sim = 1 para madeira
14. Sim = 1 para água
15. Sim = 1 para terra

Conte todas as respostas *sim* e registre os elementos correspondentes. Por exemplo, se você respondeu *Sim* aos números 1, 6 e 12, você é um +3 fogo. Se você respondeu *Sim* apenas ao número 1, você é um +1 fogo. Se você respondeu *Não* para 1, 6 e 12, você é um 0 fogo.

Quantos mais elementos aparecerem no resultado de sua contagem, mais equilibrado você é. Cindy, uma terapeuta, professora universitária e instrutora de ioga que me ajudou nos seminários em Kripalu Center, Lenox, Massachusetts, apressou-se a perguntar-me, depois de eu ter aplicado este teste à turma, o que significava a pontuação +3 para três elementos (fogo, metal e água). Ter três traços de personalidade fortes em três áreas é muito bom para Cindy. Cada área de sua vida precisa de uma expressão diferente. Como terapeuta, o elemento água a ajuda a ter empatia, paciência e a não julgar. Como professora de faculdade, o elemento metal pode ajudá-la a estimular a atividade mental dos alunos, e ela tem condições de pensar e de tomar decisões com rapidez. Por último, seu elemento fogo é um complemento perfeito para ensinar ioga. Quem nos motiva a alongar nosso corpo deve ser uma pessoa que seja entusiasmada, que tenha a energia do fogo e que queira inspirar as outras, e não uma pessoa introvertida e letárgica.

Pontuação do Teste de Elemento 2

As respostas a seguir revelarão seus elementos emocionais. Esses elementos estão ocultos nos contatos casuais, e só se manifestam quando outra pessoa passa a conhecê-la mais a fundo. Profundamente enraizados em nós existem sentimentos e inclinações que caracteristicamente não expressamos em público. O astro de futebol Rosie Grier chocou seu público vinte anos atrás quando se deixou fotografar praticando um de seus passatempos preferidos, bordado à mão. Essas respostas revelarão elementos emocionais, aqueles sentimentos que não expomos casualmente.

1. a. terra
   b. madeira
   c. água
   d. metal
   e. fogo

2. a. água
   b. metal
   c. fogo
   d. terra
   e. madeira

3. a. madeira
   b. metal
   c. fogo
   d. água
   e. terra

4. a. fogo
   b. metal
   c. madeira
   d. terra
   e. água

5. a. terra
   b. madeira
   c. água
   d. metal
   e. fogo

6. a. água
   b. madeira
   c. fogo
   d. terra
   e. metal

7. a. água
   b. madeira
   c. terra
   d. metal
   e. fogo

8. a. metal
   b. terra
   c. madeira
   d. água
   e. fogo

9. a. fogo
   b. terra
   c. metal
   d. água
   e. madeira

Os elementos mais assinalados são os que representam você. Se você teve pontuação igualmente alta para dois elementos do Teste 1 e para dois elementos do Teste 2, você terá quatro combinações elementais possíveis. Se, por exemplo, você marcou +2 fogo e +2 terra no Teste 2, seus elementos ocultos são fogo e terra. Se você também marcou +2 fogo e +2 metal no Teste 1, você é as seguintes combinações: fogo/terra, fogo/fogo, metal/terra e metal/fogo. *Leia todas as seções que se aplicam às suas combinações.*

Quantos mais elementos, melhor. Uma pessoa totalmente realizada tem todos os elementos. Quando falta um elemento, saiba que ele pode ser agregado introduzindo uma representação dele em sua casa. Mesmo quando você não pode aplicar outro desses testes, você pode detectar os elementos observando as escolhas que a pessoa fez. Por exemplo, minha mãe é um modelo de decoro. Entretanto, ela sempre teve o vermelho em suas casas. Apesar de ter uma personalidade refinada, ela expressa seu fogo emocional escolhendo a cor a ele associada. Freqüentemente, se o que vemos não combina com a personalidade, podemos deduzir do ambiente o elemento subconsciente. Quando há um componente de cor, forma, som ou cheiro que parece incompatível com a natureza externa da pessoa, ele provavelmente representa o subconsciente.

Todo elemento tem a capacidade de ser favorável ou desfavorável. O Teste 3 mostra se você tem mais trunfos ou riscos tanto nos elementos da personalidade como nos elementos emocionais revelados nos testes anteriores. Digamos que você seja uma pessoa metal/fogo e que o Teste 3 mostrou que você é favorecido pelo metal e desfavorecido pelo fogo; você trabalharia sobre sua vida emocional mais do que sobre o modo como você se apresenta às outras pessoas.

Pontuação do Teste de Elemento 3

A descrição geral dos elementos apresenta tanto características favoráveis como desfavoráveis. O teste 3 mostra se você tende mais para o favorável ou para o desfavorável em sua configuração elemental. Muitas vezes você responderá dois *Nãos* para um elemento, o que significa que você tem a capacidade de ser favorável ou desfavorável. Isso é normal; algumas vezes expressamos o melhor do elemento, outras, nos deparamos com seus aspectos mais desfavoráveis. Entretanto, essa informação é da maior importância se você descobre que um elemento principal é desfavorável e negativo. Nesse caso, você poderá trabalhar com os elementos correspondentes que afetam ou reduzem o efeito negativo do elemento desfavorável. Por exemplo, um fogo desfavorável num nível emocional deve ter muito elemento terra ou água no ambiente. Tipos fogo são reativos e podem se ofender com facilidade ou reagir impetuosamente. Um companheiro implicante pode levar um elemento fogo desfavorável à loucura. Mas um quadro na parede, com muito azul ou com um tema aquático, pode ajudar um tipo fogo desfavorável a aceitar mais facilmente uma provocação amigável. Use as informações do Teste 3 como complemento aos Testes 1 e 2.

1. Sim = fogo favorável
2. Sim = fogo desfavorável
3. Sim = terra desfavorável
4. Sim = terra favorável
5. Sim = metal desfavorável
6. Sim = metal favorável
7. Sim = água desfavorável
8. Sim = água favorável
9. Sim = madeira desfavorável
10. Sim = madeira favorável

Finalmente, há tipos elementais que são naturalmente mais compatíveis. Assim como a madeira normalmente não consegue resistir à ação violenta de um fogo intenso, as personalidades madeira podem ser dominadas pelos tipos fogo. Entretanto, uma árvore saturada de água ou um tipo madeira/água pode desviar as centelhas do fogo sem nenhum problema. Conhecer a combinação é importante para definir que tipo mais provavelmente compatibiliza com você. Lembre-se, porém, de que mesmo quando duas pessoas não são elementalmente compatíveis, existem modos de dispor os elementos num ambiente para ajudá-las a conviver em harmonia.

Todos os elementos têm capacidade para relacionamentos profundamente respeitosos e prazerosos. Tudo é apenas uma questão de saber o que você está disposto a tolerar e quanto você quer trabalhar e dar de si para viabilizar um relacionamento. A natureza não tem elementos favoritos. Nenhum tipo de elemento ou combinação elemental é melhor. Lembre-se, se você estiver motivado, você será bem-sucedido em compor qualquer combinação; às vezes a estrada percorrida com maior dificuldade traz satisfação infinitamente maior do que a trilhada sem esforço.

9

TIPO FOGO

Forma: triângulo — *a forma da chama é triangular*

Cor: laranja-avermelhado — *a aparência geral do fogo é avermelhada ou laranja carregado*

Textura: áspera — *quando não consome completamente, o fogo deixa as superfícies enrugadas*

Direção: sul — *no hemisfério norte, o sul é a direção do clima quente*

Olfato/Sabor: amargo — *cheiros picantes, dos que provocam reação imediata*

Som: pratos — *a batida inesperada desse instrumento faz-nos saltar assustados, como quando a mão entra em contato com uma chama*

Estação: verão — *os meses mais quentes*

Características Favoráveis do Fogo

responsável
competitivo
energético
entusiasta
vivaz
rápido para reagir e se movimentar
carismático
apaixonado

Características Desfavoráveis do Fogo

agitado
combativo
reacionário

temperamental
entedia-se facilmente
tende a exceder-se

Parceiro que Controla Fogo

água, metal

Parceiro que Equilibra Fogo

terra

Parceiro que Sustenta Fogo

madeira

Parceiro Sustentado por Fogo

terra

Parceiro Refreado por Fogo

água

Considerações Gerais

Uma pessoa fogo tem muita energia física e intelectual, e por isso atrai outras pessoas como a chama atrai o olho. Embora rápidos para chegar a uma conclusão, os tipos fogo podem mudar de idéia num piscar de olhos. Mergulhados na energia até a exaustão, os tipos fogo não emitem sinais de colapso iminente. Os traços fogo se intensificam e podem incendiar qualquer situação em que um tipo fogo se veja diante de um tapete oriental vermelho, de uma mobília com estofamento cor-de-vinho, de um abajur cônico ou de uma peça de arte com imagens triangulares.

As pessoas fogo tendem a correr, e não a caminhar, em direção à sua meta mais recente. Novas tendências as fascinam ou bem as deixam indiferentes. Tipicamente, não há meio-termo para quem tem muito fogo. Se você quer um companheiro entusiasta, estimulante e disposto a mergulhar em situações inéditas, o tipo fogo é o ideal.

Os tipos fogo também não refletem sobre uma situação antes de reagir. Eles vivem de modo espontâneo e aberto, e não suportam limitações. Se você colocar um tipo fogo num ambiente restritivo, ele se queimará, ou então fará com que você desista das restrições. Quando postos contra a parede, os tipos fogo podem ficar soturnos e desanimados.

Tenistas profissionais do tipo fogo, no calor do momento, arremessam a raquete no chão e correm pela quadra gritando. Os tipos fogo gostam de ser ousados e de se vestir para chamar a atenção. Extravagâncias à parte, o entusiasmo os ajuda a chegar ao topo num esporte, pois competem com ardor.

Os tipos fogo rondam o reino do intelecto. A lógica, a abstração e a síntese de conceitos distintos fascinam os tipos fogo. Alimente-os com conhecimento e desafie-os a defender o que sabem. Quando a conversa parece estar chegando ao fim, peça a opinião deles sobre um assunto estimulante.

Um tipo fogo é um vendedor natural. Pouco importa o produto, pois o que ele na verdade vende é inspiração; o produto é apenas um meio de atrair sua atenção. Os tipos fogo precisam de espaço, de muito espaço. A exigüidade os irrita. As características desfavoráveis deles tendem a exacerbar-se quando eles vivem com muitos móveis em espaços pequenos.

Escolhas Características dos Tipos Fogo

Os tipos fogo gostam de ambientes ecléticos, iluminados. Preferindo uma mistura de móveis que vão do exótico ao austero e uma variedade de peças artísticas que pode incluir desde anjos alados até pirâmides egípcias, sua decoração tipicamente envolve e entretém. É divertido estar na casa de pessoas fogo. Elas se desfazem dos seus pertences com a mesma facilidade com que os adquirem e tendem a quebrar coisas porque se agitam muito pela casa. Como o fogo não é um elemento, mas um catalisador, ele é como o tipo de som que inspira ou que está no epicentro de um arranjo musical. Pessoas fogo gostam de música com uma batida definida, esculturas altas, totens, pedestais para expor objetos e plantas penduradas.

Na vida, os tipos fogo se sentem melhor com um trabalho relacionado com o desconhecido. Não espere vê-los contentes numa linha de montagem ou num escritório. Os tipos fogo gostam das luzes da ribalta e se sentem à vontade em situações tensas. Até amadurecerem, eles tendem a meter os pés pelas mãos, mas depois de adquirirem experiência se tornam bons políticos porque reagem rapidamente. Os tipos fogo são mais eficientes com projetos que têm um fim definido. Eles preferem sessões de tempestade mental (técnica do *brainstorming*) a projetos de longa duração que têm resultados muito pequenos. Por isso, o temperamento deles não os recomenda como analistas de estratégias ou como mediadores, mas eles se saem bem como planejadores de eventos e como apresentadores de programas que envolvem entrevistas e bate-papos, situações essas que exigem respostas imediatas e armazenamento de resultados imediatos. Atividades intelectuais realizam os tipos fogo porque o uso da mente lhes dá enorme satisfação. Você precisa de um estrategista? Recorra a uma pessoa fogo. Se você está planejando uma viagem, deixe à pessoa fogo a tarefa de elaborar o roteiro. Num mundo que exige respostas rápidas devido às muitas decisões que precisam ser tomadas, os tipos fogo provavelmente prosperarão.

COMBINAÇÕES DA NATUREZA ESSENCIAL DO FOGO

Tipo Fogo Expresso/Fogo Oculto

Saia do caminho! Nada nem ninguém detém um fogo duplo. Rápidos para se irritarem e se envolverem, os tipos fogo duplo se deliciam absorvendo volumes de informação, sintetizando-a e jorrando-a de outra forma. Numa reunião, eles estão sempre prontos a aceitar um desafio, apresentam idéias e podem eliminar práticas antigas e ineficazes com facilidade. Sempre impetuosos para alterar situações, os tipos fogo/fogo podem ser exigentes e irritadiços, dificultando a convivência. No aspecto positivo, eles podem acrescentar ação e estímulo com seu entusiasmo. Se você precisa de alguém presente e disponível o tempo todo, não escolha um fogo duplo, mas se você quer estar com uma pessoa que a incentive e a instigue a pesquisar toda e qualquer coisa, um fogo duplo é o tipo ideal.

O Que os Tipos Fogo Expresso/Fogo Oculto Precisam em Seu Espaço
Os tipos fogo/fogo precisam de muitos elementos terra em seus espaços — mesas com bases em vez de pernas, camas com bordas que alcançam o chão e escrivaninhas com gavetas também até o chão. Antes de abordar um assunto delicado ou de esperar uma resposta pessoal de um fogo duplo, veja bem onde você senta e o que veste. Não fale com uma pessoa fogo/fogo que esteja virada para a porta, pois ela vai querer sair, mesmo que mentalmente, durante uma conversa desgastante. Não use roupas de cores vivas ou fontes em negrito, porque a pessoa fogo/fogo pode se distrair com negritos e cores fortes, elementos esses que caracteristicamente envolvem e energizam e dos quais o fogo geralmente não precisa. Se você tiver algum objeto do elemento água em casa, sente-se perto desse objeto. Se não, sente-se a uma mesa quadrada ou num ponto em diagonal com o tipo fogo/fogo. Não sente lado a lado nem diretamente de frente para um tipo fogo duplo se você quiser ter um mínimo de esperança de obter atenção dele.

Tipo Fogo Expresso/Terra Oculta

Uma combinação fogo/terra, embora precise de outras pessoas, não depende delas. Uma pessoa fogo/terra pode não estar emocionalmente preparada para um esforço, mas é capaz de envolver-se profundamente quando assume um compromisso. Tipos fogo/terra são excelentes pais e amantes. Essa combinação precisa relaxar mais física e emocionalmente do que os outros tipos. Embora os tipos fogo/terra façam muitos planos e assumam muitas responsabilidades, eles geralmente realizam aquilo a que se propõem.

Embora queiram estar livres para fazer o que gostam, as pessoas fogo/terra procuram desesperadamente evitar o isolamento. Elas adoram viajar e às vezes podem esperar até conseguir dinheiro suficiente para fazer uma viagem sem preocupações. Elas são capazes de ver o quadro geral, mas também compreendem os processos específicos que ativam e dinamizam uma função, uma organização ou um relacionamento.

Combinando compaixão e lealdade, os tipos fogo/terra não se desviam, especialmente quando seu ambiente contém muitos elementos água.

O Que os Tipos Fogo Expresso/Terra Oculta Precisam em Seu Espaço
Estrategicamente colocadas, as cores água — azul ou preto — podem ajudar os tipos fogo/terra a entrar em contato com suas necessidades emocionais. Embora tipicamente prefiram texturas sólidas, alguns acessórios como pequenas almofadas, pratos de jantar e lençóis devem ter as linhas ondulantes da água. Um toque de amarelo-girassol num ponto pouco habitual pode ajudá-los a fazer uma parada suficiente longa para se ligarem com seus sentimentos. Um pôster com bastante amarelo fixado na entrada da casa, uma casinha de passarinho amarela pendurada no lado de fora da janela do banheiro e uma caneca amarela para o chá da manhã são algumas maneiras de conviver com o amarelo.

Se você quer cortejar um tipo fogo/terra, ofereça-lhe plantas vermelhas floridas, como poinsétias no Natal. Begônias com uma garrafa de vinho, ou rosas e chocolates podem reforçar as qualidades fogo/terra desse tipo.

Tipo Fogo Expresso/Metal Oculto

É difícil controlar e refrear uma pessoa fogo/metal de aderir a novas idéias ou de se envolver profundamente com as tendências mais recentes. Quem tentar fazer isso pode se queimar. Se você quer um companheiro que esteja pronto a fazer suas vontades, não escolha uma pessoa fogo/metal. Elas são automotivadas e se envolvem muito com o trabalho ou com o passatempo preferido. Se você já se relaciona com um tipo fogo/metal, desenvolva outros interesses ou adapte-se aos dele para não se frustrar tentando fazê-lo seguir você.

As pessoas fogo/metal combinam carisma com integridade. Capazes de reduzir as idéias à sua essência, os tipos fogo/metal têm a habilidade de convencer as pessoas do que eles sabem intuitivamente. Se não forem dúplices, seus relacionamentos íntimos tendem a ser francos, éticos e excitantes. Mas se tenderem à dissimulação, cuidado, pois podem inventar uma história interminável, e você não desconfiará nem por um momento de sua autenticidade.

O Que os Tipos Fogo Expresso/Metal Oculto Precisam em seu Espaço
Acrescente terra e água ao ambiente deles e fique longe da madeira. As cores areia de intensidade clara a média são mais apropriadas do que as mais fortes, porque eles gostam de claridade. Coloque ao redor de janelas enfeites de madeira em tons areia ou amarelo para ajudá-los a se manterem emocionalmente ligados com a casa. Os tipos fogo/metal gostam de surpresas e precisam de espaços complexos. Nada de paredes nuas para eles. Providencie para que o banheiro que eles usam tenha obras de arte nas paredes; também é boa idéia montar uma pequena prateleira para jornais e revistas. Esses tipos gostam de estar rodeados por tudo o que possa alimentar-lhes o pensamento. O conforto é essencial para essas pessoas, porque essa é a única maneira de mantê-las sentadas por algum tempo.

Tipo Fogo Expresso/Água Oculta

Fogo e água se destroem mutuamente. Embora seu aspecto externo se mostre demasiadamente otimista para ser alterado em profundidade, a adversidade pode levar-lhes o entusiasmo rapidamente. Por um lado, essa qualidade lhes é muito útil, como no caso em que uma meta não pode ser alcançada, pois os tipos fogo/água podem mudar num segundo e achar outro interesse ao qual dedicar seus esforços laboriosos. Por outro lado, obstáculos por vezes pequenos podem fazê-los desabar.

Os tipos fogo/água não mudam seus sentimentos lentamente ao longo do tempo. É mais provável que fiquem envolvidos até o limite de sua paciência, para então afastar-se rapidamente da situação negativa. Essa combinação gosta de lhe mostrar como descascar uma cenoura ou como fazer um nó de marinheiro. Eles adoram demonstrar o que amam e o que sabem.

Um companheiro fogo/água pode conviver com muitos tipos diferentes e ter um grupo de amigos de personalidades bem variadas. Com dois catalisadores em sua constituição, eles têm capacidade para ser todas as coisas para todas as pessoas. Embora dêem a impressão de não ouvir, eles compreendem e se motivam.

O Que os Tipos Fogo Expresso/Água Oculta Precisam em Seu Espaço
A segurança é fundamental para essa combinação. Precisando de espaço suficiente para se movimentar pela casa, essas pessoas não devem ter muitos objetos e coisas acumuladas. Mesas frouxas e pedestais instáveis não servem para eles. Apropriadas são mesas com pernas de madeira pesadas, com tampo de mármore ou vidro opaco. Óleos, baixos-relevos, esculturas de papel feitas à mão e macramé são tipos de itens adequados para se pôr bem à vista perto do lugar onde eles gostam de sentar. Se não tiverem um

espaço assim, disponha os itens num ponto à frente do lugar que ocupam à mesa de jantar.

Tipo Fogo Expresso/Madeira Oculta

Compreenda que os tipos fogo/madeira podem dizer uma coisa e significar outra. Como seus dois elementos, fogo e madeira, querem concluir uma discussão, uma reunião sobre estratégia ou uma situação difícil, eles tendem a não dar atenção aos sentimentos e podem parecer insensíveis às necessidades emocionais dos outros. Os tipos fogo/madeira não gostam do processo terapêutico; eles preferem ter as soluções e mudar de imediato.

Quando há necessidade de abordar algum problema, comece do zero. Não passe para o ponto seguinte até ter certeza de que eles aceitaram o ponto anterior. Se algo parecer inadequado, retome desde o começo. Como as pessoas fogo/madeira buscam acima de tudo resultados, se outras coisas falharem elas tentarão manter o poder e produzir uma solução controlando a situação. Não é fácil argumentar com essa combinação.

Esteja disposto a movimentar-se, a trocar de empregos, a experimentar novos passatempos e a arriscar a segurança em favor da ação. Os tipos fogo/madeira podem ser defensores ardentes de causas incomuns e provavelmente apoiarão também seus sonhos.

O Que Os Tipos Fogo Expresso/Madeira Oculta Precisam em Seu Espaço
Obviamente, você não quererá extinguir o entusiasmo dos tipos fogo/madeira, mas talvez seja necessário abrandá-lo. Assoalhos escuros podem ajudar os tipos fogo/madeira a darem atenção às suas necessidades emocionais sem prejudicar seu entusiasmo. Ladrilhos de carvão, carpete ligeiramente cinza ou tapetes azuis ou pretos são ideais. Outra maneira adequada de acrescentar o elemento água ao piso é escolher um ladrilho de cerâmica com textura variegada ou um carpete com fibras trançadas. Móveis italianos esculpidos modernos com suas formas ondulantes, escrivaninhas e sofás vitorianos arredondados, cadeiras e cabeceiras arqueadas e molduras de quadros e de espelhos são todos muito apropriados para um ambiente fogo/madeira.

COMO EQUILIBRAR A PESSOA FOGO

A terra equilibra o fogo sem ser intrusiva. O metal controla o fogo. A água pode controlar ou refrear o fogo. A madeira pode ser destruída pelo fogo, e a terra pode equilibrá-lo. As descrições a seguir podem ajudá-lo a compreender como cada elemento afeta o fogo. Nem todos os elementos precisam de equilíbrio o tempo todo. Às vezes, todo o impacto da predisposição natural de um elemento é apropriado para uma situação.

Equilibrar Fogo Acrescentando Fogo

Acredite ou não, há ocasiões em que você precisa combater o fogo com fogo. Quando não há mais forma de acalmar ou reduzir a labareda do fogo, aumente o número de elementos fogo na casa. Isso pode funcionar como um tapa no rosto de uma pessoa histérica. Prepare-se para crepitar, e então ajude seu tipo fogo a se recompor. Antes, porém, aplique um dos outros elementos para equilibrar.

Equilibrar Fogo Acrescentando Terra

O elemento terra equilibra bem os tipos fogo. A terra lhes dá uma base firme de onde saltar e evita que sejam chamuscados pelo calor que a atividade deles gera. Se você não é um tipo terra e quer prover um abrigo seguro ao tipo fogo, acrescente elementos terra como jardineiras de terracota vermelhas; luminárias quadradas; tecidos bege, marrom ou castanho-amarelado e mobiliário atarracado, firme. Persianas verticais da cor da madeira ou sanefas nas janelas, tecidos ou tapetes de padrões quadrados e assoalhos com parquete de madeira marrom podem relaxar um tipo fogo. A terra reduz as características do fogo suavemente, sem ser intrusiva, do mesmo modo que abafamos o fogo ao término de um acampamento. Não use superfícies brilhantes e polidas nem tecidos lisos e acetinados.

Uma pessoa fogo que sofre de ansiedade ou de fobias sentir-se-á à vontade perto de um tipo terra. No ensino de novas habilidades, um instrutor terra pode ajudar um tipo fogo a relaxar e a se concentrar.

Equilibrar Fogo Acrescentando Metal

O metal retira calor do fogo. Pessoas fogo mutáveis, excitáveis, podem acalmar-se com metal. Os tipos fogo pensam sobre suas idéias ou ações com maior ponderação num ambiente que contém metal. Recomendam-se superfícies metálicas sem brilho, pois o metal fosco estimula à ação sem acelerar o processo mental.

Uma pessoa fogo que mora num espaço com muitas superfícies polidas e espelhos pode ficar nervosa, porém. Com excesso de metal, os tipos fogo podem ter sua vivacidade, curiosidade e otimismo natural exauridos. Reduza o elemento metal num ambiente quando o tipo fogo dá sinais de hábitos nervosos, como roer as unhas.

Equilibrar Fogo Acrescentando Água

Com elementos água preenchendo um espaço, a expectativa é que os tipos fogo se tornem menos voláteis, em seguida irritadiços e por fim pacificados. Como a água apaga uma labareda, assim um companheiro água pode ajudar uma pessoa fogo descontrolada a se acalmar. Quando as características fogo desfavoráveis são desproporcionais com relação às favoráveis, acrescentar elementos água numa casa pode reverter a situação. Nos casos em que os aspectos desfavoráveis do fogo estão fora de controle, acrescente alguns elementos água na sala de jantar, na peça onde está o televisor ou no gabinete de leitura. Tome essa medida se você conseguir fazer com que a pessoa fogo fique sentada por tempo suficiente para sentir o efeito tranqüilizador da água.

Introduzir um elemento água pequeno mas intenso, como um tapete ou uma almofada, pode ajudar o fogo a preparar-se para o trabalho. Por exemplo, tenho um amigo tipo fogo que detesta telefonar. Para ajudá-lo a tranqüilizar-se, sugeri que ele comprasse um telefone azul. Observando uma pequena porção da cor da água, o azul, ele pode acalmar um pouco sua ansiedade.

Equilibrar Fogo Acrescentando Madeira

Muitas vezes o elemento madeira é incorretamente associado apenas ao material madeira. A cor da madeira é verde, enquanto a madeira verdadeira é mais de uma cor da terra. Não envolva tipos fogo com muitos elementos madeira, a menos que você possa suportar o calor. Não espere que um tipo fogo fique muito tempo em casa ou numa peça cheia de verde, a cor associada ao elemento madeira. Os tipos fogo provavelmente ficarão acelerados e emitirão muita energia num ambiente com muitos elementos madeira. Na verdade, um tipo fogo trabalha especialmente bem num escritório madeira e pode ser um bom sócio com um tipo madeira. Entretanto, o que funciona bem num ambiente profissional pode não ser benéfico no ambiente doméstico.

Os tipos fogo se sentem frustrados e podem desdenhar as pessoas que se contentam apenas em falar sobre uma situação, em vez de agir para transformá-la. Em geral os tipos fogo gostam de ter um pouco de madeira em seu ambiente para poder gastar um pouco de sua ilimitada energia.

Melhores Parceiros para Fogo

Se você for...	Sua melhor combinação para uma parceria será...
fogo/fogo	madeira/terra ou terra/madeira, terra/terra
fogo/terra	terra/água

fogo/metal	terra/terra
fogo/água	terra/metal
fogo/madeira	terra/água
terra/fogo	fogo/terra, água/metal
metal/fogo	água/terra
água/fogo	metal/terra
madeira/fogo	água/terra

Parceiros Desfavoráveis para Fogo

Se você for...	Sua combinação desfavorável para uma parceria será...
fogo/fogo	água/metal ou metal/água, fogo/água ou água/fogo
fogo/terra	metal/água
fogo/metal	água/madeira, madeira/fogo, metal/fogo
fogo/água	água/fogo, terra/terra
fogo/madeira	fogo/metal, metal/metal, madeira/metal, água/metal
terra/fogo	madeira/metal, água/água
metal/fogo	madeira/água
água/fogo	fogo/fogo, fogo/água
madeira/fogo	fogo/metal

PARCEIROS PARA FOGO

As medidas a seguir podem ajudar a equilibrar os parceiros de fogo.

Fogo como Parceiro do Fogo

Os tipos fogo que moram junto são dinâmicos, ativos, e se não forem contidos por elementos água ou terra em casa podem se sobrecarregar e se autodestruir. Os amigos podem achar quase insuportável ficar na companhia de tipos fogo/fogo por longos períodos de tempo, porque a energia inesgotável deles pode ser inexaurível.

Casais com duplo fogo precisam cercar-se de azuis, pretos e cinzas profundos, e evitar verdes, brancos e laranjas. É melhor ter principalmente tecidos lisos, pois linhas em demasia distraem esse par energético. Luzes de espectro total são melhores do que luzes incandescentes porque, em sua iluminação, elas contêm todas as cores. Os fogos duplos precisam de uma variedade de tons mais do que de um esquema monocromático.

Terra como Parceiro do Fogo

Terra com fogo é uma excelente combinação, desde que a pessoa terra não tenha tendência à depressão ou à estagnação. Se isso acontecer, o parceiro fogo ficará frustrado e aborrecido. Quando as características de uma pessoa terra são favoráveis, ela dá ao fogo a liberdade de ser ele mesmo sem se queimar. Para os tipos terra, a vida com o fogo é enriquecedora.

Se você é um tipo terra forte e está querendo atrair uma pessoa fogo, providencie alguns espelhos. Tenha quadros com vidros brilhantes e não foscos. Os tipos fogo precisam tanto de estimulação como de algo que absorva seu calor. O metal preenche essa dupla função muito bem. Acrescentando bronze, cromo, prata ou ouro o ambiente acentuará as qualidades mais reservadas da terra para satisfazer os desejos de estimulação do fogo.

Metal como Parceiro do Fogo

Como o metal reage ao fogo, a vida será interessante e estimulante para um relacionamento fogo/metal. Quando fogo e metal são parceiros, acrescentar terra ou água ao ambiente deles desanuvia o clima. Entretanto, se fogo for mais forte, um tipo metal pode sentir-se irritado com a necessidade de atenção do fogo. Se a vida se tornar demasiadamente tediosa ou calma para o parceiro fogo, acrescente madeira — muitas plantas verdes, tecidos listados, persianas verticais, luminárias de chão, colunas e mesas com pernas em vez de pedestais. Os elementos madeira distraem o fogo e dão aos tipos metal liberdade para se dedicar às suas próprias coisas.

Água como Parceiro do Fogo

Água e fogo não combinam naturalmente, porque podem sabotar reciprocamente suas tendências naturais. Para o convívio de fogo e água, acrescente muita terra e um pouco de metal como estimulante. Encha a casa com muitas cores, como as do cravo-de-defunto, do amor-perfeito, do laranja brilhante e do marrom-chocolate, ressaltadas por molduras, acessórios de iluminação e maçanetas em cores douradas, de cobre e de bronze.

Madeira como Parceiro do Fogo

Os tipos fogo gostam dos tipos madeira, porque o estímulo da madeira sacia o apetite de estimulação do fogo. Quando o parceiro fogo é mais forte, o parceiro madeira pode perder o entusiasmo pelo relacionamento porque o fogo tende a querer controlar a madeira. Uma pessoa com madeira forte, porém, mesmo uma madeira dupla, é capaz de conservar-se intacta. Acrescente itens que tenham brilho, como madrepérola ou carapaça de tartaruga para dar a cada parceiro uma sensação de autonomia. Itens incomuns, como cadeiras feitas de chifres, coleções de instrumentos de metal e caixas com materiais marchetados podem ser um realce perfeito, porque uma combinação metal/terra num ambiente beneficia um relacionamento madeira/fogo.

10

TIPO TERRA

Forma: quadrada — associada à sensação de estabilidade como a transmitida pela terra

Cor: terracota — associada à cor do solo em sua região

Textura: firme — associada à sensação de estar firme no solo

Direção: centro — como a superfície da terra é o epicentro de nossa vida

Olfato/gosto: floral/almíscar/doce — o aroma da terra saudável, fresca

Som: tambores — como a batida do coração

Estação: maio/setembro — as épocas centrais do ano quando as mudanças começam a se manifestar

Características Favoráveis da Terra

firme
leal
consistente
realista
investigador
orientado para a família e para a comunidade
apaziguador
calmo

Características Desfavoráveis da Terra

teimoso
avesso ao risco
resistente a novas idéias, tendências ou à investigação
pouco à vontade com a mudança
ganancioso
manipulador

Parceiro que Controla Terra

madeira, água

Parceiro que Equilibra Terra

terra, metal

Parceiro que Sustenta Terra

fogo

Parceiro Sustentado pela Terra

metal, madeira

Parceiro Refreado pela Terra

água

Considerações Gerais

Você é considerado a Rocha de Gibraltar? As outras pessoas buscam seu conselho e confiam em você como a voz da razão e da moderação? Os tipos terra gostam de passar as férias num só lugar e de explorá-lo profundamente em vez de visitar cinco cidades em sete dias. As pessoas terra são eficientes em fazer com que os outros se sintam seguros e firmes; sempre que for necessário, elas estarão presentes. Quando você estiver passando por dificuldades ou ansioso, procure a companhia de uma pessoa terra.

Por outro lado, uma pessoa terra desfavorável pode ser tão presa ao protocolo, que todas as florestas são obscurecidas pelas árvores. Para as pessoas envolvidas na luta da vida, a convivência com um tipo terra pode ser a corda que as mantém seguras no lugar. No lado desfavorável, uma pessoa terra não quer assumir riscos ou falará à pessoa amada sem correr riscos. Os tipos terra desfavorável não gostam de mudar de profissão, de parceiros ou de mobiliário.

Meus amigos Sandy e Ted colecionam arte há mais de trinta anos. Suas aquisições são feitas sem planejamento, e eles nunca sabem quando vão encontrar uma peça de que precisam. Embora sua coleção varie desde o primitivo até o sofisticado e do antigo ao contemporâneo, as formas são todas volumosas, atarracadas, excêntricas. De certo modo esses conceitos aparentemente distintos refletem perfeitamente o tema que prevalece em suas vidas. Como mostram suas escolhas, ambos são mágicos mas presos sob espessas camadas de resistência. Esta é uma dicotomia do elemento terra:

um aspecto emperrado como um burocrata obstinado, o outro movido livremente como a terra fértil levada pela correnteza das neves derretidas das montanhas.

Saiba que os tipos terra em geral gostam da repetição. Eles não se aborrecem em ler um livro duas vezes ou em ver um filme que gostam inúmeras vezes. Até aonde irão ou quanto arriscarão é função dos outros elementos que os constituem. O elemento terra fica imóvel quando nada o influencia.

Capazes de aceitar um papel a eles atribuído, os tipos terra são educados, leais e tendem a manter a correspondência e os velhos amigos. Aposte que eles farão o que dizem, porque querem agradar e não conseguem se ver sem elos fortes. Boas nos detalhes, mas resistentes a interferências, as pessoas terra terminarão a tarefa que lhes é designada, se antes não se esgotarem devido às muitas responsabilidades que assumem antes de terminar o trabalho.

Escolhas Características dos Tipos Terra

Os materiais da terra são óbvios: cerâmica, louças, vidro (que é feito com areia e água), concreto e tijolos. As cores terra podem ser marrom, areia, avermelhado ou qualquer outra que reflita o solo da região. Os tipos terra tendem a escolher objetos atarracados, sólidos e tipicamente possuem artefatos tridimensionais.

Os tipos terra gostam de ter contato direto com os materiais e de manter projetos mais do que iniciá-los. Eles se sentem mais à vontade com jardinagem, trabalho com argila, panificação ou com a função de goleiro no time de hóquei do que com a natação, a carpintaria ou a posição de centroavante no time de futebol. Eles não se incomodam em realizar seus projetos pelo tempo que for necessário e perseveram diligentemente mesmo depois que outras pessoas já desistiram.

Uma forma de dizer se uma pessoa tem características desfavoráveis é observar a quantidade de itens localizados perto da entrada principal da casa. Pessoas terra desfavorável tipicamente amontoam coisas perto de portas, como se estivessem enchendo um buraco.

A Natureza Essencial da terra

Tipo Terra Expressa/Fogo Oculto

Pode ser difícil imaginar uma pessoa com uma personalidade terra e emoções fogo. Um exterior estóico contradiz o que está por baixo. Propensa a ter um senso de humor deformado, essa combinação pode parecer tranqüila, mas raramente o é. Como um fogo devastador no centro da terra, em geral não se sabe o que acontece emocionalmente num tipo terra/fogo. As pessoas terra são mais eficientes como forças por trás do trono e são assistentes extraordinários. Constantes, confiáveis e íntegros, os tipos terra/fogo podem ser altamente inovadores; quando participam da técnica da tempestade mental, geralmente emitem o conceito perfeito.

Julie mudou-se de Chicago para a Flórida com a transferência do marido. Estimulante, otimista e repleta de energia, ela começou a procurar emprego logo depois da mudança. Entrevistei Julie uma noite, na volta de uma longa e cansativa viagem. Vestindo um traje sóbrio e dominando seu entusiasmo natural, ela não me chamou a atenção como um tipo fogo. Na verdade, pensei que ela tinha muita terra para a posição. Mas me enganei! Quando ela chegou e se pôs à vontade no ambiente, seu fogo oculto se inflamou. Com a capacidade de acalmar até mesmo as situações mais incendiárias, ela tem também uma vitalidade oculta que me ajuda a manter minha agitada vida profissional num nível de funcionamento ótimo.

Precisando sentir-se ligadas a um lugar, a uma pessoa ou a uma situação, as pessoas com terra expressa e fogo oculto apegam-se aos que elas amam e os protegem. Se você estiver entre os amigos delas, saiba que elas serão leais e incansáveis.

O Que os Tipos Terra Expressa/Fogo Oculto Precisam em Seu Espaço
Para liberar seu espírito ígneo, acrescente metal ao ambiente. Molduras luzidias para obras de arte e espelhos e louças ornados com prata e ouro estrategicamente colocados ajudam terra/fogo a ser mais expressivo. Música de flauta, luz de velas e fragrâncias florais intensamente aromáticas no jantar podem ser um catalisador para inflamar o fogo emocional. Fique longe do elemento água num ambiente. Ele pode extinguir o fogo interno dessa combinação e sufocar a capacidade dela de ser verbalmente expressiva.

Se alguém com essa combinação tende a zangar-se facilmente ou está num período instável da vida, use pouco verde. A cor verde da madeira pode exacerbar a negatividade. Nesses períodos, recomendam-se as cores azul ou preto para coisas usadas moderadamente, como guardanapos ou fronhas. A cor da água ajuda a acalmar emoções intensas.

Tipo Terra Expressa/Terra Oculta

Quando uma terra dupla não gosta de alguma coisa, é quase impossível fazê-la mudar de opinião. Mas se você precisa de alguém que esteja sempre ao seu lado, escolha esse tipo. Uma vez comprometido com uma pessoa ou com um projeto, um tipo terra irá até o fim, trate-se do que se tratar. Conquanto a coerência possa ser uma qualidade cativante, ser uma terra dupla pode exacerbar essa característica até a inflexibilidade, especialmente se você for uma pessoa expansiva.

Os tipos terra dupla detestam ter de dividir sua lealdade, sendo-lhes frustrante a separação casa/profissão. Sem a menor dúvida, eles querem se casar e evitarão a solidão a todo custo. Não se faça de difícil com um tipo terra/terra.

O Que os Tipos Terra Expressa/Terra Oculta Precisam em Seu Espaço
A água busca os pontos mais baixos e acaba movendo montanhas. Acrescentar cores ou formas da água no quarto, no banheiro ou na cozinha desse tipo pode ser, com o passar do tempo, o catalisador que sacode a pessoa de sua inflexibilidade. Entretanto, não use água sozinha; use-a com metal. Quando se exerce pressão sobre a terra, ela forma materiais como ouro, prata e cobre. Quando pessoas terra têm a força do metal num ambiente, elas podem passar a prestar atenção às suas qualidades pessoais. Por isso, móveis com bordas arredondadas, áreas acarpetadas em vez de carpete de parede a parede, papel de parede texturizado ou tecidos em salmão, cinza ou mostarda podem levar aos resultados desejados. Quando tipos terra/terra precisam de um grande empurrão para mudar, acrescente fogo, em grande quantidade. Castiçais vermelhos, almofadas ou um tapete oriental vermelho são ideais.

Tipo Terra Expressa/Metal Oculto

Os tipos terra/metal abrigam um tesouro oculto, pois tudo o que expressam exteriormente eles o refinaram interiormente. Muitos de meus amigos que velejam são desse tipo. Os tipos terra/metal não se desnorteiam numa crise, mas se mantêm calmos e pensam lucidamente. Eles acham fácil resolver problemas e prosperam em situações desfavoráveis. Projetos e metas de longo prazo que exigem muita paciência para serem alcançados são ideais para terra/metal, porque esse tipo não precisa de gratificação imediata.

Se, por um lado, as pessoas terra/metal não ambicionam um papel de liderança, por outro também não tendem a seguir um líder. Essa combinação vê ambos os lados de um conflito com facilidade, e por isso os que a possuem podem ser bons mediadores. Embora provavelmente não se tornem propagadores de novas idéias, também não as rejeitam. Eles podem lhe parecer indecisos, nem sempre tendo um ponto de vista firmemente arraigado, mas não se deixe perturbar por isso. Esses tipos tendem a ser leais e possuem pontos de vista profundamente analisados mas não necessariamente bem articulados.

Os tipos terra/metal tendem a prestar trabalhos cívicos e a se envolver em questões de meio ambiente. Se você está procurando um companheiro com quem possa debater sobre o universo, olhe em outra direção. Querendo harmonia, eles dão atenção ao aqui e agora mais do que ao que pode ser.

Para cortejar um tipo terra/metal, surpreenda-o planejando passeios de final de semana para regiões isoladas. Este tipo gosta da espontaneidade e detesta multidões.

O Que os Tipos Terra Expressa/Metal Oculto precisam em Seu Espaço
Uma estimulação moderada — muito movimento, muitas plantas e animais de estimação — impedirá que os tipos terra/metal fiquem entediados. Árvores bonsai ou plantas que percorram um plano horizontal ou ductos de ar direcionados para plantas são bons meios de acrescentar movimento. Ventiladores de teto, um sino conectado com a maçaneta da porta do escritório e lâmpadas que se acendem batendo palmas acrescentam integração física e se constituem em outras maneiras de mantê-los envolvidos.

Tipo Terra Expressa/Água Oculta

Embora talvez não o demonstrem, as emoções dos tipos terra/água são profundas. Esteja preparado no momento em que as emoções deles afluírem à superfície, pois como ondas gigantescas, os sentimentos que exteriorizam são intensos e às vezes incontroláveis. O problema dos tipos terra/água é descobrir uma maneira de expressar esses sentimentos de modo apropriado. Geralmente os tipos terra/água falam pouco e acham difícil conversar e comunicar-se verbalmente, o que significa que para conhecer esses sentimentos, você precisa preparar-se para longas sondagens.

Se você quer alguém que desvende os mistérios do cosmos ou que seja um orientador, escolha um parceiro terra/água. Não conte a essa pessoa um segredo pela metade, porque os tipos terra/água são fascinados por detalhes e o importunarão até que tudo seja revelado. Eles gostam de ter a confiança das pessoas, mas gostam também de se sentir protegidos. Apenas abrigá-los sob seu guarda-chuva num dia chuvoso já é suficiente. Mostre-lhes de todas as formas possíveis que você pode protegê-los contra os perigos e ao mesmo tempo necessitar da atenção deles.

O Que os Tipos Terra Expressa/Água Oculta Precisam em Seu Espaço
Metal é o complemento perfeito para o ambiente deste tipo, porque o metal facilita o fluxo das idéias e transforma emoções amorfas em palavras. Pode-se comparar o metal a uma perfuratriz que penetra fundo no seio da terra para extrair o minério precioso, estimulando a conversação e a afluência de idéias. Em vez de acessórios de ferro ou de peltre, escolha superfícies metálicas polidas para o ambiente do tipo terra/água. Objetos brilhantes conduzem o elemento metal com rapidez e eficiência.

A madeira também é um elemento substancioso para os tipos terra/água, porque eles podem estar emocionalmente bloqueados e precisar de uma varinha mágica que os ajude a localizar e definir necessidades emocionais. Coloque elementos madeira perto do chão para ajudá-los a dar forma à sua vida emocional. Plantas colocadas no assoalho e tecidos listrados em escabelos, almofadas e tapetes são algumas boas escolhas.

Tipo Terra Expressa/Madeira Oculta

Os professores gostam dos alunos terra/madeira, porque em geral são maleáveis e estudiosos. Os tipos terra/madeira tendem a ser reservados e evitam chamar a atenção para si; assim, sua profunda capacidade de aprendizado freqüentemente passa despercebida no início. Bons companheiros de equipe, o desafio para terra/madeira é descobrir uma maneira própria de se relacionar. Com sua vida emocional pressionando-os a mudar e sua persona terra tentando manter as coisas como estão, os tipos terra/madeira podem se sentir exauridos por impulsos contraditórios. Já que raramente pedem orientação, eles tendem a voltar-se para o que podem fazer para melhorar sua vida e podem se sentir desamparados pela falta de interesse das outras pessoas. Interrogue os tipos terra/madeira sobre o trabalho, a família e os interesses deles, e você ficará surpreso com a quantidade de informações que irá obter.

As pessoas terra/madeira gostam de saber lidar com tudo o que lhes aparece e detestam demonstrar fraqueza. Quanto mais você os incentivar a falar sobre a vida deles, mais eles repararão em você.

O Que os Tipos Terra Expressa/Madeira Oculta Precisam em Seu Espaço
Uma casa cheia de formas e cores metálicas fortalece um tipo terra/madeira. Concentre a atenção nas áreas mais íntimas, como banheiro, escritório ou quarto de dormir. Lençóis ponteados, cortinas prateadas e douradas para o chuveiro, conjuntos de torneiras douradas, tinteiros e porta-canetas prateados, lampadário de mesa acobreado, espelhos, molduras metálicas e telefones com adornos dourados são alguns pequenos itens que representam o elemento metal.

A água é outro elemento que, quando usado abaixo da altura do peito, acrescenta a substância correta ao ambiente dos tipos terra/madeira. Coloque artigos pretos sobre superfícies, como um anteparo preto para a tela do computador, porta-clipes, telefones, suporte para fita adesiva, arquivos horizontais pretos, aparelhos de fax, mesas e gabinetes baixos. Evite artefatos pretos brilhantes, molduras para arte de parede e tratamentos de janela e arquivos verticais pretos.

Como Equilibrar a Pessoa Terra

Terra expressa ou oculta pode ser equilibrada através das seguintes alterações no ambiente.

Equilibrar Terra Acrescentando Fogo

Quando um tipo terra está preso à rotina ou precisa de inspiração, introduza qualquer elemento fogo, mas principalmente sua forma, o triângulo. Como um vulcão que lança terra, acrescentar tecidos com padrões triangulares pode dissipar a negatividade ou um mau hábito. As pessoas terra são as únicas que podem viver com revestimentos de parede vermelhos ou cor-de-vinho. Na verdade, o uso de relevos vermelhos nas paredes produzirá uma forte sensação de valor pessoal para os tipos terra.

Equilibrar Terra Acrescentando Terra

Prepare-se para não ir a lugar nenhum. Os tipos terra/terra não tirarão proveito de profissões, relacionamentos ou viagens. Acrescentar elementos terra adicionais ao ambiente de uma pessoa terra a tornará imóvel. Quando há abundância de cores e formas terra, mesmo os tipos terra mais saudáveis podem se tornar dogmáticos e obstinados. Aumentar a terra durante uma crise existencial ou num período excepcionalmente estressante é a única exceção.

Equilibrar Terra Acrescentando Metal

Quando chegar o momento de uma pessoa terra tomar uma decisão, acrescente metal. O metal ajuda terra a solidificar as idéias. Para estimular terra a tomar uma decisão, use castiçais de ferro forjado ou de verdete, ou um vaso prateado com gardênias ou rosas brancas. Para ajudar um tipo terra a se tornar mais flexível, acrescente a qualidade refletora do metal e mantenha a temperatura da peça alguns graus abaixo do normal.

Equilibrar Terra Acrescentando Água

Misture água e terra e você tem uma substância que pode ser mexida, derramada e moldada. As pessoas terra se sentem bem com elementos água em suas casas.

Geralmente, água e terra mudam lentamente, a não ser que haja uma catástrofe. Ondas gigantescas ou terremotos podem fazer com que a água e a terra se tornem monstros enfurecidos, mas isso só acontece quando as condições são extremas. Os tipos terra custam a reagir, mas se você ultrapassar os limites aceitáveis, espere uma reação colossal. Se um tipo terra se zangar ou parecer sofrer com os efeitos da fadiga, tenha uma dose extra do elemento água por perto. Numa emergência, compre lençóis e cobertas azuis ou com desenhos de linhas onduladas. Cubra a mesa de jantar com uma toalha azul ou compre toalhas de papel, tecidos, papel higiênico e guardanapos azuis.

Como a água é uma força que com o passar do tempo pode mover montanhas, use-a para ajudar um tipo terra inflexível a mudar. A água ajuda a transformar a relutância em aceitação. A água pode transformar, misturar ou dominar a terra; o segredo está na quantidade e na forma usadas.

Quando os problemas são relativamente pequenos, mantenha a relação entre água e terra de um para três. Equilibre uma mesa quadrada de sala de jantar com dourado, com tecido axadrezado laranja-queimado revestindo o encosto de cadeiras baixas e com lilazes num vaso preto-ônix em forma de ampulheta. Um pouco de água pode operar maravilhas para equilibrar uma pessoa terra.

Equilibrar Terra Acrescentando Madeira

As pessoas terra gostam de plantas e muitas vezes se envolvem com paisagismo ou jardinagem. Entretanto, dentro de suas casas o elemento madeira exaure a energia delas como a vegetação suga os nutrientes do solo. Se decoraram suas casas com muito verde, elas podem se sentir oprimidas ou nervosas. Com elemento madeira em excesso, a terra pode tornar-se imóvel.

Se houver preferência pela madeira real ou pela cor verde, assegure-se de que ela se origine no assoalho — por exemplo, uma cornija de madeira ou quadros com bastante verde.

Melhores Parceiros para Terra

Se você for...	Sua melhor combinação para uma parceria será...
terra/fogo	fogo/metal, metal/terra
terra/terra	metal/fogo ou fogo/metal, metal/água
terra/metal	fogo/terra, fogo/água, terra/água
terra/água	metal/metal
terra/madeira	metal/terra ou terra/metal, metal/água, fogo/água, fogo/terra
fogo/terra	terra/fogo
metal/terra	fogo/metal, água/fogo
água/terra	madeira/água, madeira/metal
madeira/terra	água/fogo, terra/fogo

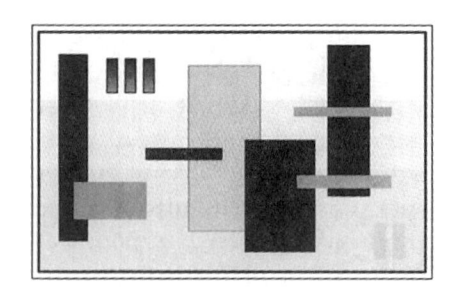

Retângulos na mobília, obras de arte e arranjos florais são boas maneiras de acrescentar o elemento madeira ao ambiente de uma pessoa terra.

Parceiros Desfavoráveis para Terra

Se você for...	Sua combinação desfavorável numa parceria será...
terra/fogo	água/terra, madeira/água, terra/terra, água/metal
terra/terra	água/madeira ou madeira/água
terra/metal	madeira/madeira, madeira/fogo
terra/água	madeira/fogo, água/água
terra/madeira	água/fogo
fogo/terra	água/água, água/madeira
metal/terra	madeira/água
água/terra	terra/madeira, fogo/metal
madeira/terra	fogo/água, metal/água

Parceiros para Terra

As medidas a seguir podem ajudar a equilibrar as parcerias de terra.

Fogo como Parceiro de Terra

Terra ficará tipicamente fascinada por um parceiro fogo, e se a pessoa fogo não for excessivamente competitiva, terra pode gostar da crepitação. Os tipos fogo e terra gostam de cores, tecidos e arte muito diferentes; é melhor deixar a pessoa terra escolher as peças estofadas e o tipo fogo escolher as peças de arte para as paredes. Como terra geralmente fica mais tempo em casa, as cadeiras e banquinhos devem atender às necessidades da pessoa terra. Por outro lado, os tipos fogo raramente ficam quietos; como eles se movimentam pela casa quase o tempo todo, a arte de parede sempre estará dentro de seu campo de visão.

Os tipos fogo são facilmente seduzidos pela constância da terra, mas podem se aborrecer depois de passada a novidade ou ficar frustrados com as características mais sóbrias da terra. Para que isso não aconteça, dê preferência aos elementos fogo no ambiente. Assoalho de cor ferruginosa, molduras de quadros com linhas vermelhas assentadas em dourado e enfeites de mogno são algumas maneiras simples de introduzir a cor do fogo, o vermelho, para estimular a terra à ação física ou emocional.

Enquanto as pessoas fogo buscam estimulação, os tipos terra buscam a consistência. É só na maturidade que eles formam casais compatíveis. Se uma pessoa fogo ainda não superou os desvarios da mocidade ou se é muito mais jovem que a pessoa terra, essa pode ser uma parceria difícil.

Terra como Parceiro de Terra

Caracteristicamente, dois tipos terra mal suportam estar juntos, a não ser que pensem, acreditem e ajam de maneira visivelmente semelhante. Para que floresça, a parceria terra dupla precisa receber estímulos. Uma variedade de objetos suntuosos, muito movimento e grandes quantidades de padrões dão resultados excelentes numa parceria terra/terra. Duas terras talvez precisem de computadores em duplicata para promover uma estimulação ótima. É essencial haver uma iluminação feérica, porque os tipos terra costumam ter uma atmosfera muito yin, o que exacerba o sedentarismo. Sem cores brilhantes e iluminação adequada, dois tipos terra podem sentir-se estagnados. Se a segurança e a estabilidade forem objetivos básicos de ambos, então uma combinação terra/terra pode ter muito sucesso.

Metal como Parceiro de Terra

As características do metal normalmente representam aquilo que os tipos terra querem ser. O tipo terra geralmente admira os tipos metal, e se o parceiro metal for flexível, ele pode ajudar a pessoa terra a transformar sonhos em realidade. O ingrediente-chave para o parceiro metal é a paciência.

Água como Parceiro da Terra

Os tipos água podem ajudar terra a entrar em ação. Entretanto, uma pessoa terra muito independente pode se ressentir com a persistência da água. Normalmente a água é sensível, responde e tem paciência para esperar que um parceiro terra se decida ou mude. A capacidade de comunicação da água pode dar confiança à terra para que esta se abra e deixe que o parceiro água se infiltre em sua psique.

Os tipos água gostam de ambientes frescos e úmidos e se interessam mais pelo produto final ou pela impressão geral do que pelos detalhes. Água prefere gastar tempo comprando alimentos exóticos e preparando uma refeição substanciosa a almoçar ou jantar em restaurantes de qualidade duvidosa. Isso cativa os tipos terra, pois estes adoram ficar em casa.

A pessoa água tende a envolver-se em mais atividades do que uma pessoa terra, mas no conjunto essa combinação produz uma boa parceria. Se você for um tipo água, o ritmo e a energia do parceiro terra lhe serão confortantes. A pessoa terra deve saber que o parceiro água pode lhe ocultar coisas para não precisar passar pelo suplício de dar longas explicações.

Madeira como Parceiro de Terra

Os tipos madeira querem que os outro tipos mudem sem esforço, o que é difícil para os tipos terra. As pessoas com o elemento madeira dominante acham natural mudar de um lugar para outro e podem pressionar um parceiro terra a fazer o mesmo. Conquanto os tipos terra considerem a mudança fascinante, eles podem ficar um tanto surpresos com a vontade de um tipo madeira de continuar mudando mesmo quando a situação é satisfatória. Uma pessoa madeira cujo mapa elemental contém um toque de água ou de terra considerará a parceria com terra menos frustrante.

O tipo terra adora observar o tipo madeira envolvendo-se em causas diversas e pode manter os tipos madeira no processo sem se comprometer em demasia. Enquanto a pessoa madeira gosta de se expandir e procura não se deixar refrear, a pessoa terra assume os encargos e mantém os fogos da casa queimando, mesmo que apenas metaforicamente. Os tipos madeira precisam de terra mas são avaros em demonstrar reconhecimento.

11

TIPO METAL

Forma: redonda — *ao contrair-se, o metal forma uma bola*

Cor: branco, ouro, prata, cobre — *cores reflexivas*

Textura: lisa — *como as superfícies metálicas quando moldadas ou incandescidas*

Direção: oeste — *direção do pôr-do-sol ou ocaso, contrações como as do metal ao ser moldado pelo calor*

Olfato/gosto: acre — *o cheiro do metal em combustão*

Som: xilofone, piano — *usa cordas de metal para produzir sons*

Estação: outono — *o metal é o resultado final da pressão da terra, e a colheita é no final do outono*

Características Favoráveis do Metal

meticuloso
curioso
centrado
perspicaz
sério
refinado
analítico

Características Desfavoráveis do Metal

defensivo
distante
arrogante
exigente
constrangedor
emocionalmente inacessível

Parceiro que Controla Metal

fogo

Parceiro que Equilibra Metal

água

Parceiro que Sustenta Metal

terra

Parceiro Sustentado por Metal

água

Parceiro Refreado por Metal

madeira

Considerações gerais

Os tipos metal gostam de destilar as coisas até sua essência, retirando o que é impuro e supérfluo. Editores do tipo metal se realizam desbastando manuscritos. Tipos metal vibram com a resolução de quebra-cabeças e de enigmas. Eles gostam de reunir informações e de elaborar idéias. Se você namorar um metal, não apimente uma conversa com comentários precipitados, pois ele revisará tudo o que for dito e criticará toda observação impensada.

Metal tende naturalmente a lembrar e a pensar sobre os detalhes mais insignificantes. Os tipos metal se sentem impelidos a expor a verdade como a percebem e procuram conhecer o incognoscível. Quando não estão envolvidos em atividades mentais, eles geralmente se ocupam com exercícios físicos. Os tipos metal freqüentemente se encontram no ponto de confluência da perícia atlética com a agilidade mental; muitos grandes atletas de nossa época e os que superaram grandes dificuldades para alcançar seus objetivos certamente são combinações elementais do metal. Os tipos metal têm a capacidade de concentrar e de controlar seus impulsos. Se você quer fazê-los sentir-se bem, convide-os a jogar jogos de tabuleiro ou de cartas onde possam demonstrar sua agilidade mental.

É provável que Albert Einstein fosse um tipo metal. Ele valorizava as atividades mentais acima de tudo. Você já ouviu alguma referência sobre os filhos e os dois casamentos de Einstein? Quando as atividades mentais predominam na vida, a pessoa tende a ignorar as emoções. Uma pessoa com muito metal não dá atenção à vida familiar.

Dê a uma pessoa metal um objetivo, uma data fatal ou um ultimato, e ela o cumprirá. Os tipos metal se sentem muito à vontade com limitações e falta de tempo. Num grupo, eles são a pessoa que pode resolver rapidamente sobre o filme a assistir ou o hospital a procurar numa emergência. Como dão tudo de si para alcançar os padrões mais elevados para si mesmos, eles esperam que todos à sua volta façam o mesmo. Você quer aborrecer um tipo metal? Faça um trabalho desleixado. Quer conquistar um tipo metal? Prepare um jantar soberbo, da sopa à sobremesa.

Este tipo dá pouco valor a presentes práticos. Por isso, procure coisas extravagantes, como facas para manteiga prateadas ou um livro de poesia desconhecido. Um vaso de vidro Steuben ou uma rosa requintada é ideal para uma pessoa metal porque ela busca a perfeição. Antes de oferecer um presente a um tipo metal, pesquise incansavelmente, pois a atenção aos detalhes está no topo da lista das prioridades dessa pessoa.

Os tipos metal detestam sentir frio; por isso, para agradá-los, cuide para que sua casa esteja quente.

Escolhas Características dos Tipos Metal

Ao fazer uma escolha, os tipos metal selecionam objetos que se sobressaem por sua forma, tamanho, brilho ou tema inusitados. Quanto mais reflexiva for uma superfície, mais estimulante ela será para os tipos metal. Círculos, pontos, vigias e colunas redondas representam metal, assim como uma peça da casa com estofamentos e tapeçarias totalmente brancos.

As pessoas metal ficam fascinadas com objetos que se movimentam. Não é surpresa encontrar bandeiras, birutas, carrilhões ou cataventos na área externa de suas casas e, no ambiente interno, caixas de música com bailarinos, ventiladores, relógios cuco, móbiles e artefatos tridimensionais movidos a eletricidade ou a correntes de ar. As pessoas metal gostam de comer numa sala com cortinas drapeadas e com música comovente ao piano imponente.

A maioria dos ambientes ocidentais contemporâneos tem metal em excesso — uma profusão de aparelhos que precisam de eletricidade, como televisores, computadores, aparelhos de som, rádios, máquinas de lavar louça, fornos, refrigeradores, liqüidificadores, cafeteiras, abridores de lata e máquinas para fazer pão, antes mesmo de se mencionar itens como potes, panelas, utensílios em cobre, prata ou cromo, e as cores branca, prateada, dourada e acobreada. Certamente, o elemento metal deve ser reduzido, e não aumentado, na maioria dos espaços.

A Natureza Essencial do Metal

Tipo Metal Expresso/Fogo Oculto

Os tipos metal/fogo pisam no acelerador e se lançam num novo projeto antes de terminar o anterior. Como gostam de desafios, eles dificilmente dizem não a um pedido de ajuda. Se você quer uma pessoa disposta a adiar uma satisfação pessoal em favor do término de um trabalho, procure uma pessoa metal/fogo. Dê-lhe uma tarefa e deixe por sua conta.

Tipos metal/fogo gostam de férias ou de idéias cheias de aventuras, mas não conseguem se divertir se não lhes couber a parte maior das responsabilidades. Se você se sente desmotivado ou debilitado, chame esse tipo de amigo. As pessoas metal/fogo inspiram pelo exemplo. Elas são disciplinadas e é difícil impedi-las de alcançar suas metas. Mas atenção: os tipos metal/fogo devem ter cuidado para não queimar a vela pelas duas pontas. Quando assumem muitas responsabilidades, eles se sentem sobrecarregados e às vezes desaparecem ou se retiram da situação inesperadamente.

Tipos metal/fogo sofrem em silêncio, a não ser que você pertença ao seu círculo de amigos íntimos. Se você já saiu com alguém e achou a experiência fascinante, mas depois nunca mais ouviu falar da pessoa que o acompanhou, muito provavelmente ela era um tipo metal/fogo. A mais leve infração pode espantar esses tipos; eles dificilmente expressarão sua desaprovação, porém, a menos que você os interrogue. Querendo que suas preferências sejam conhecidas, os tipos metal/fogo gostam de receber destaque e de ser reconhecidos por sua individualidade e habilidade.

O Que os Tipos Metal Expresso/Fogo Oculto Precisam em Seu Espaço
Pessoas metal/fogo precisam ter um elemento água em casa para o caso de se sentirem fora de controle, com muita responsabilidade com relação a pessoas, eventos ou trabalhos escritos. Elementos água acalmam as emoções. Se, porém, você quer que elas revelem seus sentimentos mais profundos, reduza o elemento água a um mínimo. No mundo real, a água corrói o metal, lenta, mas persistentemente. Assim, os símbolos da água enfraquecem a inclinação natural do elemento metal para fazer, pensar e envolver-se e, às vezes, de ser envolvido de um modo um tanto obsessivo.

Se a auto-estima do tipo metal/fogo está baixa ou se foi atingida recentemente, acrescente madeira, que é controlada pelo metal e aumenta o amor próprio do metal/fogo. Bibliotecas ou gabinetes com painéis de madeira, escrivaninhas de madeira pesadas ou sólidas cadeiras de escrivaninha feitas de carvalho deixam os tipos metal à vontade e alimentam sua confiança.

Os sons de uma fonte de água, níveis de umidade ligeiramente acima da média e iluminação suave são maneiras de acrescentar água ou mais yin ao ambiente metal/fogo. Como esses tipos passam grande parte do tempo pensando, a água os guiará no caminho do coração. Se um tipo metal/fogo precisa de estímulo de ordem sexual ou se passa por uma crise temporária, acrescente um pouco mais de fogo no quarto dele. Velas vermelhas, um vaso vermelho e uma flor vermelha podem ser a quantidade exata para dissipar o desinteresse ou a indiferença.

Tipo Metal Expresso/Terra Oculta

Metal/terra é uma combinação complexa. Pessoas metal gostam de ser autoridades num assunto; pessoas terra gostam que todos os envolvidos estejam de acordo. Às vezes esse conflito se expressa pela indecisão, mas uma indecisão que deixa os amigos aturdidos, porque a personalidade metal discute alternativas indefinidamente. Os tipos metal/terra falam muito antes de entrar em ação. A repetição os ajuda a se sentirem seguros, e por isso ficam à vontade em empregos que apresentam certo grau de atividades repetitivas. Contabilidade, ensino, botânica, recursos humanos, perícia em qualquer campo e terapia física são boas opções, porque a paciência é uma virtude intrínseca ao tipo metal/terra. Uma pessoa metal/terra terá grande prazer em ajudá-lo a tomar decisões, a planejar um negócio ou a programar as férias. Esses tipos gostam de passar horas envolvidos em atividades que os entretêm, e quando o assunto os emociona podem passar um dia inteiro num museu ou lendo um livro. Geralmente perseverantes, eles se dedicam a poucas coisas, preferindo a profundidade à variedade. Ao assumir um compromisso com alguém, a pessoa metal/terra provavelmente se manterá fiel pelo resto da vida.

O Que os Tipos Metal Expresso/Terra Oculta Precisam em seu Espaço
O fogo ilumina a vida emocional deste tipo. Para inspirar entusiasmo, acrescente cores cor-de-vinho e peças artísticas geométricas, e pinte uma porta externa de vermelho. Elimine o excesso de contrastes porque muita oposição tende a irritá-los. Eles têm todo o brilho que podem agüentar em sua personalidade expressa.

Com toda sua intensidade exterior, às vezes causa surpresa descobrir que a vida emocional do metal/terra nem sempre é tão excitante ou experimental quanto se possa pensar.

Quando equilibrados e em paz com a vida, os tipos metal/terra se dão melhor cercados pelo elemento água. Tecidos nodosos em meio-tom de azul e cinza-carvão aproximam fogo e água e são boas escolhas para seus interiores. Peças e aparelhos pretos na cozinha e no banheiro podem ajudá-los a relaxar e favorecem o descanso de suas mentes excessivamente ativas. Os tipos metal/terra se sentem bem com o término das atividades; por isso, uma cadeira giratória voltada para o poente é um ponto ideal para relaxar no fim do dia.

Tipos Metal Expresso/Metal Oculto

Trabalhos que exigem inovação constante e atenção aos detalhes são perfeitos para os tipos metal/metal, que se sobressaem como magos do computador, cientistas pesquisadores e especialistas em coleções. Para os metais duplos é fácil verbalizar idéias, mas não emoções. Eles podem ser desembaraçados, divertidos e capazes de expor idéias, mas por tradição não são românticos. Embora possam passar horas procurando o cartão de aniversário apropriado para você ou consertando seu aparelho de som, é pouco provável que o surpreendam com um ramalhete de flores ou com um presente qualquer. De palavra fácil, seja explicando uma lista de compras ou dando orientações precisas para chegar a um lugar, os tipos metal/metal têm o dom da loquacidade, ainda mais se o desenvolverem. Entretanto, é trabalhoso desvelar seus reais sentimentos.

Os tipos metal/metal cobiçam tudo o que é de melhor qualidade numa categoria, de diamantes a relógios Rolex até Rolls-Royces. Embora nem sempre trabalhem para obter o dinheiro necessário para esses luxos, sedas trabalhadas à mão, tampos de mármore, tapetes tecidos manualmente e bandejas de prata os impressionam profundamente. Para conquistar-lhes o coração surpreenda-os dando-lhes de presente a assinatura de uma revista esotérica ou uma latinha de caviar russo.

O que os Tipos Metal Expresso/Metal Oculto Precisam em Seu Espaço
Acrescentar terra a um ambiente pode ajudar os metais duplos a desacelerarem e a se voltarem para dentro. É inútil usar cores terra no nível baixo, porque esses tipos tendem a olhar para a frente e para cima. Peças de arte com cores terra, tons escuros de madeira e amarelo-castanho forte ajudam a clarear e a formar base. Eles preferem móveis mais atarracados aos exóticos e esguios. A vista que se descortina da cadeira preferida é muito importante, uma vez que os tipos metal/metal podem passar muito tempo num único lugar. Como podem se distrair olhando pela janela, ver casas de passarinhos ou árvores de galhos finos pode tirá-los de sua intensa concentração. Movimentos repetitivos como os de ondas quebrando na praia ou do balanço suave de galhos de pinheiros os ajudam a relaxar. A água é essencial em seu ambiente e deve estar numa posição visível e dominante.

Se sua pessoa metal/metal é importunada e está sob grande pressão, acrescente muitos aromas terra, como gardênia, ylang-ylang, patchuli e almíscar. Música nativa de tambores, quadros com buquês de flores amarelas e um apoio firme para as costas acrescentam o elemento terra, que é relaxante para um metal duplo, especialmente em momentos de *stress*.

Tipo Metal Expresso/Água Oculta

Tipos metal/água se magoam facilmente. Quando eles dizem que não se ofenderam por não terem sido convidados para uma festa, não acredite, pois a verdade é bem outra. Sentimo-nos tentados a encher essas pessoas de trabalho e a dar-lhes responsabilidades a mais porque parecem capazes de dar conta do recado. Aparentemente fortes, elas agüentam tudo o que lhes é atribuído durante um longo tempo, mas subitamente enfraquecem e vêm abaixo como uma viga estrutural desgastada. Como querem ver as coisas terminadas, elas ajudarão um parceiro a superar todos os obstáculos. Para chamar sua atenção, seja conciso. Pergunte ou informe sucintamente. Discursos prolixos as aborrecem.

Para tornar-se confidente de um metal/água ajude a criar um ritual. Este tipo gosta de datas de aniversário, de encontros secretos e de uma linguagem pessoal de insinuações.

Embora os tipos metal/água digam que trabalham tendo em vista o retorno financeiro, interiormente eles querem transformar o mundo num lugar melhor. Para interessá-los, fale a essa parte oculta dentro deles. De certo modo, esses tipos querem se libertar de seu feitor internalizado e aumentar o contato com seus componentes emocionais.

O Que os Tipos Metal Expresso/Água Oculta Precisam em Seu Espaço
Use fogo cautelosamente — apenas o suficiente para transformar a forma rígida do metal numa substância mais maleável. Uma escrivaninha voltada para o sul, uma caneta vermelha ou uma obra de arte com toques em vermelho são bons para a área de trabalho. O fogo transforma o pensamento obsessivo em ação. Coloque rosas vermelhas, tapetes orientais vermelhos e lençóis ou cobertas cor-de-vinho no quarto para dar um impulso saudável à vida sensual do metal. Os tipos metal/água geralmente se descuidam da alimentação. O uso de alguns elementos terra na cozinha pode ajudá-los a prestar atenção ao que comem. Você quer que um tipo metal/água o perceba? Vista roupa ou acessórios vermelhos, e quando eles o visitarem mantenha a casa seca e quente.

Embora discretamente, empenhe-se para demonstrar afeto. A rigidez do metal e a fluidez da água podem abranger todas as emoções. Metal/água é uma combinação difícil; por isso, seja gentil com esses tipos e fale mais à sua alma do que à sua mente.

Tipo Metal Expresso/Madeira Oculta

Quando você precisa anotar uma idéia ou contar uma história, dê essa tarefa a um tipo metal/madeira. Escritores e comunicadores potenciais, esses tipos têm a capacidade de ver o que acontece num nível visceral e traduzem ou articulam o que vêem para que todos possam compreender.

Os tipos metal/madeira precisam de variedade. Para mantê-los leais, seja ousado, inovador e não tenha receio de expor seu lado excêntrico. Eles se desenvolvem ao experimentar coisas novas e ao se determinarem a superar seus próprios limites.

Este é um tipo em que a persona oculta domina algumas situações, porque as qualidades expansivas da madeira nem sempre podem ser contidas. Os tipos metal/madeira muitas vezes assumem causas diferentes durante sua vida. Eles não fazem nada pela metade. Líderes fortes, eles exigem desempenho perfeito dos que os cercam, mas podem ser razoáveis quando o coração entra em cena. Conquanto em geral pareçam adaptados, eles admiram as pessoas que ousam ser diferentes. Eles adoram saber que você consegue ver o que é específico deles por trás de um exterior conformado.

O Que os Tipos Metal Expresso/Madeira Oculta Precisam em Seu Espaço
A terra é um complemento perfeito tanto para metal como para madeira. Se um tipo metal/madeira está inquieto, compre uma cadeira de tamanho grande, confortável, de preferência com descanso para os pés. Essas pessoas só relaxam um pouco mais quando estão no aconchego do conforto.

Se você quer que estes tipos lhe dêem ouvidos, não os ponha diante de um cenário estimulante. Como tendem a ter imaginação fértil, eles se distraem facilmente. À mesa de jantar, cuide que estejam longe da janela.

Definido um arranjo satisfatório do mobiliário, não o altere com freqüência. O movimento dos móveis numa peça pode exacerbar a necessidade que esses tipos têm de mudança pessoal. A iluminação deve ficar no nível do chão. Plantas de folhas largas e escuras são favoráveis, desde que não excedam o nível dos olhos na posição sentada. Móveis altos perto da cama ou no escritório podem deixá-los nervosos. Eles se sentem melhor cercados por cômodas e toucadores baixos. Numa biblioteca, dê preferência a prateleiras de madeira escura às metálicas. Cuide de ter um capacho de felpa espesso na soleira da porta principal, a fim de desacelerá-los e impedir que escorreguem. Os tipos metal/madeira tendem a se movimentar com rapidez, sem pensar em segurança.

Se seu tipo metal/madeira divaga ou não se comprometeu com você, acrescente fogo em sua casa. Um sino na porta da frente, um grande ramalhete de flores vermelhas sobre a mesa e luzes natalinas cintilantes ao redor da sala de jantar podem preparar o ambiente para uma noite romântica. Deslumbre essas pessoas; elas adoram isso.

Como Equilibrar a Pessoa Metal

Pode-se equilibrar o tipo metal expresso ou oculto através das seguintes alterações no ambiente.

Equilibrar Metal Acrescentando Fogo

Os tipos metal fervem quando se acrescenta muito fogo ao ambiente. É apropriado acrescentar o elemento fogo apenas em casos extremos, como quando a pessoa metal está completamente acabrunhada ou exausta. Mesmo nesses casos, assegure-se de que os vermelhos sejam suaves e que as linhas triangulares não sejam aguçadas.

Equilibrar Metal Acrescentando Terra

Penso que todos os tipos metal gostam de ter um tipo terra por perto. Conforme muitos relatos, a segunda mulher de Albert Einstein era o protótipo da mãe tipo terra. Ela gostava de cozinhar e de cuidar da casa e geralmente organizava e punha ordem no mundo físico de Einstein. Isso era perfeito porque os tipos metal têm pouco interesse por acomodações confortáveis e podem ser indiferentes com relação a móveis e acessórios. Quando se interessam por uma casa, é provável que se voltem para coleções de arte ou de artefatos, porque acham estimulante pesquisar tanto a forma de arte como o artista.

Se as atividades de sua pessoa metal absorverem mais tempo e energia do que seria saudável, acrescentar um elemento terra pode ajudá-la a desfazer-se de alguns compromissos. Se você está tentando apanhar um tipo metal, ponha música com uma batida de tambor forte. O som de tambores estabiliza e relaxa esse tipo.

Acrescentar cores terra, cadeiras com formato de caixa e muitas almofadas dão base e conforto a um tipo metal.

Equilibrar Metal Acrescentando Metal

O acréscimo de muito metal no ambiente de um tipo metal pode provocar a autodestruição tanto do ambiente físico como da pessoa. A vida ocidental contemporânea já está intensamente metalizada; quanto mais metal se acrescenta, mais a atmosfera se torna dissonante. Não acrescente metal esperando equilibrar metal. Numa casa com excesso de metal, a única possibilidade de manter uma pessoa metal em equilíbrio é impregnar o ambiente com a cor, a forma, as linhas e o cheiro da água. Púrpuras, azuis, pretos e um sortimento de plantas de folhas escuras e estriadas podem ajudar a transformar uma atmosfera com muitos objetos metal num ambiente mais satisfatório.

Equilibrar Metal Acrescentando Água

Elementos água podem equilibrar metal, mas pode haver certa demora, assim como leva algum tempo até que a água enferruje o metal. Se você está com um tipo metal, a paciência é uma virtude. Se o tempo não for problema, o acréscimo de água a um ambiente metal pode resultar em mudanças positivas duradouras. A água ajuda a frear o processo de pensamento do metal e lhe dá condições de se concentrar profundamente numa coisa por vez. Use um pouco de azul na proteção de tela do computador e em copos ou canecas, ou um azul forte no tampo da escrivaninha. Com bastante água, os tipos metal tomam maior consciência das necessidades emocionais próprias e das outras pessoas.

Equilibrar Metal Acrescentando Madeira

A madeira transforma os pensamentos do metal em ação. A madeira é o contraponto do metal, no sentido de que a ação do metal é interna e a ação da madeira é externa. Plantas verdes, papel de parede e piso listrados, desde que tenham linhas limpas, podem transformar em realizações a atividade mental do metal. Música de instrumento de sopro de palheta, do tipo gutural que meu tio clarinetista Pee Wee Russell costumava tocar, pode ser estimulante e sensual para pessoas metal. Texturas granulosas ajudam a modificar a intensidade do metal.

Você quer que o tipo metal conserte alguma coisa? Acrescente madeira ao espaço. A qualidade granulosa da madeira transforma parte da passividade do metal em ação. A madeira induz o metal a envolver-se.

Melhores Parceiros para Metal

Se você for...	*Sua melhor combinação para uma parceria será...*
metal/fogo	terra/terra, água/terra
metal/terra	madeira/água, água/fogo
metal/metal	fogo/água ou água/fogo, terra/água ou água/terra, metal/metal
metal/água	madeira/terra
metal/madeira	terra/água, terra/terra
fogo/metal	terra/madeira
terra/metal	metal/terra
água/metal	madeira/água
madeira/metal	água/terra

Parceiros Desfavoráveis para Metal

Se você for...	Sua combinação desfavorável numa parceria será...
metal/fogo	fogo/metal, fogo/água
metal/terra	madeira/água, terra/metal
metal/metal	madeira/madeira
metal/água	fogo/terra, madeira/água
metal/madeira	madeira/metal, fogo/madeira
fogo/metal	madeira/terra
terra/metal	água/madeira
água/metal	fogo/madeira
madeira/metal	metal/fogo

Parceiros para Metal

As seguintes medidas podem ajudar a equilibrar as parcerias de metal.

Fogo como Parceiro de Metal

Os tipos fogo podem surpreender os tipos metal porque eles têm pressa de comunicar seus sentimentos. Embora metal e fogo possam ter sistemas de resposta rápidos, é mais provável que um tipo fogo revele o que se passa em sua cabeça. Se você tiver um amante fogo, não se assuste com a tendência dele de manter-se emocionalmente distante ou controlador. Uma parceria com fogo pode ser gratificante se a pessoa metal tiver um pouco de terra ou de fogo em sua constituição emocional. Uma parceria entre metal e fogo não será prejudicada por convenções ou restrições. Ambos se incentivarão mutuamente a ousar fazer aquilo pelo que anseiam ardentemente.

Terra como Parceiro de Metal

Nada sustenta e afirma mais metal do que viver com um tipo terra, já que os dois são iguais. Terra mantém as atividades intermináveis de metal, e metal reconhece o poder estabilizador da terra. Quando o parceiro metal é dominante, os efeitos são deletérios para ambos. A intensidade do metal pode sufocar terra como uma coleira muito apertada ao redor do pescoço de um cão. Se terra for dominante, metal terá dificuldades para livrar-se desse domínio, pois ela pode mantê-lo absolutamente submisso.

Metal como Parceiro de Metal

Dois metais são uma boa combinação, porque ambos são independentes e auto-suficientes. Dois metais com a mesma profissão podem ser muito felizes; eles se respeitarão e se darão espaço para prosperar. Acredito que minha editora e o marido dela sejam ambos metal. Envolvidos na mesma atividade, ambos fazem com alegria mudanças em sua vida para benefício mútuo. Se eu fosse uma mosca, provavelmente teria o privilégio de ouvir longas conversas sobre a vida, os filhos, autores e livros. Parceiros metal adoram falar sobre idéias.

Entretanto, se houver áreas conflituosas, parceiros metal podem levar um ao outro à loucura. Cheios de razão, discutirão até que um deles fique exaurido. Não há nada pior para um tipo metal que ser desviado de seu curso de ação.

Água como Parceiro de Metal

Se você for um tipo metal que passa muito tempo na cabeça, procure um parceiro água. Água equilibra metal ajudando-o a se sentir necessário. Se uma pessoa metal tem medo de revelar suas emoções, água é a melhor escolha para uma parceria.

Como os tipos água são pacientes, eles podem ser parceiros perfeitos para os tipos metal, que normalmente são inventivos e intensos. Pessoas água enviarão currículos de uma pessoa metal e inscrevê-la-ão em torneios e campeonatos até obterem resultados. A força interior de água faz com que os tipos metal façam o que eles sabem fazer melhor — inventar, criar, iniciar.

Madeira como Parceiro de Metal

Pessoas metal maduras e realizadas sentem prazer em participar das conquistas da pessoa amada. Para madeira, isso é ideal. Entretanto, pessoas metal desfavorável muitas vezes sentirão ciúmes ou serão competitivas ou desconfiadas com relação às qualidades explosivas de um parceiro madeira, pois elas gostariam de ser menos contidas e inibidas. Ambos os tipos temem a discórdia, porque esta os desvia do objetivo. Tanto madeira como metal gostam de escutar, mas ambos preferem seguir um caminho próprio.

12

TIPO ÁGUA

Forma: ondulada — semelhante às ondas ou marolas no momento em que quebram na praia

Cor: preta ou azul — a água reflete o céu ou obscurece a luz

Textura: trama aberta — a água flui em qualquer direção para desviar de um obstáculo

Direção: norte — como o clima esfria quando o Sol se põe, assim o norte é a direção do tempo frio

Olfato/gosto: suave — peculiar e difícil de descrever — como o da banana

Música: harpa ou violino — as vibrações de cordas expostas consomem as ondas do ar como a água consome seu espaço

Estação: inverno — como a água impede que a luz e o calor do Sol se manifestem no inverno, assim o inverno representa os meses mais escuros e frios

Características Favoráveis do Tipo Água

simpático
flexível
amoroso
amoldável
compassivo
honesto

Características Desfavoráveis do Tipo Água

emotivo
suscetível
emocionalmente carente
temperamental

auto-indulgente
impetuoso
crítico
reservado

Parceiro Que Controla Água

terra

Parceiro que Equilibra Água

madeira

Parceiro que Sustenta Água

metal, terra

Parceiro Sustentado por Água

madeira

Parceiro Refreado por Água

fogo

Considerações Gerais

Os tipos água seguem o fluxo e são capazes de compreender os dois lados de uma questão. Eles podem ser excelentes tutores, pois o desejo de amparar brota neles naturalmente. Geralmente capazes de estabelecer contato pelo olhar, os tipos água tendem a ouvir atentamente e a levar em consideração o que lhes é dito. Propensos à discrição, correm o risco de não ser notados pelos tipos espalhafatosos à sua volta ou num grupo numeroso. Os tipos água têm uma capacidade de persistência inabalável, e se um deles o cortejar, nem mesmo a rejeição o fará desistir.

Geralmente fortes diante de situações adversas, eles conseguem curar feridas emocionais e conceber uma maneira de lidar com as circunstâncias. O excesso de água numa personalidade, porém, pode abafar a criatividade. Dois tipos água vivendo juntos podem ficar sobrecarregados emocionalmente e talvez precisem buscar formas de alívio. Como um rio que inunda as margens pode tanto levar nutrientes às terras ribeirinhas como destruir tudo o que está em seu caminho, água em excesso pode contribuir positiva ou negativamente para a vida.

Guardando seus pensamentos para si mesmos até conhecer a resposta do outro, os tipos água podem parecer calados e reservados. Entretanto, quando se comprometem, não conseguem deixar de envolver-se; por isso, não procure intimidade com um tipo água, a não ser que suas intenções sejam sérias. Você pode enganá-lo fazendo-o acreditar que ambos têm os mesmos objetivos. Eles são atraídos pela determinação e pela energia forte, e se exasperam com mudanças rápidas.

Os tipos água geralmente são solidários e preocupados com os sentimentos das outras pessoas, tendendo a absorver-lhes os elementos e a ser por elas absorvidos. Como a água é um catalisador, ela altera a maioria das substâncias. Se você for irrequieto, a convivência com um tipo água o acalmará; se sua tendência for trabalhar muito, ele o incentivará a relaxar.

É essencial fixar limites apropriados, porque os tipos água são naturalmente empáticos, o que leva as outras pessoas a tirarem vantagem deles. Quando as circunstâncias o exigem, os tipos água se lançam a elas, não com a ostentação do fogo, nem com a capacidade de resolver problemas própria da madeira ou com a força do metal, e também não com a estabilidade dada pela terra, mas com uma sensibilidade pelo modo como o resultado afetará todos os envolvidos.

Escolhas Características dos Tipos Água

Tecidos de pelúcia, cadeiras e sofás com encosto arredondado e profusão de linhas onduladas são escolhas típicas dos tipos água. Preferindo iluminação fraca, cores escuras e música suave, os tipos água femininos preferem presentes de flores em vez de chocolates, e os tipos masculinos ficam muito satisfeitos com a revista ou o livro mais recente. Os tipos água tendem a encher os espaços. Eles se sentem melhor tendo mais, não menos, e colecionam o objeto pelo prazer de tê-lo, e não necessariamente pelo possível retorno financeiro futuro.

Os tipos água tendem a ficar muito presos à televisão, e por isso é recomendável não colocar um aparelho de TV num estar íntimo ou no quarto de dormir. Tipos água gostam de ler livros do mesmo autor e de assistir a peças do mesmo dramaturgo, sendo defensores apaixonados do seu escritor, ator ou diretor preferido. Com um tipo água ao seu lado, você tem um aliado para muito tempo.

Negativamente, os tipos água podem ser auto-indulgentes e ensimesmados. Tipos água desfavorável telefonam para falar de si mesmos. É provável que só se lembrem de perguntar sobre você no final da conversa. Tipos água desfavorável reagem com vigor. É melhor concordar com eles do que tentar fazê-los mudar de idéia; como a água, eles insistirão até minar sua resistência ou perturbar sua paz de espírito.

Os tipos água são um bom antídoto para as pessoas que não estão em contato com seus sentimentos. Se você tende a deixar projetos pela metade, um tipo água pode fazê-lo retomar o que ficou inacabado. Se você se encontrar num estado de frustração emocional, um tipo água pode desembaraçar a confusão para ajudá-lo a voltar à serenidade. Os tipos água compreendem a complexidade das questões emocionais melhor que os demais tipos.

A Natureza Essencial de Água

Tipo Água Expressa/Fogo Oculto

Os tipos água/fogo têm dificuldade de expressar o que sentem porque sua vida emocional parece estar em contradição com o modo como preferem relacionar-se. Quando estão estressados, esses tipos podem parecer condescendentes. Não tente convencê-los de que a forma que você propõe é a melhor. Dê-lhes tempo para que possam amadurecer o processo de integração de seus sentimentos com suas ações.

Essa combinação pode surpreender; embora possam parecer reservados, estes tipos têm a capacidade de ser expansivos. Meu filho, Zachary, tinha uma professora de Química que muito provavelmente era um tipo água/fogo. Distinta, quieta e reservada, ela atraía alunos que não cursavam nenhuma outra disciplina na área de ciências e que competiam entre si para assistir às aulas dela, para espanto constante da direção. Nos limites da sala de aula ela expunha seu eu interior, e seu modo de ser discreto assumia as características de uma comunicadora perfeita.

Pode ser realmente difícil compreender os tipos água/fogo. Seu exterior normalmente calmo e ponderado encobre um interior emocional ardente. Se você está saindo com uma pessoa que é cerimoniosa e formal em público mas buliçosa em casa, você está na companhia de um tipo água/fogo.

O Que os Tipos Água Expressa/Fogo Oculto Precisam Em Seu Espaço
Quando a brecha entre a expressão externa e os sentimentos internos é muito grande, acrescente terra. Quando tipos água/fogo se sentem incompreendidos, o elemento terra os ajuda a descobrir uma maneira de entrar em contato com suas emoções e de expressá-las adequadamente. Como um pote sobre um bico de gás, os tipos água/fogo demoram para ferver, mas quando o fazem, a única coisa a fazer é afastá-los da situação. Almofadas de pelúcia, cobertores de penas e todos os tecidos agradáveis ao toque são bons para este tipo. Como a água e o fogo são ambos catalisadores, os tipos água/fogo às vezes sentem como se não tivessem uma forma de expressão própria.

Influência calmante para a vida emocional de um tipo água/fogo.

Estufas próximas a janelas são benéficas e um modo satisfatório de introduzir o elemento madeira. Os elementos madeira podem dar aos tipos água/fogo o impulso necessário para que estes se expressem através de ações, em vez de se recolherem em si mesmos. Para os que moram em apartamento, plantas em abundância podem reduzir a frustração de ter muitos sentimentos e poucos meios de expressão adequados.

Tipo Água Expressa/Terra Oculta

Os agricultores chamam a garoa de "chuva dama" porque ela cai calma e continuamente, de modo diferente do aguaceiro que remove o solo e provoca erosão. Uma combinação água/terra floresce com perseverança e pode ser seriamente prejudicada pela falta de harmonia. Embora esses tipos tenham emoções próximas à superfície, eles são confiáveis e na verdade podem oferecer o tipo de apoio emocional consistente que é excelente no âmago de um relacionamento. O desafio para eles é abastecer a si mesmos, porque sem nenhum impulso que os pressione e os instigue à frente em sua composição, eles tendem à acomodação sem levar em conta seriamente seus próprios sentimentos.

Como a água invade completamente as margens ribeirinhas, as pessoas água/terra têm dificuldade de entrar em contato com suas emoções terra, que buscam harmonia e insistem na lealdade. Conquanto pareçam seguir com o fluxo, faça todo o possível para perceber os desejos delas, porque embora sintam intensamente, sua característica é não se expressarem com a intensidade correspondente.

O Que os Tipos Água Expressa/Terra Oculta Precisam em Seu Espaço
O elemento ideal para introduzir no ambiente água/terra é a madeira. Algumas sugestões aceitáveis são acessórios verde-ônix sobre mesas baixas ou cobre em detalhes esverdeados na moldura de quadros, mesas para ocasiões especiais e sinos do vento. Sofás com linhas clássico-modernas e cadeiras com espaldar de travessas oferecem a linha de madeira horizontal apropriada para a pessoa água/terra.

Se você acrescentar metal, a natureza emocional decidida deste tipo assumirá o controle. Quando há decisões importantes a tomar, um jantar numa mesa com vasos de rosas brancas, travessas de prata ou castiçais podem ajudar este tipo a confiar na intuição.

Elementos fogo não se sentem bem com água/terra porque estes dois elementos estão sujeitos às investidas de fogo. Uma de minhas alunas, advogada em Boston, ficou espantada quando lhe recomendei que não usasse na companhia do marido o pulôver que ela vestia na aula aquele dia. "Como você sabe que meu marido detesta este pulôver?" perguntou ela, surpresa. No dia da aula de "feng shui" na casa dela, ela havia descrito o marido com traços suficientes para que eu pudesse deduzir que ele provavelmente era um tipo água/terra e, por isso, avesso à cor vermelha. A cor do fogo o aborrecia, principalmente nos finais de semana, quando estava cansado pelas longas horas de trabalho.

Tipo Água Expressa/Metal Oculto

Quando indecisas ou desorientadas, as pessoas água/metal se tornam distantes. No momento mesmo em que você pensa que as despertou emocionalmente, elas têm uma recaída. Um tipo água/metal se retirará quando desafiado, preferindo abandonar uma situação a enfrentá-la. Metal precisa de tempo para refletir sobre as coisas, para analisar cuidadosamente todos os aspectos, e está em conflito com a efusividade da água. Os tipos água/metal podem dizer que tomaram uma decisão muito antes de se sentirem à vontade com ela. Não espere influenciar estes tipos, pois eles inevitavelmente seguirão o coração.

O marido de minha tia Bibi interessou-se por ela quando ela ainda era noiva de outro homem. Esse fato não o impediu de assediá-la; ele intimidava o rival esperando minha tia na porta quando ela e o noivo voltavam de um compromisso social. Nem reprimendas nem lisonjas persuadiram meu tio a parar; finalmente, sua persistência cansou o noivo e conquistou o coração de minha tia. Sem dúvida, meu tio Herbert é uma pessoa água/metal.

O Que os Tipos Água Expressa/Metal Oculto Precisam em Seu Espaço
Se a pessoa água/metal ficar presa à rotina, acrescente fogo. Muita púrpura,

vermelho e fúcsia podem ajudá-la a vencer a resistência à mudança. Esse tipo se dá bem com cores brilhantes e estampas em negrito. Na verdade, no decorrer do tempo, estampas apagadas, sem relevo, podem levá-lo à depressão. A introdução de um pouco de metal no ambiente, com quadros em molduras brilhantes, espelhos e itens cobertos com tinta de alto brilho impede que sua vida emocional contida seja consumida por sua tendência à teatralização.

Se você já topou com uma pessoa que se preocupa muito com pouca coisa, é quase certo que você esteve diante de um tipo água/metal. Como esses tipos se preocupam, e como têm dificuldade de se soltar, eles passam por momentos tormentosos. A ação distrai suas mentes e acalma seus medos. Caixas de música de corda, móbiles e ventiladores de teto são bons antídotos para a preocupação.

Quando os tipos água/metal encontram o desejo de seu coração no trabalho e no amor, eles começam sua busca da realização. O elemento madeira, representado pelas tiras de tecido em fronhas e toalhas, copos para beber com linhas jateadas, e muitas plantas reais ou quadros e tecidos representando videiras, trepadeiras ou uma cena com madeira verde, pode ajudá-los a se sentirem assentados e centrados.

Quando a vida fica instável devido a uma perda ou a uma mudança de residência ou de trabalho, acrescente terra para transmitir uma sensação de segurança. Use azulejos vitrificados como chapas quentes na mesa de jantar, como descanso para o café ou o chá da manhã, ou como base para saboneteiras na cozinha e no banheiro. Toalhas marrons para bandejas, panos de prato e capachos também são uma forma de acrescentar terra na fase de transição.

Tipo Água Expressa/Água Oculta

Agitando-se à mais leve provocação, um tipo água/água tem dificuldade de controlar emoções intensas. A tomada de decisões é confusa e dolorosa para essas pessoas, porque elas compreendem todos os aspectos de um problema. É difícil fazê-las identificar com precisão ou explicar exatamente como se sentem porque em geral são atormentadas por todos os tipos de sentimentos. Não as pressione nem mesmo com perguntas simples, como sobre o filme que querem ver ou o que desejam para o jantar.

Entretanto, se você está magoado e quer alguém disposto a escutá-lo e a esperar que você se manifeste por inteiro, procure os tipos água/água. A compaixão é o cartão de visita deles, e trabalhos que exigem empatia complementam sua natureza elemental.

O Que os Tipos Água Expressa/Água Oculta Precisam em Seu Ambiente
A presença apenas do catalisador água na composição da pessoa pode impedir sua realização. Acrescentar terra, especialmente num local visível desde a cama, a escrivaninha e o seu lugar à mesa de jantar pode deter sua indecisão e levá-la a resolver-se. Escolha fotografias de cenários desertos ou de montanhas áridas como as rochas vermelhas de Sedona, Arizona, para expressar o elemento terra adequadamente. Texturas grosseiras, como a da aniagem, podem controlar as emoções e prover o necessário mecanismo de expressão.

Conserve a casa quente e seca e procure orientar os tipos água/água a desenvolverem atividades em peças ensolaradas. O ideal é que seu espaço de trabalho diário esteja na direção do Sol. Metais foscos também podem deter sua indecisão. Castiçais de ferro, corrimões decorativos e suportes para plantas são algumas sugestões.

Tipo Água Expressa/Madeira Oculta

Tipos água/madeira caracteristicamente frustram a si mesmos. Por um lado, eles sonham em realizar grandes coisas; por outro, agem tão lentamente que deixam passar a ocasião oportuna. Muitas vezes é tarefa do parceiro estimulá-los à ação. Isso inclui extrair a pérola oculta num amontoado de idéias. Elementalmente, os colecionadores quase sempre são tipos água/madeira ou madeira/água, porque os tipos água têm paciência para comprar e não conseguem separar-se das coisas com facilidade, ao passo que os tipos madeira gostam de expandir o que quer que tenham.

Enquanto os tipos madeira gostam de pessoas estimulantes, os tipos água são mais cuidadosos na escolha do parceiro de vida. Pessoas madeira podem trabalhar mesmo sem uma finalidade precisa, enquanto os tipos água têm a capacidade de superar as dificuldades e usam todos os recursos disponíveis para chegar aonde desejam. A combinação dos dois é muito forte. Pessoas água/madeira não se mostram muito determinadas, mas quando se fixam uma meta, só descansam depois de alcançá-la.

O Que os Tipos Água Expressa/Madeira Oculta Precisam em Seu Espaço
Os tipos madeira/água muitas vezes sofrem de frio; em vez de aumentar o termostato da sala, cubra-os com uma manta de lã grossa no sofá e com uma coberta de penas de ganso na cama. Tipos água/madeira precisam de conforto tátil.

Pessoas água/madeira tendem a fazer planos, mas nem sempre os concretizam. Você quer que esse tipo se comprometa? Ponha um pouco de fogo com terra no ambiente. Almofadas cor-de-vinho, canecas de argila vermelha ou uma samambaia verde-clara podem prender a atenção delas e estimulá-las à ação.

*Prenda a atenção de um tipo água/madeira
pondo um símbolo fogo à vista.*

Cheias de idéias que geralmente não concretizam, essas pessoas vivem com mais arrependimento com relação ao que deixaram de fazer do que ao que fizeram. Para ajudá-las a pôr as idéias e planos em ação, acrescente terra ao ambiente. Mesas atarracadas, com pernas volumosas e tampos grossos feitos de madeira de cor mediana para preta absorverão a indecisão delas.

COMO EQUILIBRAR A PESSOA ÁGUA

Água expressa ou oculta pode ser equilibrada pelas seguintes alterações ao ambiente.

Equilibrar Água Acrescentando Fogo

Os tipos água não conseguem fugir do fogo, por isso tenha cuidado com o modo e com o lugar ao qual você acrescenta cores, formas e aromas. Se sua intenção for energizar seu tipo água secando simbolicamente a sobrecarga emocional dele, coloque símbolos fogo cuidadosa e estrategicamente.

Nada de símbolos fogo na sala de jantar ou na área de trabalho. Os tipos água gostam de uma atmosfera calma e serena onde possam ficar ruminando sobre seus assuntos. Porém, para estimular a sensualidade de um tipo água cansado e esgotado, use velas vermelhas e cubra a cama com uma colcha ou lençóis laranja.

Equilibrar Água Acrescentando Terra

Para os tipos água que inundaram sua vida com excesso de atividades, acrescente a cor terra ao tratamento das janelas. O elemento terra pode impedir que a água dissipe energia. Se a pessoa terra mora numa casa com quartos grandes, afaste os móveis das paredes. Assim, o centro, que é a posição da terra, ficará estabilizado.

Equilibrar Água Acrescentando Metal

O metal pode conter a água e ajudar os tipos água a modelarem seus pensamentos. Se um tipo água precisa ser estimulado a tomar uma decisão, acrescente superfícies brilhantes de metal, formas arredondadas ou materiais fortes. Metal e água podem formar uma combinação muito eficaz, como o podem as cores branca (metal) e preta (água).

Equilibrar Água Acrescentando Água

É inutil derramar ainda mais água numa tina que já transborda. Não use cores pretas, linhas onduladas e tecidos de reticulado frouxo na decoração da casa de um tipo água. Como a pessoa água tende a envolver-se demasiadamente nas minúcias das emoções, conviver com mais água pode afastar as possibilidades de mudança. Se for recomendável fazer alterações, retire do ambiente todos os elementos água possíveis.

Equilibrar Água Acrescentando Madeira

De muitos modos, a madeira usa água para se transformar e florescer. Acrescentar elementos madeira na casa de pessoas água pode ajudá-las a superar a inércia, pois eles lhes possibilitam entrar em contato com seu potencial oculto. Presenteie um tipo água que precisa de apoio com um suporte para plantas, com plantas de folhas grandes, com um porta-canetas, porta-lápis ou porta-escovas de dente de cerâmica verde-floresta, ou com móveis de linhas simples.

Melhores Parceiros para Água

Se você for...	Sua melhor combinação para uma parceria será...
água/fogo	metal/terra
água/terra	madeira/metal
água/metal	madeira/água
água/água	madeira/metal ou metal/madeira, terra/metal
água/madeira	metal/água, fogo/terra
fogo/água	terra/metal

terra/água	madeira/madeira
metal/água	terra/madeira
madeira/água	água/madeira, água/metal

Parceiros Desfavoráveis para Água

Se você for...	Sua combinação desfavorável numa parceria será...
água/fogo	terra/água
água/terra	fogo/madeira
água/metal	madeira/fogo
água/água	terra/fogo ou fogo/terra
água/madeira	fogo/água
fogo/água	água/terra
terra/água	água/fogo
metal/água	fogo/terra
madeira/água	erra/terra, terra/fogo

PARCEIROS PARA ÁGUA

As seguintes medidas podem ajudar a equilibrar as parcerias de água.

Fogo como Parceiro de Água

Os tipos água são atraídos pelo fogo, mas freqüentemente são por ele consumidos. Um tipo água com pouca energia física ou mental deve pensar muito antes de entrar numa relação com um tipo fogo, porque este o pressionará a envolver-se ativamente em atividades — ou em alguma outra coisa. A vida não será monótona com um parceiro fogo; apenas tenha o cuidado de não interferir nas intenções dele com muita freqüência e prepare-se para estar sempre em condições ótimas.

Os tipos água gostam de ver o entusiasmo de fogo e dificilmente se aborrecem ou desanimam com eles como parceiros. Como fogo pode penetrar na armadura defensiva de água, os tipos água são forçados a mudar e a crescer. Às vezes a adaptação é dolorosa; outras vezes, ela é estimulante.

Lori e o marido Bill são o protótipo do casal fogo/água. Bill é contemplativo e tende a demorar-se sobre idéias e decisões por tempo inusitadamente longo. Finalmente, depois de muitos anos de casamento, Lori resolveu usar seu fogo para alterar o ritmo naturalmente lento de Bill. Ela assumiu a responsabilidade pelo projeto do espaço de trabalho dele e acrescentou um carpete oriental, uma cadeira para visitas com um pequeno desenho de uma tesoura e usou lâmpadas com sombras triangulares sobre o aparador. O elemento fogo fez verdadeiros milagres para Bill, e o negócio dele duplicou em um ano. Lori, porém, precisou sacrificar seu movimento para harmonizá-lo com o dele. No caso deles, foi ótimo para Lori porque ela aprendeu a dirigir a atenção e a manter-se concentrada em vez de seguir a tendência de fogo de sobrecarregar-se de atividades sem aprofundar-se em nenhuma.

Terra como Parceiro de Água

Os tipos terra ajudam os tipos água a se equilibrarem emocionalmente. Um casal terra/água será caracteristicamente caseiro porque água tenderá a adaptar-se ao desejo de terra de ficar parada. Os tipos água conseguem contornar as exigências de terra sem provocar rupturas ou discussões. Tipicamente, essa combinação terá um relacionamento suave, equilibrado, com poucas surpresas. No entanto, é também uma combinação que tende a durar pouco, porque depois de certo tempo o parceiro água se sente sufocado pela presença devoradora do parceiro terra.

Metal como Parceiro de Água

As pessoas água admiram a inventividade e a coragem dos tipos metal e os respeitam, apesar de nem sempre se sentiram compreendidas por eles. Com o passar do tempo, os tipos água ajudam os tipos metal a se acalmarem. Se um relacionamento água/metal consegue sobreviver, ele amadurece e suaviza com o tempo. Enquanto metal é o professor consumado, água é o ouvinte perfeito. O tipo água, nem sempre capaz de transformar idéias ou planos em ação, sempre pode contar com a ajuda do metal.

Água como Parceiro de Água

Misture dois tipos água e você terá os ingredientes para um grande drama. Conquanto ambos se sintam compreendidos, eles pouco podem se ajudar em seus dilemas pessoais. Sem um bom sistema de apoio externo dos amigos e da família, uma relação de dois tipos água pode tornar-se pesada e fatigante. Ser-lhes-á proveitoso acrescentar o elemento metal ou madeira na casa para manter a energia sexual ativa.

Se um parceiro for água desfavorável e o outro não, estar juntos pode corrigir o primeiro do mesmo modo que um rio poluído pode recuperar seu equilíbrio natural não recebendo mais poluentes e também tendo água limpa desembocando nele continuamente. Numa casa, objetos como um capacho azul-celeste, um quadro com toques de azul ou castiçais de cobalto podem ser um catalisador de mudança.

Madeira como Parceiro de Água

A água é o poder por trás de um trono de madeira. Esta é a combinação perfeita, desde que o parceiro mais forte seja madeira. Água se fortalecerá indiretamente observando seu parceiro prosperar. Se uma relação dessas se dissolver, o parceiro água ficará tipicamente mais arrasado e precisará de tempo para recuperar-se. Para impedir que uma parceria madeira/água se desfaça, especialmente quando madeira é o elemento mais forte, decore o estar íntimo principal com mais elementos água do que madeira e com pouco ou nenhum elemento terra. Os tipos madeira conseguem deslizar sobre as ondas emocionais a que os tipos água tendem e geralmente ficam ao lado deles mesmo quando o clima emocional é intenso.

13

TIPO MADEIRA

Forma: retângulo — tudo cresce verticalmente ou horizontalmente

Cor: verde — a cor da fotossíntese ou do crescimento

Textura: granulosa — representação visual das células

Direção: leste — representa o começo, o Sol nascente

Olfato/gosto: menta, resinoso — o cheiro da frescura ou do que é novo

Som: instrumentos que usam palhetas, trompas — é necessária respiração renovada para soprar

Estação: primavera — a estação do renascimento

Características Favoráveis do Tipo Madeira

aventureiro
mente aberta
liderança
inteligente
leal
capaz de prosperar sob pressão
disposto a arriscar

Características Desfavoráveis do Tipo Madeira

exigente
crítico
arrogante
julgador
oportunista
impaciente

Parceiro que Controla Madeira

metal

Parceiro que Equilibra Madeira

água

Parceiro que Sustenta Madeira

terra

Parceiro Sustentado por Madeira

terra, fogo

Parceiro Refreado por Madeira

fogo, metal

Considerações Gerais

Os tipos madeira são ideais como pioneiros, corretores da bolsa e inventores. Eles se inscrevem para cursos e seminários relacionados com qualquer assunto. Os tipos madeira não têm medo de assumir riscos, transformam idéias em ações e são líderes e parceiros eficazes porque eles mesmos fazem as coisas ou encontram alguém para fazê-las.

Se você quiser viajar pelo mundo, um tipo madeira será um companheiro sensato, organizado e aventureiro. Você não praticará necessariamente mergulho aéreo sobre os Himalaias, mas ficará conhecendo tudo sobre a cultura, as pessoas e as paisagens de uma região. Os tipos madeira gostam de aprender e aprendem sempre que podem.

As pessoas madeira se sobressaem como líderes porque elas podem se expandir sob pressão, e no entanto recolher-se e comprometer-se quando necessário, a exemplo das árvores que se desviam para alcançar a luz quando são bloqueadas por outras espécies de vegetação. A desvantagem de um parceiro madeira é que se você não consegue corresponder talvez você se transforme numa das posses descartadas dele. Se seu parceiro for madeira, é imperativo que você viva ativamente e que pelo menos aceite a mudança.

Escolhas Características dos Tipos Madeira

Se você já esteve numa casa com tecidos ou coberturas de parede listrados verdes, assoalho de tábuas e muitas plantas, animais de estimação ou artefatos, é muito provável que você tenha entrado na casa de uma pessoa madeira. Os tipos madeira tendem para linhas verticais e para escolhas que incluem plantas altas ou trepadeiras próprias para muros, pedestais, mobiliário com pernas e camas com dossel.

Os tipos madeira gostam muito da borracha, que eles utilizam nos lugares mais inusitados. Eu visitava com uma amiga uma loja de presentes num centro de arte quando um grito quebrou subitamente o silêncio. Olhei e vi minha companheira madeira com um colar revestido de borracha balançando em sua mão.

"Eu adoro isto", gaguejou ela, voz ofegante, mal contendo a excitação por encontrar um verdadeiro tesouro. Obviamente, ela comprou o colar, e hoje ele está vistosamente pendurado na parede do quarto de dormir. Tipos madeira do sexo masculino podem ter predileção por luminárias "pescoço de ganso", cercas de corrente e copos refrigeradores de cerveja feitos com espuma de borracha. Não os troque; os tipos madeira têm verdadeira paixão por materiais flexíveis.

O verde, a cor da madeira, pode ser representado em plantas e num esquema geral de cores. Os tipos madeira adoram o metal oxidado chamado *verdete*. Você não deve confundir a presença de madeira real com o elemento madeira, pois via de regra a madeira é uma cor terra. Embora as madeiras estriadas, como a madeira zebra, ou as madeiras com granulado vertical possam representar um elemento madeira, os tipos madeira não têm maior interesse pela madeira real do que os demais tipos.

A Natureza Essencial de Madeira

Tipo Madeira Expressa/Fogo Oculto

Onde há fumaça, há fogo, e os tipos madeira/fogo estão sempre esfumaçando. Eles adoram participar de cursos e aprender novas habilidades; além disso, eles absorvem as informações muito rapidamente, podendo perturbar outras pessoas que precisam de mais tempo. Conquanto esses tipos possam infundir entusiasmo num projeto, evento ou pessoa, sua persistência é circunstancial. Se você for nova numa cidade, procure relacionar-se com pessoas madeira/fogo, pois elas tendem a ser amistosas e abertas e gostam de fazer novos amigos. Para mantê-las interessadas, leve-as a eventos interessantes e inusitados. Os tipos madeira gostam de charutos, de filmes estrangeiros, de surfe aéreo e de outras atividades radicais.

Faça-se de difícil com um tipo madeira/fogo. Ele tem verdadeira obsessão por obter algo que esteja fora de alcance. Terminada uma atividade, os tipos madeira/fogo ficam ansiosos para começar outra.

O Que os Tipos Madeira Expressa/Fogo Oculto Precisam em Seu Espaço
Para acalmar os tipos madeira/fogo e ajudá-los a manter o foco, acrescente água. Para prender a atenção deles ou fazê-los ficar em casa mais seguido, tenha alguma coisa do elemento água, cortinas pesadas em brocado clássico ou uma biblioteca com prateleiras de madeira escura. Os tipos madeira/fogo precisam de ambientes decorados com elementos água/terra. Não seja sutil. Use azul forte ou tecidos com linhas curvas. Vasos grandes com plantas altas, sofás em couro preto, pisos com ladrilhos de terracota, banheiros com vasos sanitários, pias e banheiras pretos, e tetos azul-marinho ou quartos com painéis de madeira em tom mediano são escolhas que expressam bem água ou terra.

Quanto mais jovem for a pessoa com esta combinação elemental, mais o elemento terra é necessário. Os tipos madeira/fogo entregues à dúvida sobre si mesmos ou à insegurança são ajudados por mobiliário pequeno, atarracado. Bases de mesa em materiais castanho-amarelados, marrons ou terracota, almofadas para sofá em pelúcia e gabinete para coquetéis ou mesinha anexa ao sofá são algumas peças terra que se podem acrescentar para seduzir os tipos madeira/fogo.

Tipo Madeira Expressa/Terra Oculta

Os tipos madeira/terra dificilmente se arrependem porque a personalidade deles tem controle total sobre o aspecto emocional da vida. Com perspectivas de muito sucesso, eles têm energia para contornar as adversidades mudando e aprendendo através dos erros que cometem. Se você tem a sorte de viver com uma pessoa madeira/terra, dê-se por feliz. Se você está querendo conquistar um tipo madeira/terra, tenha paciência e você será recompensado, porque este é um dos tipos de mais fácil convivência.

Enquanto madeira quer mudar as coisas, terra tem a habilidade de saber como fazer isso e de manter madeira sob controle — uma combinação dinâmica. Se um tipo madeira/terra estiver a seu lado, tenha certeza de que nada o impedirá de achar um modo de apoiá-lo.

O Que os Tipos Madeira Expressa/Terra Oculta Precisam em Seu Espaço
Os tipos madeira/terra só se extraviam se são levados por ondas de emoções; por isso, tenha um mínimo de elemento água neste ambiente. Para esse mínimo, pendure um quadro com uma grande expansão de céu, use jogos americanos ou uma toalha de mesa azuis ou coloque um porta-canetas ou porta-lápis de cobalto azul numa escrivaninha. O elemento secreto para este tipo é o metal. O metal é a fagulha que o motiva a divulgar idéias, a alterar ou corrigir relacionamentos e a aceitar a mudança. Use superfícies reluzentes em vez de formas circulares para introduzir o metal num ambiente. Pra-

ta ou cromo são mais apropriados que ouro ou cobre, porque a cor prateada está mais próxima da água. De fato, os tipos madeira/terra que convivem com muitas cores douradas ou amareladas tendem a entrar em letargia e a se desmotivarem.

Tipo Madeira Expressa/Metal Oculto

Embora provavelmente não sejam o centro das atenções, os tipos madeira/metal podem seduzir você com poesia. Freqüentemente dotados de um senso de humor ingênuo, eles podem ser surpreendentemente atraentes. Vale a pena contar com eles numa equipe, seja de esportes, de negócios ou da associação de bairro. Como árvores bonsai, os tipos madeira/metal não vergam sob pressão, pois dispõem de recursos para sobreviver.

Você quer atrair um tipo madeira/metal? Ponha em discussão tópicos obscuros. Estes tipos gostam de ficar olhando seus álbuns de antigas fotografias e têm enorme prazer em ver as fotos de uma viagem recente. Conquanto anseiem por recompensas emocionais, eles não verbalizarão suas necessidades. Por exemplo, uma pessoa madeira que quer segurar sua mão no cinema pode não realizar esse gesto, mas esperará até que você dê o primeiro passo. Aproxime-se de um tipo madeira/metal e dê-lhe um abraço ao visitá-lo — você lhe dará um prazer imenso!

O Que os Tipos Madeira Expressa/Metal Oculto Precisam em Seu Espaço
O tipo madeira/metal tende a se perder com informações e a se desligar dos sentimentos. Acrescentar terra ao ambiente de madeira/metal pode intensificar muito as reações emocionais desse tipo. Áreas grandes, como paredes, carpetes e tratamento de janelas são perfeitas para introduzir expressões terra. Escolha carpetes achocolatados, cortinas castanho-amareladas, paredes de tons café, aromas almiscarados e música suave tranqüilizante para induzir tipos madeira/metal a expressar seus sentimentos.

Como um ímã, este tipo se agarra a idéias e opiniões e precisa convencer os outros da validade das mesmas. Não tente afastá-lo daquilo que ele está fazendo, a não ser que você tenha muito elemento água num ambiente. Luz fluorescente de espectro total e azul-claro ajudarão este tipo a ser mais flexível e menos intenso.

Tipo Madeira Expressa/Água Oculta

Os tipos madeira/água sempre parecem estar no topo, e no entanto circunstâncias imprevisíveis os puxam constantemente para baixo. Não chore no ombro de um tipo madeira/água que você esteja procurando atrair, pois essas pessoas passam muito tempo ruminando sobre sua própria vida emocional, o que não lhes deixa energia para dar atenção às outras pessoas. Contratei recentemente um tipo madeira/água para criar uma página na Internet. Fiquei impressionada com a apresentação, mas o esforço que fiz para que ele completasse a instalação me esgotou. Embora os tipos madeira tendam a ser excelentes comunicadores, quando seu elemento emocional é água, eles tendem a representar e usam palavras para expressar seus sentimentos de sufoco e sobrecarga. Será inútil discutir com eles; deixe-os terminar e então exponha suas razões. Naturalmente, eles sempre aproveitarão o direito de réplica.

Em termos favoráveis, os tipos madeira/água têm a capacidade de abastecerem a si mesmos. Se você tiver um negócio, ter um tipo madeira/água como parceiro eliminará a necessidade de pedir desculpas quando você quer trabalhar durante o fim de semana ou por não ter o jantar preparado.

O Que os Tipos Madeira Expressa/Água Oculta Precisam em Seu Espaço
Fogo e água são os elementos que, nas proporções corretas, podem produzir equilíbrio para um tipo madeira/água. Como a criatividade deles precisa ser aparada e liberada, fogo pode instigá-los a se porem em ação. Colchas com padrões vermelhos ou triangulares, objetos de argila vermelha, contas vermelhas ou geodos de quartzo rosa podem ajudá-los a estabelecer suas prioridades.

Para conquistar o coração deles, seja atencioso quando eles estão emocionalmente carentes. Ofereça-lhes um ombro amigo onde possam chorar e uma cestinha de pêras ou bananas. Elementos terra de colorido suave são ideais para ajudá-los a conter suas emoções e continuar o processo da vida. Castanho-amarelados, beges, areias e amarelos podem ser integrados com o vermelho em tecidos, tapetes, coberturas de parede e lençóis. Louças rasas, travessas e copos com adornos dourados ajudam-nos a se sentirem assentados diariamente. Cobre antigo ou bronze dispostos artisticamente podem ajudá-los a transformar palavras em ação.

Tipo Madeira Expressa/Madeira Oculta

Inventivos, destemidos e os primeiros a saberem da existência ou a comprarem a última novidade ou a aderirem a uma idéia inovadora, os tipos madeira/madeira caracteristicamente se movimentam à velocidade do raio. Eles são propensos à autodestruição porque se interessam demasiadamente pela mudança e podem não conseguir voltar atrás. O tédio é a carta mais fatídica que se pode dar-lhes. Não espere que se alegrem em fazer um cruzeiro pelo mundo. É mais provável que se lancem à ação, e mesmo quando inapropriado, eles parecem estar com pressa. Bons professores de alunos de inteligência acima da média, os tipos madeira/madeira estão atentos ao aprendizado. Eles tendem a acreditar que a vida é melhor em outros lugares, por isso cabe a você preencher suas vidas com surpresas. Arraste-os com você nas férias, tente novos restaurantes, leve-os a palestras e preencha o tempo deles com eventos e situações inusitados.

Os tipos madeira/madeira tendem a se aborrecer com as coisas mesmo quando elas ainda não aconteceram. Meu pai costumava contar a seguinte piada para mostrar que não se deve fazer um bicho de sete cabeças como alguns tipos madeira/madeira tendem a fazer:

Um belo domingo, uma família passeava pelo interior quando o carro parou. O marido se dispôs a caminhar quatro ou cinco quilômetros de volta, até um posto de gasolina à beira da estrada. Durante o primeiro quilômetro, ele ficou pensando na possibilidade de o posto estar fechado. Se estivesse, ele conseguiria encontrar a casa do dono? Como a cidade era pequena, pensava ele, os vizinhos provavelmente saberiam onde ele morava.

Ao longo dos quilômetros dois e três ele foi imaginando encontrar o dono do posto em casa jantando com a família. Em sua mente, ele implorava ao comerciante que lhe fornecesse alguns litros de gasolina para abastecer o carro. Quando o dono do posto lhe disse que não queria ser incomodado no seu dia de folga, porém, o homem ficou furioso.

A essa altura, nosso amigo chegou ao posto de gasolina real; mas ele estava tão enfurecido com seu cenário mental que quando viu o frentista, explodiu, "Hei, você, pega tua gasolina e vai pro raio que te parta!"

Os tipos madeira/madeira têm uma imaginação fértil e podem tirar conclusões desconcertantes.

O Que os Tipos Madeira Expressa/Madeira Oculta Precisam em Seu Espaço
Como os tipos madeira/madeira gostam da ação pela ação, o metal pode ajudar a consolidar as idéias deles para que as ações se concretizem. Mesas com tampo de vidro e bases de metal, peças grandes de metal sobre armários e luzes de metal em paredes podem ser um modo ideal de introduzir o metal. Como uma cerca pode impedir que um animal de estimação se machuque, o metal pode inibir a inclinação natural desses tipos de irem além dos limites. Se você convive com um tipo madeira/madeira, ocupe-se em impedi-lo de assumir riscos temerários.

Quando nada interfere em seu crescimento, uma árvore cresce reta e alta. Do mesmo modo, os tipos madeira/madeira que ficaram solteiros por muito tempo talvez sejam inflexíveis e podem precisar de um pequeno estímulo para se tornarem maleáveis. Instrumentos de corda como a harpa e piano ou xilofone, podem ajudar os tipos madeira/madeira a entrar em contato com o sentimento dos que os cercam.

COMO EQUILIBRAR A PESSOA MADEIRA

Pode-se equilibrar madeira expressa ou oculta com as seguintes alterações no ambiente.

Equilibrar Madeira Acrescentando Fogo

Uma fagulha pode fazer os tipos madeira parar e pensar nas conseqüências. O elemento fogo pode forçá-los a prestar atenção no aqui e agora. Por exemplo, os fanáticos que passam a maior parte do seu tempo livre assistindo a programas esportivos pela televisão podem precisar de fogo para ajudá-los a parar e refletir sobre a situação para ver se precisam mudar de comportamento. Entretanto, a maioria dos tipos madeira não se dá bem com muitos elementos fogo por perto. Fogo chamusca a integridade da madeira ou destrói seu estado natural. Vermelhos, estampas vistosas, superfícies ásperas e muito tempo voltado para o sul podem exaurir a vitalidade do elemento madeira.

Equilibrar Madeira Acrescentando Terra

Terra sustenta os tipos madeira. As cores terra, marrom, terracota ou tons areia claros ajudam os tipos madeira no caminho que escolheram. Como uma camada espessa e rica de terra fornece nutrientes para a madeira real, promovendo assim seu desenvolvimento, um ambiente terra dá às pessoas madeira força para assumir riscos que normalmente não assumiriam. Atletas madeira podem ficar fracos com excesso de terra em casa. Tetos escuros ou painéis de alto a baixo podem esgotar um tipo madeira. No entanto, colocar terra na metade inferior de uma peça pode fortalecer madeira e fazê-lo sentir-se seguro. Saiba, porém, que o excesso de elementos terra pode abafar o entusiasmo pela investigação, do mesmo modo que fartar-se à mesa pode indispor a pessoa a realizar tarefas produtivas depois da refeição.

Equilibrar Madeira Acrescentando Metal

Conquanto faça parte dos nutrientes que a madeira absorve do solo, o metal, depois de extraído, torna-se um material que pode conquistar madeira. Na maioria dos casos, o metal é mais denso, mais forte e mais duro que a madeira. O acréscimo de superfícies metálicas reluzentes ou de padrões circulares repetidos a um ambiente do tipo madeira pode causar confusão e frustração e minar seriamente o movimento psicológico de madeira. Metal é uma superfície reflexiva e os tipos madeira tendem a agir mais do que a refletir, de modo que pessoas madeira se sentem desarmonizadas com excesso de metal por perto.

Equilibrar Madeira Acrescentando Água

Um pouco de água favorece as melhores características de madeira; água em excesso satura. Uma peça perfeita onde introduzir água é o quarto de dormir. Os tipos madeira freqüentemente precisam do efeito calmante de água para ter coragem de descer a fundo em suas emoções. Sem um pouco de água num ambiente, os tipos madeira provavelmente se mostrarão muito pedantes e presunçosos. Se você quer que um tipo madeira seja receptivo a uma idéia ou pedido, dê-lhe um presente que contenha cores e formas água. Os tipos madeira são mais sensíveis às sugestões quando acalmados pelos efeitos de água.

Num escritório ou no espaço de encontro principal de uma casa, água em excesso pode aumentar o entusiasmo natural saudável de um tipo madeira. Entretanto, tipos madeira desfavorável podem se beneficiar se suas tendências são refreadas. Use cores e formas elementais água para controlar um tipo madeira desfavorável.

Equilibrar Madeira Acrescentando Madeira

Uma árvore numa floresta cresce mais lentamente do que uma árvore solitária em campo aberto. Acrescentar madeira ao ambiente de um tipo madeira pode desacelerar a pessoa e motivá-la para a mudança. Tipos madeira precisam de boa iluminação (fogo) e de água para desenvolver seu pleno potencial. Não use verdes nem muitas velas compridas e finas sobre uma mesa ao entreter uma pessoa madeira. Velas flutuantes com trepadeiras cruzando pela mesa ou descendo pelo lado de um vaso aumentarão a capacidade da pessoa madeira para relaxar.

Melhores Parceiros para Madeira

Se você for...	Sua melhor combinação para uma parceria será...
madeira/fogo	terra/madeira, água/terra
madeira/terra	terra/metal
madeira/metal	terra/água
madeira/água	água/metal
madeira/madeira	água/terra ou terra/água, terra/metal
fogo/madeira	terra/água
terra/madeira	metal/água
metal/madeira	terra/água
água/madeira	madeira/terra

Parceiros Desfavoráveis para Madeira

Se você for...	Sua combinação desfavorável numa parceria será...
madeira/fogo	metal/água
madeira/terra	fogo/madeira
madeira/metal	metal/metal
madeira/água	fogo/fogo, água/água
madeira/madeira	fogo/metal ou metal/fogo, madeira/fogo
fogo/madeira	água/água
metal/madeira	terra/fogo
terra/madeira	fogo/metal
água/madeira	terra/metal

PARCEIROS PARA MADEIRA

As seguintes medidas podem ajudar a equilibrar as parcerias de madeira.

Fogo como Parceiro de Madeira

Os tipos madeira só podem ser influenciados por fogo se ambos os parceiros forem igualmente bem-sucedidos e maduros. Mesmo que os dois sejam naturalmente aventureiros e dispostos a experimentar novas idéias e situações, um parceiro fogo tipicamente eclipsará madeira em situações sociais, despertando nesta sentimentos de ciúmes e competição.

Terra como Parceiro de Madeira

Quando uma pessoa madeira precisa de uma base sólida como ponto de partida, escolha um parceiro terra. Os tipos terra podem servir de inspiração para madeira, pois contribuirão com transpiração para as inspirações de madeira. Tipos madeira artistas, escritores e músicos devem procurar parceiros terra, pois estes tipicamente manterão com eficiência a administração da casa. Parceiros terra podem ser o único estímulo importante para o sucesso de madeira, especialmente quando tipos madeira precisam de tempo para descobrir seu nicho especial na vida. Tradicionalmente, é melhor que o homem seja madeira e a mulher terra.

Os tipos terra valorizam a lealdade, enquanto madeira procura o sucesso, às vezes ao custo da tradição. Assim, conquanto essa parceria seja boa para um parceiro madeira, ela é desfavorável para um parceiro com terra.

Metal como Parceiro de Madeira

Madeira e metal podem formar uma combinação complicada, pois os tipos metal falam sobre idéias enquanto os tipos madeira agem. Uma pessoa metal pode resistir à tendência entusiasta de madeira para a mudança. Não deixe que seu ardor arrefeça, pois os tipos metal acabarão concordando; eles apenas precisam sentir que a idéia é deles. Essa parceria tem potencial para ser muito interessante porque ambos procuram desenvolver-se e aprender. Às vezes, se os campos forem muito diversos, seus caminhos podem se separar.

Água como Parceiro de Madeira

Os tipos madeira precisam de água para se desenvolver. O ardor dos tipos madeira pelo que quer que se interessem pode influenciar sua visão da vida emocional. Uma pessoa água por perto ajudá-los-á a ficar ligados com os sentimentos, não apenas com as idéias. Assim, sua inter-relação é tão fundamental que parceiros madeira/água geralmente têm uma intimidade física rica e gratificante.

Madeira como Parceiro de Madeira

Madeira/madeira é a substância de equipes pioneiras. Sem medo, parceiros madeira exploram juntos e com satisfação espaços externos e internos. Como casal, eles gostam de fazer amigos e podem assimilar e ajustar-se a novas situações e lugares. Conquanto se apóiem mutuamente, um não fica exaurido pelas necessidades do outro. É surpreendente e bonito ver casais madeira em ação, especialmente quando ambos são fortes.

O problema para esta parceria surge quando um e outro têm filosofias e sistemas de crença muito diferentes. Saiba que tipos madeira não mudam facilmente seus pontos de vista, por isso não entre num relacionamento pensando que você pode mudar esse parceiro.

Parte III

O *SCOPE-ING* DOS CÔMODOS DA CASA

O modo como um cômodo é usado revela muita coisa sobre uma pessoa. De modo geral, cada cômodo tem uma função específica numa casa. Nós nos reunimos numa sala de estar ou cantinho da família, comemos numa sala de jantar, dormimos num quarto de dormir e cozinhamos numa cozinha. O grau de variação quanto ao uso normal e as sutilezas em cada cômodo descrevem como nos sentimos sobre a atividade normalmente realizada nessa peça. Nossas prioridades, nosso modo de relacionamento com as pessoas, nossas idéias e nossas atividades preferidas desnudam-se diante da pessoa que sabe ver e perceber. Esta seção é dedicada à análise de cada cômodo e descreve alguns sinais comuns que remetem o observador a sentimentos, motivações e predisposições elementais.

> **O modo como um cômodo é usada revela nossa forma de relacionamento com as pessoas, nossas idéias e nossas atividades.**

Num estudo analítico, o primeiro passo consiste em observar os aspectos desfavoráveis. Aspectos desfavoráveis são sinais de que alguma coisa pode estar errada ou de que pode haver um problema. Geralmente, um ambiente apresenta sinais observáveis que nos advertem de alguma característica ou tendência que pode ser problemática numa pessoa, caso tenhamos intenção de conquistá-la para estabelecer uma relação duradoura. Os aspectos desfavoráveis podem ser evidentes, como a mulher que dorme no sofá e usa o quarto de dormir para seus passatempos, ou podem ser mais discretos, como uma cozinha escura demais ou um estar íntimo com apenas uma cadeira confortável virada para o televisor. Alguns aspectos desfavoráveis óbvios são:

armários fechados a chave
todos os armários e cômodas abarrotados
desordem fora do comum
vazio fora do comum
móveis desgastados, estragados, danificados ou com outros
  defeitos visíveis
sujeira ou encardimento visível
muito pouca iluminação
iluminação em excesso
falta de lugar para conversar
dificuldade para sentar-se à mesa de jantar
campainha da porta principal danificada
cama desarrumada
lixo em excesso
falta de mesinha de coquetel na frente de um sofá
falta de comida na geladeira
falta de personalização ou acessório numa entrada principal

Se você observar um aspecto desfavorável, fale imediatamente com a pessoa, pois ela pode estar precisando de ajuda numa determinada área. Se forem muitos os aspectos desfavoráveis, porém, seja cauteloso, pois pode haver mais problemas potencialmente tóxicos do que você tenha condições de enfrentar.

O passo seguinte é identificar os elementos dominantes no ambiente; essa identificação lhe permite começar a definir os elementos pessoais do residente e verificar se ele pode ser ou não uma boa combinação para sua natureza elemental. Normalmente, introduzimos em nossa casa os elementos que melhor nos expressam. Os cômodos comuns a todos tipicamente mostram os elementos que caracterizam a personalidade de uma pessoa, e o espaço privado — quartos, banheiros e algumas vezes salas de jogos e escritórios — tende a expressar os elementos emocionais ou ocultos.

> **Caracteristicamente, cômodos comuns contêm os elementos que expressam a personalidade da pessoa; os espaços privados revelam os elementos que representam as emoções.**

Por exemplo, uma pessoa madeira/fogo pode ter um sofá e uma cadeira sob medida, muitas plantas e cortinas listradas na sala de estar e uma colcha de rendas cor-de-vinho, carpete nodoso e arte de parede em moldura de cobre no quarto de dormir. Como o elemento madeira se expressa em linhas retangulares e na cor verde, e o elemento fogo, em cores próximas ao vermelho e em superfícies ásperas, você pode corretamente deduzir que o elemento expresso dessa pessoa é madeira e que seu elemento oculto é fogo.

O livro de Claire Cooper Marcus, *House as a Mirror of Self*, sugere que as escolhas feitas para uma casa podem se relacionar expressamente com eventos, crenças e imagens da infância. O livro de Marcus ou um psicólogo pode ajudá-lo a saber mais sobre você mesmo ou sobre outra pessoa através da compreensão das influências formadoras do passado. Este livro se limita a observar como certas preferências por objetos geralmente indicam certos traços de personalidade e inclinações emocionais. Para nossos objetivos, a escolha de uma dispendiosa cadeira reclinável de couro é significativa enquanto sua cor marrom e forma atarracada sugerem o elemento terra e todas as características associadas com terra. Não tratamos aqui do motivo por que o dono da cadeira a posicionou diretamente na frente de um grande aparelho de televisão e por que ele assiste à TV horas a fio. A combinação dos dois tipos de informação, porém, ampliará sua percepção dessa pessoa e lhe dirá até que ponto ela seria um parceiro compatível para você. Durante a leitura desta Parte III, lembre-se de que todas as informações que você obtém sobre uma pessoa através do feng shui devem ser interpretadas no contexto geral da vida — passada, presente e mesmo futura — da pessoa.

Tudo o que você descobre através da técnica do *scope-ing* deve ser visto apenas como uma camada de informações a mais sobre alguém, não como um mandato absoluto para conquistar ou rejeitar a pessoa. Só você pode saber se pode viver com alguém cuja casa tem um fluxo constante de visitantes ou se ficará aborrecido por relacionar-se com alguém que ainda não achou um modo de expressar sua criatividade. Quanto mais você souber, porém, mais você terá condições de escolher alguém que possa finalmente ser um bom parceiro amoroso.

14

AS ENTRADAS, EXTERNAS E INTERNAS

A palavra *relacionamentos* começa com *relacionar-se*. O primeiro sinal visível de quem somos e de como nos relacionamos se forma na entrada. A atenção que damos à entrada expressa o cuidado que provavelmente teremos para com as outras pessoas.

Quase todos nos lembramos do nosso primeiro dia na escola ou no trabalho. As primeiras impressões deixam uma marca indelével em nossa psique que influencia o futuro. Lembro-me do meu primeiro dia de aula na sétima série. Vestindo uma roupa que havia sido escolhida com muito cuidado para me deixar com uma aparência sofisticada, saí rapidamente do carro, abanei para minha mãe e misturei-me a uma multidão que esperava o sinal que nos permitisse entrar. De repente, uma amiga da escola elementar pegou-me pela luva e me arrastou na direção de uma garota de lábios rosa-brilhante.

"Ela é da nossa turma", sussurrou minha amiga.

Espanto! Eu estava estupefata em ver alguém de nossa idade usando batom.

"Que cor você acha que é?", perguntei, procurando não parecer muito impressionada.

"Vamos perguntar!", foi a resposta de minha amiga.

Assim, naquele dia de outono reluzente com nuvens esparsas, reuni coragem para perguntar-lhe o nome do batom. "Sweetheart pink" está gravado em minha memória para sempre, enquanto que décadas de imagens posteriores de aulas, professores e colegas de escola se misturaram no caldo amorfo das lembranças.

Imagine-se visitando sua casa pela primeira vez. Como a experiência inicial representa você? Ela comunica o que você quer? Pode ser surpreendente pensar sobre o que a entrada comunica a uma pessoa que dela se aproxima pela primeira vez. Embora você talvez não perceba conscientemente tudo o que está em seu campo de visão ao entrar, saiba que sua primeira reação a uma casa se dá através das impressões visuais da entrada. Qual é a mensagem que o saúda sempre que você volta para casa?

ENTRADAS EXTERNAS

Sinais Positivos na Entrada Externa de uma Casa
paisagem cuidada
vegetação saudável
flores
caminhos cuidados ou limpos
exterior bem conservado
porta de entrada de fácil identificação
lugar para sentar
objetos pessoais, como sinos de vento, peças de cerâmica, etc.
campainha visível e cuidada, aldrava ou outro meio de chamar os familiares

Aspectos Desfavoráveis na Entrada Externa de uma Casa
(podem indicar problemas de auto-estima ou de relacionamento apropriado com outras pessoas)
vegetação alta
paisagem descuidada
árvores doentes
calçadas quebradas
degraus defeituosos
portas de proteção danificadas
campainhas defeituosas
falta de mecanismo para chamar (campainha, aldrava, etc.)
ausência de acessórios pessoais

Símbolos comuns em entradas externas que expressam elementos específicos

Além de observar a cor, a linha e a forma dos objetos usados nessa área, os símbolos seguintes podem reforçar o tipo elemental de uma pessoa. Entradas são como personalidades, pois elas são os exteriores que se relacionam com as pessoas.

Fogo
pinheiros (plantados pelo residente)
poste de luz

cerca de estacas
casinha para passarinho com teto inclinado
caixa de correio com teto pontiagudo
bandeiras vermelhas, birutas ou globos de vidro cheios de
    água colorida

Terra
gramados baixos
arbustos aparados, cuidados
lugares impregnados de sal que os veados vêm lamber
pedras, bandeiras amarelas, birutas ou globos de vidro cheios
de água colorida

Metal
relógio solar
postes de luz
arbustos aparados em forma de bola
balanços feitos com pneumáticos
caixas de correio
bandeiras brancas, douradas ou prateadas, birutas ou globos
    de vidro cheios de água colorida

Água
fontes, quedas de água, etc.
canteiros de flores em curva
alpondras pretas
guarda-sóis de jardim
vasos suspensos
cerca de correntes
bandeiras azuis ou pretas, birutas ou globos de vidro cheios
    de água colorida

Correntes suspensas ou cercas de corda são um elemento água.

Madeira
caminhos retos
balanços
cerca de estacas
bandeiras
treliças cobertas por trepadeiras
birutas de cor verde ou listradas

A aproximação a uma casa expressa a face que você espera mostrar às outras pessoas. Que cuidados recebe o caminho que leva à porta? Ele está sendo conservado ou está descuidado? A despreocupação com a entrada reflete descuido com a aparência pessoal, e esmero exagerado com ela freqüentemente significa atenção demasiada para si mesma.

A entrada externa pode dar indicações também sobre a sociabilidade. A casa de uma de minhas vizinhas não tem caminho visível, peças de arte, placas de identificação, ajardinamento e nem sequer o número da rua na entrada. Desnecessário dizer, não me surpreende que eles não participem de festas e encontros da vizinhança. Uma entrada externa amplia as fronteiras da casa. Ela proclama a auto-estima e o envolvimento com os outros. O que você vê ao aproximar-se de uma casa não somente mostra como você será tratado, mas também indica a profundidade da capacidade da outra pessoa de relacionar-se ou de entrar em empatia com outros.

A diferença entre uma pessoa que pendura uma bandeira decorativa fora da casa e uma que instala uma aldrava ou uma campainha especial é que a primeira quer ser notada e a segunda quer que você não se sinta constrangido ao visitá-la. Uma bandeira pode ser vista a uma distância maior e chama atenção para a casa, seja quem for que passe pela frente dela. Uma campainha geralmente é o primeiro contato direto que a visita tem com a casa, e sua localização, aparência e som revelam se o proprietário presta atenção às necessidades de outras pessoas. Afinal, dificilmente o dono da casa toca a campainha para si mesmo.

Por qual porta você entra?

Ninguém convidaria o presidente da república a entrar em casa pela porta lateral. A porta por onde você é recebido depende da impressão que o dono quer dar e do valor que ele confere à sua presença. Se você é recebido por uma porta secundária, provavelmente você será recepcionado por exigências no futuro. Além disso, quem usa uma entrada utilitária ou pede a seus convidados que façam isso provavelmente passa mais tempo trabalhando do que relaxando.

Embora as dimensões de uma casa contemporânea sejam maiores do que no passado, grande parte do ritual de socialização acontece fora da casa.

Além disso, com o contínuo deslocamento para subúrbios ainda mais distantes, o tempo de deslocamento aumentou o dia de trabalho para dez, doze e às vezes quatorze horas. Muitas pessoas descobrem que têm mais espaço, mas menos tempo para aproveitá-lo. Para que a casa não se torne apenas um lugar para guardar as coisas e dormir, a pessoa deve se preocupar em tornar a entrada ainda mais significativa. Se a pessoa entra em casa pela porta principal, ela dá importância à casa como abrigo. Se ela entra por uma despensa, cozinha ou área de serviço, ela está enfatizando as responsabilidades de vigilância. Cabe a você resolver se quer ficar com uma pessoa que considera a casa um refúgio ou com alguém que acredita que a casa é apenas um ponto de parada entre compromissos. Atente ao possível motivo por que a pessoa usa uma entrada utilitária em vez da principal.

Entradas Internas

A primeira vista dentro de uma casa pode animar ou desestimular. Imagine entrar numa casa e deparar-se com um arranjo floral exuberante sobre uma prateleira requintada, com uma luz suave iluminando um quadro relaxante e com um carpete confortavelmente espesso sob os pés. Esses símbolos e comodidades representam o cuidado e a auto-estima do proprietário.

Flores indicam atenção. Reservar tempo para comprar e expor flores frescas exige que a pessoa esteja atenta ao aqui e agora. Onde há flores frescas, há alguém que se preocupa com os detalhes. O uso de velas também pode conotar atenção ao detalhe, como também o desejo de fazer com que os que entram se sintam à vontade. Depois de uma longa viagem de avião, ao entrar na casa de minha amiga Tacy, fui saudada pelo brilho etéreo do Sol que descia no horizonte. Embora tivesse ficado viúva recentemente, Tacy havia quebrado sua rotina para receber-me com todas as velas de sua casa acesas.

As entradas são em geral espaços pequenos, compactos, e podem ser peças separadas ou partes de uma peça maior. Mesmo quando não é suficientemente grande para comportar mobiliário, uma entrada pode ter um toque exuberante de cores, acessórios atraentes dispostos sobre uma pequena estante ou um pequeno tapete vistoso. Em outras palavras, não há como justificar um espaço completamente vazio e que não ofereça um sinal de boa acolhida.

Sinais Positivos numa Entrada Interior

    limpeza
    maçanetas que funcionam adequadamente
    flores ou plantas
    velas ou luzes especiais

armário parcialmente vazio
adornos da estação
cadeira
namoradeira
biombo
banco
secretária
relógio-armário com pêndulo grande
porta-guarda-chuva ou bengala
mesa suficientemente grande para pacotes ou sacolas

Aspectos Desfavoráveis numa Entrada Interna *(podem indicar falta de atenção às necessidades próprias e dos outros)*

interruptor de luz quebrado
iluminação insuficiente
armário sem espaço para o paletó de um visitante
falta de mesa ou armário
casacos jogados sobre uma cadeira
sapatos deixados ao acaso
falta de capacho
objetos de arte frágeis ou antigos

Símbolos comuns em entradas internas que expressam elementos específicos

Além da cor, da linha e da forma dos objetos usados nesta área, os símbolos seguintes podem reforçar o tipo elemental da pessoa. Como o vestíbulo é uma peça pública, os elementos que ele contém geralmente são o eu expresso do proprietário. Freqüentemente, a personalidade de uma pessoa se revela sucintamente no espaço de uma entrada interna.

Fogo
tecido, pintura, flores, papel de parede, acessórios, capacho ou carpete vermelho ou alaranjado, estampas ou padrões em tesoura ou triangulares nos acessórios
sombras de luz cônicas
castiçais de parede
sinos
plantas com folhas em ponta
pinturas de estilo geométrico

Terra
tecido, pintura, flores, papel de parede, acessórios, capacho ou carpete castanho-amarelados, marrons ou amarelos fortes
mobília quadrada, atarracada ou sem pernas
porta-guarda-chuva quadrado
geodos
cerâmica
cadeira dividindo a parede em seções menores
assoalho de ladrilho ou espelhado
quadros com paisagens

Metal
tecido, pintura, flores, papel de parede, acessórios, capacho ou carpete brancos, dourados, prateados ou acobreados
vasos ovais ou redondos, capachos, globos para lâmpadas
escudos
espelho
adornos em folhas de ouro
quadros com neve, pôr-do-sol ou muitas nuvens

Água
tecido, pintura, flores, papel de parede, acessórios, capacho ou carpete azuis ou pretos
qualquer agrupamento com disposição irregular ou desigual, como de diversos porta-retratos
móbiles
música suave
corda decorativa grossa
sinos
cestas penduradas com trepadeiras em cascata
quadros com água ou com paisagens noturnas

Madeira
tecido, pintura, flores, papel de parede, acessórios, capacho ou carpete verdes
padrões listrados e verticais
guarda-chuvas ou bengalas
vigas decorativas
colunas
jardineiras altas
quadros de árvores, cenas de florestas ou de prédios com colunas ou paredes verticais

Pergunte a si mesmo o que lhe passa uma boa impressão ao entrar numa casa. Se a resposta for "nada", registre. Não é possível tratar com carinho, apoiar e estimular a si mesmo e a outro ser humano sem prestar atenção à primeira experiência. Se houver itens indicando um elemento que não se harmoniza com o seu, esteja preparado a enfrentar problemas desencadeados por esse elemento. A entrada é a primeira saudação de uma casa. A mensagem dessa saudação é positiva?

15

SALAS DE ENCONTRO

Expomos nossas crenças mais profundas sobre socialização em salas destinadas a encontros. A formalidade ou casualidade da peça chamada *sala de estar, gabinete, sala da família ou grande sala* representa o tipo de intercâmbio que queremos ter. Os espaços de encontro são enclaves da comunidade, microcosmos de como nos sentimos ao nos relacionarmos com outras pessoas.

O estilo não expressa necessariamente o grau de tranqüilidade de um ambiente. Espaços de encontro formais podem ser confortáveis, e os assim chamados ambientes familiares podem inibir o sossego. Os tecidos sujam ou estragam facilmente? Há assentos preparados para grupos grandes? Há objetos frágeis em áreas de acesso fácil? As superfícies das mesas se deterioram com facilidade? Quando uma área precisa ser vigiada ou exige observação atenta, os anfitriões não conseguem entreter sossegadamente. Se você se deparar com um descanso para cada bebida servida, talvez as superfícies sejam muito frágeis e a pessoa mais preocupada com as aparências do que com a comunicação.

A facilidade de acesso e o conforto dos assentos, a iluminação mais ou menos agradável ou apropriada e a quantidade de objetos mal colocados perto de passagens ou de assentos são evidências do maior ou menor tempo que o anfitrião passa nesse cômodo e também do cuidado que ele tem para proporcionar bem-estar às outras pessoas. Uma sala de encontro tão cheia de objetos que chega a comprometer o ato de sentar-se e um ambiente positivo indica o desejo de ficar sozinho. Quanto mais barreiras ao conforto, mais barreiras à intimidade.

> **Uma sala de encontro abarrotada de objetos dificulta a intimidade.**

Na casa de uma amiga de infância, os sofás da sala de encontro estavam todos encostados numa parede. Quatro metros corridos de assentos dificultavam uma interação agradável. Sentindo-se como patos em fila, as pessoas que ocupavam esses assentos praticamente não conseguiam comunicar-se. Os membros dessa família raramente jantavam ou tiravam férias juntos.

Se a mobília não é disposta de modo a facilitar a interação, pode-se supor que as pessoas que moram na casa não se preocupam em socializar-se e/ou comunicar-se. No caso das salas de estar, porém, deve-se levantar a história da pessoa antes de julgá-la com base na decoração. Cresci numa casa em que as crianças não podiam usar a sala de estar. Reservada para companhia, a sala de estar da classe média nos anos de 1950 imitava o estilo de vida da elite, como faziam mamãe e suas amigas. Para elas, espaços formais simbolizavam sucesso.

Minha amiga Sara cresceu pobre no Mississippi. A mãe dela trabalhava como doméstica e muitas vezes levava Sara com ela. Sara se lembra das casas em que sua mãe fazia faxina, todas verdadeiros castelos. Hoje a decoração da casa dela lembra o que era popular para as famílias da classe média alta do sul naquela época. Lâmpadas de porcelana chinesa cara justapõem-se a um sofá vitoriano de encosto em curva, e castiçais de cristal encimam um baú/mesa de coquetel de ébano entalhado no estar íntimo. Escabelos Ali Babá com borlas graciosas pendentes numa almofada ladeiam uma mesa de centro, dando um realce extraordinário para as telas de ébano chinês. Sara adoraria ser vista como ela via os patrões de sua mãe, e o estar íntimo dela procura expressar isso. É interessante notar que o espaço de encontro anexo à cozinha, usado por ela e pelo marido, é casual, confortável e moderno. Qual das peças projeta a Sara verdadeira? Procure compreender por que alguém teria dois espaços de encontro nitidamente diferentes.

Edward T. Hall, em seu livro *Hidden Dimension*, observou como a conversa flui entre as pessoas e constatou que quando dois interlocutores estão frente a frente eles têm menos interação do que quando estão sentados em diagonal.

As pessoas conversam mais estando em diagonal do que frente a frente.

Nossa herança biológica nos prepara para entrar em ação sempre que estamos frente a frente. Quando uma pessoa está diretamente à nossa frente, nossos órgãos vitais são mais vulneráveis. Nos tempos pré-históricos, a sobrevivência humana dependia da esperteza no momento de enfrentar um animal ou um estranho. Embora hoje quase não nos preocupemos com a possibilidade de que alguém nos cause dano, o que uma vez foi uma estratégia evolucionária eficaz precisa de milhares e milhares de anos para modificar-se. Quando postos frente a frente, estamos naturalmente preparados a fugir ou a lutar; por isso, sofás ou cadeiras posicionados em ângulo reto favorecem mais a intimidade do que assentos posicionados frente a frente. Todos dispomos dessa informação num nível intuitivo profundo, e o arranjo dos assentos pode revelar uma atitude sobre a sociabilidade e a comunicação.

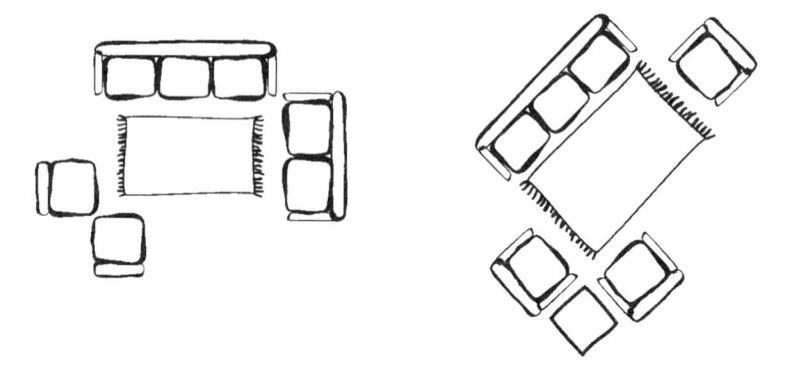

Assentos em três lados estimulam a conversação.

Uma disposição de assentos em três lados indica que a conversa é estimulada. Atualmente, é mais comum o posicionamento de cadeiras ou sofás em apenas dois lados, porque parece mais importante ver televisão do que conversar. A televisão tomou o lugar da lareira, e as famílias se reúnem em torno do seu brilho como se ele fosse fonte de vida. Não é de estranhar que a arte da conversação esteja perdida. As pessoas que direcionam a maioria dos assentos num estar íntimo para o aparelho de TV deixam de beneficiar-se da riqueza das relações humanas. Quando a televisão é o foco de uma peça e está colocada na parede do poder, você pode estar diante de alguém que valoriza mais o lazer do que a convivência.

Além do posicionamento, observe a quantidade de componentes que promovem o bem-estar no espaço de encontro principal. Agasalhos jogados sobre os braços de um sofá, almofadas para apoiar a cabeça, mesa de centro com livros para passar o tempo e algo para lambiscar são sinais de boa acolhida.

> **As sementes da intimidade são plantadas na compaixão, e a compaixão se expressa proporcionando bem-estar.**

Embora raramente pensemos no revestimento do piso como algo mais do que um toque decorativo, devemos registrar o conforto que ele oferece quando observamos um espaço de encontro. Muitas pessoas gostam de sentar-se num chão acarpetado. Quando tapetes sobre assoalhos de madeira ou de ladrilho não ultrapassam os limites de um móvel, isso significa que não há preocupação em prevenir disponibilidade de espaço para uma eventual necessidade.

Finalmente, observe quais objetos expressam a história e os valores pessoais e se há um tema comum. Esses objetos e seu significado podem ser muito reveladores. As pessoas que tendem a ser solitárias geralmente preferem obras de arte que retratam objetos inanimados, como naturezas mortas, edifícios, cenas de rua ou abstrações. Por outro lado, uma obsessão apenas por homens, por mulheres ou por crianças pode ser igualmente significativa. As paredes da casa da dançarina egocêntrica cheias de quadros ou de fotografias dela mesma telegrafam uma mensagem de amor-próprio exacerbado. Outra casa com apetrechos de caça e de fotos de leões atacando sua presa comunica uma vitalidade viril. Sentindo-se desconfortável com o tema da arte, é provável que você se sinta pouco à vontade também com a pessoa que escolheu essa arte.

Colecionar pode ser um passatempo positivo, relaxante ou, se não, uma atividade cansativa e desgastante. Numa viagem a Key West, fiz companhia a Mary, que me arrastava a toda loja que sugerisse a possibilidade de ter réplicas de rãs. Sem que eu soubesse, Mary dedicava suas férias a aumentar sua fantástica coleção de rãs. Essa obsessão de minha amiga prejudicava as relações humanas por seu foco estreito. Os colecionadores podem ser uma companhia insuportavelmente enfadonha porque exigem atenção exclusiva para suas necessidades. A convivência com um colecionador intensamente apaixonado só é agradável quando ambos os parceiros vibram com o mesmo entusiasmo.

O objeto-tema da coleção é da maior relevância. Coleções que lembram vacas, por exemplo, favorecem nosso senso de humor, o que não acontece com uma coleção de capacetes, digamos. Os objetos colecionados representam poder, humor ou humanidade? Eles se referem ao passado ou ao presente? Um escritor que coleciona máquinas de datilografia antigas ou canetas de pena de ganso muito provavelmente está mostrando amor por seu campo de atividade e uma relação com a história dessa atividade. Um escritor que coleciona obras de consulta modernas, por outro lado, demonstra estar mais voltado para o aqui e agora.

Em suas viagens de negócios por todo o mundo, meu amigo Michael coleciona caixinhas de fósforo. Embora possa tirar umas baforadas de charuto de vez em quando, ele considera essas caixinhas decorativas uma distração em suas freqüentes viagens. No caso de Michael, colecionar é uma distração positiva. Para Mary, colecionar rãs significa ter algo a que dedicar sua vida, ao passo que para Michael, colecionar caixinhas de fósforo é apenas um divertimento para as horas de solidão.

Um espaço de encontro deve ser convidativo, confortável e decorado com suficientes componentes pessoais para transmitir ao ambiente uma atmosfera característica. Acolhedor, amistoso e provido de boas opções, o espaço de encontro deve ser um lugar para ler, conversar, jogar, ouvir música, comunicar-se, assistir a vídeos ou televisão ou simplesmente passar o tempo relaxando. Um espaço de encontro expressa nossos sentimentos com relação à comunidade, às amizades e à nossa responsabilidade com os outros.

> As coleções mostram o que respeitamos ou podem ser um passatempo nas horas de folga.

Sinais Positivos num Espaço de Encontro

assentos dispostos em U
elementos que dão bem-estar distribuídos pela peça
iluminação geral e específica
mesas ao alcance do braço
sofás ou cadeiras com braços
revestimento sobre o ladrilho ou o assoalho de madeira
formas de arte diversas
petiscos
jogos
plantas bem cuidadas
bandejas sobre as mesas
livros, revistas ou jornais
fotografias da família

Sinais Desfavoráveis num Espaço de Encontro (podem indicar falta de compromisso para relacionar-se com outras pessoas)

móveis voltados para a TV
cadeiras ou sofás sem braços
assentos duros ou de estofamento rígido
poucas lembranças de caráter pessoal
muitas peças de arte sobre um mesmo tema

iluminação inadequada, muito escura ou muito clara
nada vivo — plantas, animais, etc.
nada para petiscar

Símbolos Comuns em Salas de Encontro que Expressam Elementos Específicos

Além da cor, da linha e da forma dos objetos, os símbolos seguintes podem reforçar o tipo elemental da pessoa. Como os espaços de encontro são cômodos públicos, eles revelam mais qualidades da persona pública, ou expressa, da pessoa do que sua vida emocional.

Fogo
tecido, pintura, flores, papel de parede, acessórios, capacho ou carpete vermelhos ou laranja
estofamento, tratamento das janelas ou carpetes com padrões de ponto de chama ou de tesoura
tapetes orientais
sombras de lâmpada triangulares
acessórios piramidais ou cônicos
velas
coleções de arcos, armas, espadas ou peles de animais
peças de arte com temas de guerra, violência, vulcões, pinheiros, chamas, asas e torrinhas

Terra
tecido, pintura, flores, papel de parede, acessórios, capacho ou carpete terracota, amarelo forte ou marrom
estofamento, tratamento das janelas ou carpetes com padrões quadrados ou axadrezados
recipientes de cerâmica
cadeiras atarracadas
mesas de centro de madeira ou quadradas
mobília de pernas grossas
canapés ou sofás para duas pessoas
geodos ou pedras
móveis de madeira escura (não pintada)
coleções de cerâmica, geodos, caixas, artefatos de madeira escura, tabuleiro de xadrez, ferramentas de agricultura e selos
arte com temas de desertos, mãe e filho, montanhas, fazendas, vilas, piqueniques e cerâmica

Metal

tecido, pintura, flores, papel de parede, acessórios, capacho ou carpete brancos, prateados, dourados ou acobreados

estofamento, tratamento das janelas ou carpetes com padrões de pontos ou circulares

abajures de bronze, prata ou cobre

mesas de coquetel redondas

acessórios metálicos

espelhos

ornamentos em metal

peças metálicas, como puxadores de portas, suportes, interruptores de luz, etc.

coleções de pesa-papéis redondos, moedas, jóias, relógios de pulso, relógios de parede e tinteiros

peças de arte com temas de bolas, balões, máquinas, tempo, pores-do-sol ou de crianças na escola

Água

tecido, pintura, flores, papel de parede, acessórios, capacho ou carpete azuis ou pretos

desenhos em linhas onduladas

mesa com tampo de vidro

cortinas drapeadas

toalhas de mesa

coleções agrupadas variando em altura e forma, como bonecas, dragões e caixas de música

peças de arte com temas de navegação, cenas de praia, natação, águas serenas, crianças brincando ou nuvens

tecidos estampados

Madeira

tecido, pintura, flores, papel de parede, acessórios, capacho ou carpete verdes, verde-amarelado ou turquesa

estofamento, tratamento das janelas ou tapetes com padrões listrados

sofás para quatro pessoas ou seccionais

cortinas com pregas

persianas verticais ou horizontais

mesa de centro retangular

coleções de tabuleiros de gamão, vasos, faróis, carros em miniatura, canetas, aldravas ou livros

peças de arte com temas de florestas, plantações de milho ou alfafa, paisagens de cidades, pontes, obeliscos e escadas

Se a intimidade e a socialização são relevantes para você, observe com atenção o espaço de encontro de um companheiro/a em potencial. Encontrar-se é o ato de aproximar-se, e essa peça mostra como são importantes as ligações sociais. Se a pessoa passa pouco tempo numa sala de estar íntima ou se dá pouca atenção a uma companhia agradável, ela provavelmente não será uma boa parceira na construção de uma vida familiar íntima.

16

SALAS DE JANTAR

O lugar onde as pessoas se alimentam é essencial para os sentimentos que nutrem com relação a si mesmas. Comer na cozinha ou numa área inadequada para refeições é desperdiçar uma oportunidade diária de obter prazer. Fazer a maioria das refeições na cozinha equivale a almoçar na mesa de trabalho.

Conheço um casal, ambos executivos muito atarefados, que jantam formalmente em casa pelo menos uma vez por semana. Numa noite de final de semana, eles preparam uma refeição soberba, põem a mesa com louças e talheres finos, acendem velas e se vestem a rigor. Essa fidelidade a uma rotina cerimoniosa é o sustentáculo do respeito que um tem pelo outro e a garantia de um tempo significativo passado juntos.

Minha amiga Astrid, uma ocupada *designer* de interiores, com marido e dois filhos pequenos, planeja diariamente seu tempo para tomar chá ao lado da piscina. Embora raramente ocupe mais de dez minutos com o café da manhã, quer esteja ocupada ou não, ela reserva um tempo para si mesma, e esse gesto se reflete sobre todos os aspectos da sua vida. De certo modo, não podemos conhecer satisfatoriamente os sentimentos de outra pessoa se não sabemos respeitar a nós mesmos.

Embora as áreas específicas para refeições sejam poucas, temos vários lugares onde o ato de comer se torna agradável. Uma bandeja com o café da manhã na cama, um jantar de inverno ao pé da lareira, café e sobremesa ao lado da piscina ou ponche e biscoitos num jardim são algumas maneiras de transformar o que é habitual em inesquecível. A essência mesma da auto-estima freqüentemente é expressa pela solicitude que temos para com nós mesmos. Como bebês procuramos desenvolver-nos e criar o maior número possível de experiências positivas. Quando não levamos o amor-próprio para a vida adulta, a primeira suposição que ocorre é a da falta de auto-estima. Se você quer uma pessoa com capacidade de ser tudo o que ela quer ser e que pode estimular você a avançar sempre, procure alguém que dê tanta atenção a si mesmo a ponto de gastar tempo e energia na preparação de um ambiente favorável para as refeições.

Entretenimento e alimento são quase sinônimos. O ambiente de uma sala de jantar é essencial para compreender até que ponto uma pessoa se sente à vontade com as outras. As pessoas que entretêm geralmente se sentem bem sendo auto-suficientes; as pessoas que não entretêm talvez não o façam devido a seus sentimentos de inadequação.

A intensidade da iluminação numa sala de jantar indica até que ponto a pessoa se sente bem em passar o tempo com outras pessoas. Quando não há meios de reduzir a intensidade das lâmpadas ou quando há iluminação apenas sobre a mesa de jantar, a pessoa pode se sentir desconfortável com a intimidade.

Durante as refeições, nós basicamente comemos e falamos. Até certo ponto, quanto mais clara e detalhada for uma sala de jantar, mais estimulante será a conversação. Quando encontramos estímulos, tornamo-nos estimulantes. Quando há poucas sensações visuais, auditivas ou olfativas, somos obrigados a nos voltar para dentro, o que não é o estado ideal para manter uma conversa.

> **Quanto mais detalhada for uma sala de jantar, mais estimulante será a conversação.**

Dispor de uma área onde servir-se ou de um lugar de fácil acesso à comida, à bebida ou às velas é sinal de que as refeições são consideradas um passatempo, e não apenas um momento para satisfazer o apetite. Quanto maior o número de facilidades numa sala de jantar para manter o alimento quente, as bebidas à disposição e música contínua, maiores são as possibilidades de que a refeição se transforme num momento de socialização.

Acessórios que refletem a herança são especialmente significativos numa sala de jantar. Minha amiga Joyce tem um samovar trazido da Rússia por sua avó. A casa da avó de Joyce era uma luz brilhante numa infância um tanto sombria. O domingo era o melhor dia da semana, quando ela visitava uma casa limpa e reluzente impregnada dos aromas de assados de forno e de alimentos exóticos que ela aprendeu a amar. A vida familiar de Joyce ficou prejudicada pelo falecimento prematuro do pai e pela subseqüente batalha da mãe pela sobrevivência. Não foi surpresa para mim que ela resolvesse passar os pertences de sua mãe para sua avó. Freqüentemente acessórios colocados numa sala de jantar refletem ligações emocionais do passado profundamente satisfatórias.

Sinais Positivos numa Sala de Jantar

    mesa de jantar limpa e bem cuidada
    iluminação variável
    tapete ou carpete
    superfície auxiliar para servir-se
    acessórios da geração anterior ou atual
    castiçais
    flores frescas
    peças de arte nas paredes

Sinais Desfavoráveis numa Sala de Jantar (podem indicar falta de vontade de prover a si mesmo ou a outras pessoas)

    desordem sobre a mesa
    iluminação forte ou que não pode ser diminuída
    janelas para a rua sem cortinas
    assoalhos frios
    poucos acessórios
    arte de parede difícil de ver ou muito alta para ver quando se está sentado

Os donos de restaurante sabem que a cor vermelha estimula os clientes a comerem mais rapidamente. Os que optam por decorar uma sala de jantar com vermelho talvez não queiram que os convidados se demorem ou ainda que a conversa seja animada. Escolhendo vermelho, a pessoa dá mais valor à conversa e ao entretenimento do que ao alimento.

Os símbolos que representam os elementos numa sala de jantar são significativos, pois alimento e vida são sinônimos. Os detalhes numa sala de jantar sugerem como você será mantido, cuidado e de muitos modos amado.

Observe quanto tempo as refeições duram. Sempre se deve aplicar a técnica do *scope-ing* ao fator tempo, especialmente numa sala de jantar. Quanto mais tempo a pessoa fica à mesa, maior a probabilidade de que ela esteja satisfeita com a vida.

> Quanto mais tempo a pessoa fica à mesa, maior a probabilidade de que ela esteja satisfeita.

Símbolos Comuns na Sala de Jantar que Expressam Elementos Específicos

Além da cor, da linha e da forma dos objetos nessa área, os seguintes símbolos podem ajudá-lo a desvelar o tipo elemental de uma pessoa. As áreas de refeição podem revelar o elemento expresso ou emocional de uma pessoa, dependendo da freqüência com que ela toma suas refeições nesse lugar. Quanto menos freqüentemente uma pessoa come em casa, mais provavelmente essa área representará seu elemento expresso. Quanto mais tempo uma pessoa fica à mesa comendo, mais esse espaço representa o elemento ou as emoções ocultos.

Fogo
tecido, pintura, centro de mesa, revestimento do piso, tratamento das janelas ou peças de arte vermelhos ou alaranjados
padrões de bordado em forma de chama ou em aspas
tapetes orientais
lampadário com cristais em gotas triangulares
acessórios em forma de pirâmide ou cônicos
velas
cadeiras com saliências projetando-se acima do encosto

Terra
tecido, pintura, centro de mesa, revestimento do piso, tratamento das janelas ou peças de arte nas cores terracota, amarelo-forte ou marrom
desenhos axadrezados
cadeiras atarracadas ou estofadas
mesa quadrada
gabinete sem pernas
móveis em madeira escura
quadros de montanhas, terras ou praias

Metal
tecido, pintura, centro de mesa, revestimento do piso, tratamento das janelas ou peças de arte nas cores branca, prateada, dourada ou cobre
traços circulares ou em pontos sobre desenhos
castiçais em bronze, prata ou cobre
mesa redonda
cadeiras com encosto arredondado
louça rasa com detalhes em ouro
espelhos
adornos de metal sobre chapas
quadros de superfícies reflexivas (natureza morta, água, construções de vidro)
paredes pintadas em acetinado ou soalhos brilhantes

Água
tecido, pintura, centro de mesa, revestimento do piso, tratamento das janelas ou peças de arte nas cores azul ou preto
paredes esponjosas
mesa com tampo de vidro
cortinas drapeadas
toalha de mesa até o chão
estéreo na sala de jantar
peças de arte com motivos de nuvens
castiçais elaborados

Madeira
tecido, pintura, centro de mesa, revestimento do piso, tratamento das janelas ou peças de arte nas cores verde, verde-amarelado ou turquesa
desenhos listrados ou lineares
cadeiras com espaldar de travessas
mesa retangular
cortinas em pregas
persianas verticais ou horizontais
coleções de latas, castiçais altos
candelabros de parede
peças de arte com silhueta de cidade
relógio-armário com pêndulo grande

Uma pessoa contente com a vida tende a passar tempo criando um lugar especial para comer. Esta é a única atividade diária que promete satisfação. O modo como uma pessoa resolve realizá-la, desperdiçá-la ou ignorá-la pode esclarecer sua atitude com relação a outras ações prazerosas. Quem não consegue criar adequadamente um espaço agradável onde fazer suas refeições demonstra ter poucas condições de saber aproveitar outros prazeres da vida.

17

COZINHAS

A cozinha é o coração da casa. Originariamente, as habitações consistiam de um lugar onde dormir com segurança e de um espaço onde preparar e comer o alimento. Nada substitui o aroma, o visual e o sabor do alimento. As decorações sofisticadas e reluzentes podem dar excelentes fotografias para revistas especializadas, mas as cozinhas as superam no estímulo aos sentidos. As cozinhas são laboratórios para a preparação do alimento, e quanto mais os sentidos forem envolvidos, maior será o prazer. Dificilmente alguém pensa em construir uma casa sem uma cozinha, mas muitas pessoas chegam a tirar o pó do fogão porque o usam muito pouco. Por outro lado, as que gostam de cozinhar geralmente são as que se sentem bem fazendo experiências, correndo riscos e preocupando-se com seus semelhantes.

Se a geladeira estiver cheia de alimentos pré-preparados e se os armários contiverem pilhas de enlatados, não espere que o dono seja um modelo de criatividade. Se essa pessoa for do tipo fogo ou água, ela provavelmente deixou de usar sua fértil imaginação. Todos os tipos elementais gostam de cozinhar, mas o tipo fogo adora fazer experiências e o tipo água gosta de assar. Panelas penduradas perto do fogão, uma vasilha com utensílios para cozinhar ou um armário repleto de ingredientes exóticos indicam uma pessoa que provavelmente é expansiva.

> As pessoas que cozinham sem receita geralmente são ousadas em todas as áreas.

Adultos que não cozinham podem se sentir pouco à vontade com seus sentimentos. Minha amiga Lee teve dois maridos que não cozinhavam; ambos tinham dificuldade de expressar suas emoções. Se você quer um parceiro que tenha uma vida emocional rica, procure alguém que abastece a geladeira com bom gosto e que gosta de cozinhar.

Dou-me conta de que muitas leitoras talvez pensem em seus filhos, no namorado ou no pai, que não conseguiriam sobreviver a uma longa catástrofe se eles dependessem de suas próprias habilidades culinárias. Quer as pessoas sejam qualificadas ou não como excelentes cozinheiras, o mais importante é o grau de conforto que elas sentem ao preparar uma refeição. Sem levar em conta o tempo disponível, as pessoas que têm armários vazios e não reservam tempo para cozinhar para si mesmas e para os outros talvez se sintam melhor recebendo do que dando.

O melhor lugar para fazer as refeições não é a cozinha. Como é muito pouco provável que você se solte de fato numa mesa de trabalho, também é difícil você relaxar completamente fazendo as refeições onde elas são preparadas. Quem faz isso talvez veja a casa como um ponto de parada entre atividades. Ler, ouvir rádio ou assistir à televisão durante a refeição pode indicar um certo desconforto em estar sozinho.

> **Dar de comer a uma pessoa é dar-lhe o nosso afeto.**

A energia de uma cozinha revela a vitalidade do proprietário. Um balcão de cozinha usado como depósito de restos pode indicar incapacidade de concretizar as intenções. Uma cozinha que parece esquecida ou que não é personalizada com acessórios mostra descaso com a conservação de uma boa saúde. Eu deveria ter desconfiado quando meu ex-marido não quis preparar uma refeição num momento em que eu me recuperava de uma cirurgia. Dar de comer a uma pessoa é dar-lhe nosso afeto. Um parceiro em potencial que não cozinha deve ter uma justificativa muito convincente. Não se envolver com uma função básica da vida é no mínimo uma atitude muito suspeita.

Sinais Favoráveis numa Cozinha

    higiene e limpeza
    bandeja de frutas frescas ou vaso de flores
    pequeno tapete perto da pia
    exposição de utensílios ou de potes e panelas
    ervas (secas ou frescas)
    armários cheios de alimentos variados

Sinais Desfavoráveis numa Cozinha (podem indicar falta de auto-estima ou incapacidade de afeto)

    desleixo
    toalhas ou esponjas com sujeira de travessas

travessas por lavar
saquinhos de supermercado como lixeira ou ainda acondicionando alimentos
prato do gato em cima do balcão
geladeira praticamente vazia
armários com pouca variedade
armários com caixas de um ou dois produtos
recipiente para restos em cima do balcão

Símbolos Comuns na Cozinha que Expressam Elementos Específicos

Além da cor, da linha e da forma dos objetos usados nessa área, os seguintes símbolos reforçam o tipo elemental da pessoa.

Fogo

estrutura, pintura, tingimento, soalho, aparelhos, tratamento das janelas ou papel de parede: vermelho ou laranja,
linhas retas ou em ziguezague ou padrões geométricos no piso ou nas paredes
facas à mostra
banquinhos com três pés
chaleira cônica

Terra

tecido, pintura, tingimento, soalho, aparelhos, tratamento das janelas ou papel de parede: castanho, marrom ou dourado
potes e vasos de argila
vasilhas quadradas ou baixas e pesadas
utensílios de madeira leve
bananas, limões ou pêras reais ou artificiais

Metal

tecido, pintura, tingimento, soalho, aparelhos, tratamento das janelas ou papel de parede: branco, dourado, prateado ou de cobre
liqüidificador cromado
chaleiras arredondadas
espaldares arredondados
anteparos reluzentes ou cromados
relógios redondos

lâmpadas globosas
mais de um calendário

Água

tecido, pintura, tingimento, soalho, aparelhos, tratamento das janelas ou papel de parede: azul ou preto
linhas ondulantes no soalho e na cobertura das paredes
copos ou potes e panelas pendurados à mostra
iluminação fosca

Madeira

tecido, pintura, tingimento, soalho, aparelhos, tratamento das janelas ou papel de parede: verde ou listado
mais de quatro aparelhos sobre o balcão
vasilhas para guardar alimentos
latas cilíndricas
coleções de saleiros e pimenteiras
plantas

Sem alimento, definhamos e morremos; não dando atenção a um espaço que tem por objetivo manter a vida, expomos nossa incapacidade de manter um relacionamento.

18

QUARTOS

Os quartos são santuários pessoais, cômodos que não se prestam a funções coletivas. A cultura ocidental aceita que dividamos nosso quarto com pessoas íntimas. Um quarto é um abrigo seguro onde podemos chorar, gritar, berrar de alegria e expressar toda uma variedade de emoções. A segurança física e emocional é essencial num quarto de dormir.

Uma casa tradicional de dois andares tem os quartos no andar superior; numa casa de piso único, a localização dos quartos é mais casual. Parece não haver um padrão arquitetônico adotado unanimemente pelos engenheiros atuais. No Oriente Médio, os quartos se localizam bem no fundo da casa e somente os membros da família podem entrar neles. Lá, ninguém estenderia o paletó de um visitante numa cama principal, como nós não serviríamos o jantar do Dia de Ação de Graças numa cama. Nós ocidentais somos mais liberais com relação aos quartos; às vezes, estes servem de espaço de encontro da família ou de área de entretenimento.

A expressão *memória do lugar* se refere ao que esperamos encontrar num determinado lugar. Aprendemos a esperar certos padrões, como o interruptor da luz perto da porta, o banheiro próximo do quarto, a geladeira na cozinha, etc. Essas são algumas convenções que, quando não são cumpridas, nos deixam desapontados e frustrados. Qualquer coisa fora do habitual num quarto de dormir é ainda mais desgastante do que em outras peças.

Ter só para si o mesmo quarto do tempo de criança leva muitos adultos a não compartilharem satisfatoriamente esse espaço pessoal. Como adultos, somos incentivados a unir-nos e a formar um laço que na maioria dos casos implica dividirmos um quarto com outra pessoa. Compreender como você usa esse espaço é essencial para poder compartilhá-lo.

> Muitas pessoas não são capazes de compartilhar um quarto de dormir.

Talvez porque sejamos totalmente vulneráveis quando dormimos, o ponto de localização da cama pode revelar uma infinidade de coisas sobre nossa atitude com relação aos desafios, aos medos e às tarefas que temos. Jennifer, proprietária de uma loja Nova Era, não tinha um sono tranqüilo à noite. Quando ela me disse que sua cama estava com a cabeceira numa posição que não lhe dava a visão da porta, eu tive quase certeza de que ela se sentia desprotegida à noite e não conseguia ter um sono profundo.

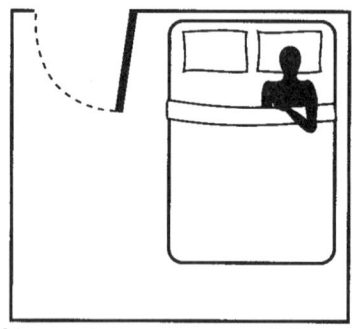

É improvável que essa posição seja ocupada por uma pessoa que tenha responsabilidades.

Uma cama que não dá a visão da porta rouba a energia do seu ocupante.

Como o segundo quarto de dormir tem uma sólida parede no lado oposto à porta, sugeri que ela mudasse de quarto. Jennifer, como muitas pessoas, continuou uma rotina que não lhe servia, em vez de assumir a responsabilidade e alterá-la. Isso é um sinal de renúncia ao poder de influenciar o próprio destino. Para avançar com sucesso na direção de um objetivo é necessário agir.

Recentemente, visitei a casa de uma joalheira em West Virginia. Como ela estava com cinqüenta e poucos anos e nunca se casara, eu estava à procura de um sinal que revelasse seu desinteresse de formar um relacionamento íntimo duradouro. Ela sempre convivera com homens e dizia que queria casar-se; assim, o motivo por que ela não o fizera me intrigava ainda mais. Tive uma pista quando entrei no quarto dela: a cabeceira da cama estava na mesma parede da porta e atrás de uma penteadeira alta. Deitada, ela não via a porta, o que sugere que ela tinha medo e que fugiria dos problemas em vez de enfrentá-los. Sugeri que ela deslocasse a cama para a parede oposta e colocasse um espelho suficientemente alto para ver a porta, mas que não refletisse ela mesma; assim, ela poderia ver perfeitamente a porta, o que é uma metáfora para a capacidade de enfrentar outras situações.

Melhor parede para a cabeceira da cama

Penteadeira alta

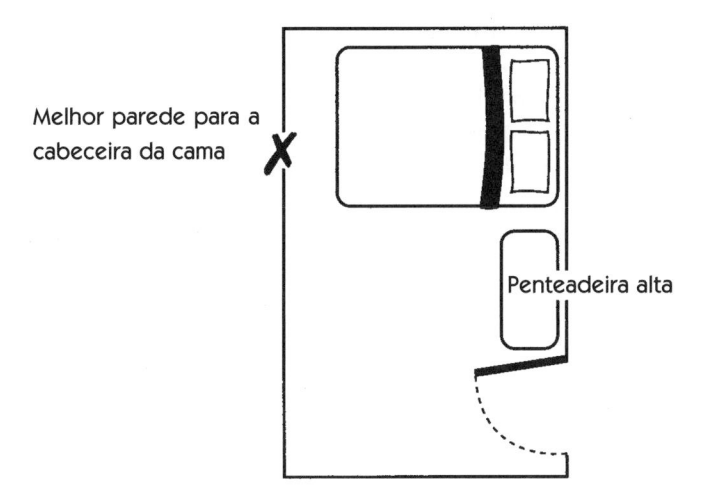

As pessoas que optam por ver a porta do quarto mostram confiança em si mesmas e capacidade de lidar com o que a vida apresenta.

Em que lado da cama a pessoa dorme? Quer durma sozinho ou com alguém, a pessoa que fica mais perto da porta ou no melhor ângulo de visão de alguém que entre é a que tem maior responsabilidade.

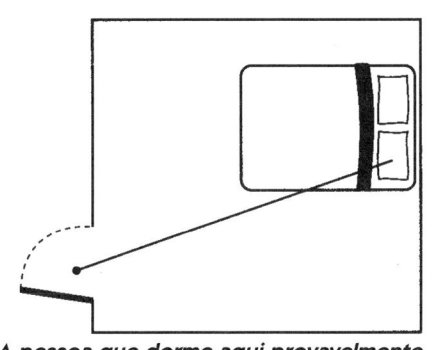

A pessoa que dorme aqui provavelmente é a que assume as responsabilidades num relacionamento.

Dormir no lado mais afastado da porta pode indicar medo de assumir responsabilidades.

Se você se envolve com alguém que dorme sem ter a visão da porta ou no lado da cama mais afastado da porta, é possível que você tenha de assumir as maiores responsabilidades emocionais, financeiras e sociais. Por outro lado, a pessoa que dorme no que o feng shui chama de *posição do guardião* (mais perto da porta) é alguém com quem você pode contar.

Observe se parte da superfície da cama é usada como mesa. Tive uma cliente que depois de se separar do marido usava o lado dele para empilhar materiais de leitura. Aproximadamente um ano mais tarde, notei que ela havia criado um espaço para esse material em outro lugar. Essa mudança prenunciava uma nova era na vida dela, e num período de tempo relativamente curto ela conheceu um homem com quem acabou se envolvendo.

Benjamin jogou a planta do seu apartamento térreo em minha escrivaninha dizendo que queria casar-se. Bonito, inteligente e bem-sucedido, nada o impedia de encontrar uma companheira. Fazendo-lhe algumas perguntas, descobri que todos os armários, cômodas e gabinetes do apartamento dele estavam abarrotados. Como um relacionamento poderia entrar em sua vida quando não havia espaço físico para outra pessoa? Sugeri que ele esvaziasse uma escrivaninha, liberasse algumas prateleiras de livros e desocupasse parte de um gabinete. Como os relacionamentos se fundamentam no dar e receber, abrir espaço para outra pessoa pode ser um primeiro passo. Para encher-nos precisamos esvaziar-nos.

> **Uma pessoa cuja casa não tem armários e gavetas vazios não está preparada para conviver com outra.**

As pessoas com um quarto despojado como a cela de um monge podem sentir-se isoladas e tender à solidão. Em minha prática, seguidamente observo que as pessoas que não se cercam de certa comodidade sofrem de uma vaga sensação de vazio e tédio. Uma cliente admitiu claramente que não gostava de ter vida social e que vivia só e satisfeita. O quarto dela, com janelas em três lados, não tinha cortinas para bloquear o forte sol de inverno da Nova Inglaterra. Um carpete bege-claro cobria um soalho de madeira de matiz dourado. Uma cama, uma solitária mesa-de-cabeceira e uma cômoda eram os únicos móveis do quarto. Um quarto vazio e austero, numa situação de certo conforto financeiro, mostra que a pessoa praticamente não tem capacidade de estabelecer relações animadas e efusivas.

Por outro lado, um quarto cheio de todo tipo de coisas estranhas pode consumir energia, reduzir a motivação e camuflar os sentimentos. É difícil chegar ao nosso centro emocional quando abarrotamos uma área que em princípio teria a finalidade de servir de fonte de reabastecimento.

O televisor no quarto é usado para relaxar ou como meio de fuga? O tamanho e a localização do aparelho podem dar uma resposta. Relaciono a seguir alguns sinais que mostram que o televisor pode estar sendo muito usado. Se duas ou mais respostas forem afirmativas, com toda a probabilidade você está na companhia de uma pessoa que usa a televisão como veículo de fuga. A pergunta que se impõe, então, é: De que ela está fugindo?

Sinais de Uso Freqüente da TV

- assento confortável, especialmente com uma otomana de frente para o aparelho
- um televisor com pouca coisa por perto
- um trajeto desobstruído desde a porta do quarto até o aparelho
- iluminação fraca perto da cama

controle remoto na mesa-de-cabeceira
aparelho de TV diretamente de frente para a cama

Um quarto pode dar muitas informações de caráter pessoal. Os pontos podem ajudá-lo a traduzir suas observações. Esteja atento ao que é extravagante ou incomum, pois tudo o que for inconvencional deve ser observado. Um amigo joalheiro tem um cofre de aço de 1.800 quilos, com fechadura de segredo, no quarto. Essa circunstância, associada ao fato de que ele não se envolve há mais de dez anos, leva-nos à conclusão um tanto óbvia de que ele protege o que lhe pertence e também seus valores físicos e emocionais. Valorize todo indício peculiar em todas as peças, especialmente no quarto de dormir.

Sinais Favoráveis num Quarto

cama arrumada
penteadeira organizada
iluminação adequada nos dois lados da cama
cortinas que deixam passar a luz, mas resguardam a privacidade
cobertor ao pé da cama ou numa cadeira
velas

Sinais Desfavoráveis num Quarto (podem indicar desejo de ficar longe das pessoas ou falta de energia para harmonizar a vida)

cama desleixada
materiais relacionados com o trabalho na mesa-de-cabeceira
uma só cadeira
TV diretamente na frente da cama
móveis em excesso
cheiro de mofo
ausência de fotografias ou de símbolos pessoais
dois ou mais relógios

Símbolos Comuns em Quartos que Expressam Elementos Específicos

Além da cor, da linha e da forma dos objetos usados nesta área, os seguintes símbolos podem reforçar o tipo elemental de uma pessoa. Os símbolos expressos num quarto revelam o elemento oculto ou emocional da pessoa.

Fogo

tecido, pintura, cobertura da cama, tratamento das janelas, papel de parede ou carpete: vermelho ou laranja
linhas retas ou em ziguezague ou padrões geométricos
sombreado de lâmpada cônico
castiçais de parede
cama de quatro colunas sem barras laterais em cima
quadros geométricos ou moldurados

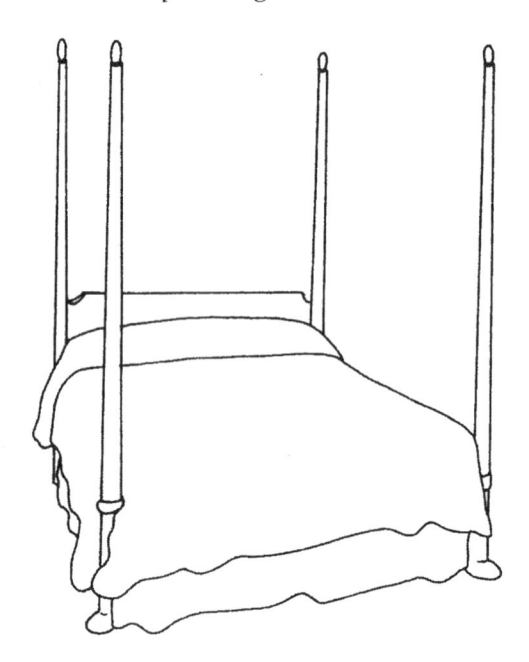

Uma cama de quatro colunas sem as barras em cima representa tipicamente o elemento fogo.

Terra

tecido, pintura, cobertura da cama, tratamento das janelas, papel de parede ou carpete: castanho, marrom ou dourado
apoio para os pés
cadeira sem pernas ou pedestal
mesa-de-cabeceira com aba
cobertor excessivamente felpudo
baú na extremidade da cama
paisagem ou quadros com objetos grandes

Metal

tecido, pintura, cobertura da cama, tratamento das janelas, papel de parede ou carpete: branco, dourado, prateado ou acobreado
carpete oval ou redondo
cortinas transparentes
cadeira com espaldar ou cabeceira da cama arredondadas
escrivaninha com superfície brilhante
quadros de estilo abstrato expressionista ou pontilhista
mais de dois telefones
lâmpada em forma de globo

Água

tecido, pintura, cobertura da cama, tratamento das janelas, papel de parede ou carpete: azul ou preto
mecanismo que reproduz o som da água
grande quantidade de travesseiros
fonte interna
tapeçaria com borlas / suporte para TV
quadros com paisagens marinhas ou com linhas onduladas
acortinado na janela ou cama com dossel
cabeceira curva ou com linhas entrelaçadas

Madeira

tecido, pintura, cobertura da cama, tratamento das janelas, papel de parede ou carpete: verde
penteadeira ou guarda-roupa alto ou com pés
escrivaninha de pernas compridas
estante de livros
colunas ou linhas verticais na cabeceira
quadro com muitas árvores ou com prédios altos

Ícones num quarto revelam o que valorizamos e lançam luz sobre as regiões mais recônditas da alma. A sabedoria do feng shui sugere que ao término de um relacionamento a pessoa deveria mudar o quarto. Lençóis novos, colchas novas e mesmo uma cama nova deveriam substituir os antigos. Compreende-se facilmente que lembranças de uma relação antiga podem ser prejudiciais quando existe o desejo de formar novos relacionamentos. Quando um relacionamento acaba, é importante reafirmar a própria identidade e recuperar o espaço para limpar o caminho para a renovação. Quando se deseja mudar, o quarto é um excelente ponto de partida. Mude alguma coisa em seu quarto e veja como essa mudança afeta sua vida.

19

BANHEIROS

Nada é mais reservado do que o tempo que passamos no banheiro. De modo geral, é aceitável trancar a porta e não ser perturbado. Quando estamos expostos fisicamente, sentimo-nos vulneráveis e inseguros. O modo como resolvemos ver nossas qualidades e corrigir nossas imperfeições nos diz muito sobre nós mesmos. No ambiente do banheiro, dos mais privados e solitários, um observador perspicaz pode colher revelações profundamente pessoais.

Tenho uma amiga que não deixa que nada a atrapalhe. Um aspecto incomum na casa dela é que não há espelho sobre a pia do banheiro. Quando lhe perguntei por que, ela respondeu que preferia olhar pela janela ou para uma das peças de arte pendurada na parede a olhar para o seu rosto sob luzes fulgurantes. Afinal, continuou ela, há muitas coisas mais interessantes de se ver do que observar a si mesma escovando os dentes. As pessoas que reduzem todas as condições potencialmente desvantajosas em casa são suas melhores aliadas. Caracteristicamente, as que se sentem bem consigo mesmas têm grande probabilidade de vencer.

Minha querida mãe é hipocondríaca, e pelo que eu saiba ela raramente passa um mês sem fazer uma visita a um dos muitos médicos que a tratam. A mais leve dor de barriga, o menor sinal de congestão a deixa agitada. Enquanto as medidas de prevenção de meu pai são representadas por um tubinho de pílulas com data vencida, a caixa de remédios de minha mãe parece a prateleira de uma farmácia. No lado do balcão da pia ocupado por mamãe estão garrafas e caixas cheias de medicamentos. Mechas de algodão para aplicação de ungüentos, xícaras pequenas para ajudar a engolir pílulas, e várias bolsas de viagem para acondicionar seus remédios mais recentes estão sobre um tabuleiro prontas para ser levadas para o lado da cama. Não é preciso ser um cientista espacial para imaginar que ela está muito doente ou que se preocupa em estar doente. Felizmente, a última alternativa é a verdadeira; pode-se facilmente ver o quanto ela é dependente da apreensão observando o banheiro dela.

Muitos anos atrás, quando viajei a Washington, D.C., para vender minha arte, hospedei-me na casa de um casal que patrocinava o evento. Ao ser levada para conhecer a casa, chegamos a um banheiro onde fora instalada uma mesinha para uso do marido. Seja qual for a premência de espaço, não é bom sinal realizar uma tarefa importante num banheiro, que só deveria ser usado para os objetivos a que se destina. Neste caso, o marido esperava estabelecer-se como encanador, e não é surpresa que isso não tenha acontecido. A falta de um lugar apropriado para a tarefa indicava que o casal não dava o devido valor às qualidades do marido.

Um banheiro positivo.

Um banheiro com indícios de problemas.

De modo geral, o tempo que investimos no cuidado de nós mesmos reflete nossa capacidade de dar atenção a outras pessoas. Precisamos observar tudo o que for em excesso ou tudo o que faltar, pois isso pode representar problemas futuros. Albert Einstein é a figura que vem à mente quando pensamos em alguém que parecia não se preocupar com uma boa aparência. Fotografias o mostram com os cabelos desgrenhados, gravata desalinhada, suéter amarrotado e terno desajustado. Depois de ler a biografia dele, compreendi que Einstein vivia exclusivamente para seu trabalho, que tinha pouca capacidade para relacionamentos íntimos e pouco interesse pelo esmero pessoal. A impressão que se tem é que ele se casava com mulheres que pouco faziam além de satisfazer as necessidades domésticas dele. Embora seja notável por seu gênio e por sua capacidade de investigação científica, Einstein era claramente deficiente no que diz respeito à intimidade, tanto com relação a si mesmo quanto com as outras pessoas. Suponho que o banheiro dele dispunha de poucos elementos que contribuíssem para a sua aparência pessoal.

Num exemplo mais pessoal, uma amiga tem uma mesa com tampa de vidro perto do vaso sanitário; todos os tipos de materiais de leitura estão ali. Delicio-me pensando nela lendo enquanto usa o banheiro. Sem dúvida, ela é um dínamo, uma pessoa que não gosta de perder absolutamente nada. De fato, muitas amigas a chamam carinhosamente de sua "especialista em aproveitamento do tempo". Se eu não a conhecesse, a singular mesa cheia de livros nesse local me diria que ela é uma pessoa que não perde tempo.

Os solteiros tendem a negligenciar o banheiro. Os homens geralmente têm menos necessidade de se apresentar bem do que as mulheres. Na verdade, para mim seria mau sinal se eu visitasse a casa de um solteiro com um banheiro parecendo uma sala do Taj Mahal. Uma atenção excessiva aos cuidados físicos pode denotar insegurança ou egocentrismo.

É fácil observar um banheiro, pois certos acessórios são indispensáveis.

Sinais Favoráveis num Banheiro Usado Especificamente para Arrumar-se

limpeza
toalhas limpas
pequeno tapete sobre o piso ou piso de linóleo
conjunto de elementos usados para arrumar-se
revistas ou livros
velas
aromas

Sinais Desfavoráveis no Banheiro Usado Especificamente para arrumar-se (podem indicar falta de auto-estima ou incapacidade para dar afeto)

desleixo
toalhas ou roupas pelo chão
falta de saboneteira
falta de prendedor de papel higiênico
paredes sem decoração
chuveiro sem cortina
excesso de roupas por lavar
mau cheiro
mais de dois espelhos ou duas paredes com espelho

Símbolos Comuns em Banheiros que Expressam Elementos Específicos

Além da cor, da linha e da forma dos objetos usados nesta área, os seguintes símbolos podem reforçar o tipo elemental de uma pessoa. Os símbolos expressos num banheiro revelam o elemento emocional da pessoa.

Fogo

velas triangulares, toalhas, sabonetes, tapete, tratamento das janelas ou cortina do boxe e compartimento para os cosméticos: vermelho ou laranja brilhante
linhas retas ou em ziguezague ou padrões geométricos
lâmpadas cônicas
suporte para escova de dente vertical incluindo escova

Terra

velas quadradas, toalhas, sabonetes, esteira, tratamento das janelas ou cortina do boxe e compartimento para os cosméticos: laranja, marrom ou dourado forte
iluminação fraca
muitos frascos num aparador ou sobre a caixa de descarga do vaso sanitário
cesto de lixo de vime ou cesto para roupas
suportes de cerâmica para pasta de dente, sabonete, etc.
assento do vaso sanitário de madeira ou com forração de tecido

Metal

velas redondas, toalhas, sabonetes, tapete, tratamento das janelas ou cortina do boxe e compartimento para os cosméticos: branco, cinza, prateado, dourado, ou cor de cobre
paredes brancas com poucas peças de arte, muitos espelhos
estruturas e acessórios dourados ou prateados
tapete redondo
iluminação do toucador artificial
livros ou obras de arte para ler

Água

velas amorfas, toalhas, sabonetes, tapete, tratamento das janelas ou cortina do boxe e compartimento para os cosméticos: azul ou preto

toalhas com padrões diferentes
cortina do banheiro ou tratamento da janela com padrões curvos ou ondulados
muitas plantas
rádio ou aparelho de som

Madeira

velas retangulares, toalhas, sabonetes, tapete, tratamento das janelas ou cortina do boxe e compartimento para os cosméticos: verde
cortina do boxe listrada, toalhas com disposição horizontal, dispositivos para suporte das escovas de dente
toalheiro vertical

Parte IV

ESTILOS DE MÓVEIS

É a história de uma cultura que a imaginação e o talento dos artesãos narram quando traduzem a filosofia, o gosto, o estilo e as condições sociais predominantes no tempo em formas estéticas. O desenho de móveis, como a pintura e a escultura, também é uma forma de arte, uma forma que difere das outras por seu objetivo utilitário. O visual e a sensação transmitida por um móvel refletem toda uma variedade de influências. Guerras, alianças e comércio imprimem uma marca indelével numa cultura, da mesma forma que as inovações arquitetônicas e o interesse por formas de arte decorativas. O uso, porém, é governado pelos costumes sociais, pelos trajes, pelas condições geográficas e pela classe, e cada período tem necessidades específicas que são atendidas pelo mobiliário interior.

Quando um estilo é reinterpretado numa época posterior, ele geralmente transcende seu propósito original, e ao escolhê-lo, as pessoas não se baseiam mais na utilidade ou no costume, mas no bom gosto pessoal. Assim, o estilo preferido representa um aspecto importante da pessoa que o escolheu. Considere, por exemplo, um *vargueño* espanhol (contador), uma espécie de armário de madeira, geralmente com várias pequenas gavetas próprias para guardar documentos e valores e acomodado sobre uma mesa. Atualmente, fabricam-se reproduções desse móvel para acondicionar televisores, taças e outros vasos providos de pé, aparelhos estereofônicos e minibares. Uma pessoa que escolhe esse tipo de móvel, de fácil movimentação, de certo modo expressa uma flexibilidade que acolhe de bom grado quem dela se aproxima.

É fascinante compreender os motivos que deram origem a um estilo de mobília e os fatores que o tornaram oportuno e aceitável, mas não é objetivo deste livro aprofundar o estudo da história do mobiliário. Há, porém, um espírito dos tempos relacionado com uma característica elemental presente em toda peça. As pessoas que optam por viver com esse estilo manifestam hoje alguma forma desse espírito elemental.

> **O estilo de mobiliário escolhido revela crenças, valores e características elementais de uma pessoa.**

Cada capítulo da Parte IV aborda um período específico da arte da decoração e da ornamentação. Cada período tem características que favorecem um elemento mais do que outros. Mesmo que você não veja um estilo específico de mobiliário numa casa, observe porções de um estilo que podem ajudá-lo a identificar o elemento de um móvel específico. Meu objetivo é oferecer-lhe um instrumento a mais que o ajude a decifrar os elementos expressos numa casa.

20

ESTILO ESPANHOL: DETALHES GEOMÉTRICOS E PORTABILIDADE

O que diferencia claramente o mobiliário espanhol entre o século VIII e o século XVI, mais recente, é a influência de duas culturas. No século VIII, o povo espanhol foi conquistado pelos mouros da África, através do Estreito de Gibraltar. Os cristãos que haviam imposto sua cultura até então foram afastados, só conseguindo reassumir a antiga posição no final do século XV. Esse domínio sarraceno de sete séculos produziu um estilo decorativo único, um estilo que promoveu a fusão da estética de dois mundos.

Como os princípios religiosos muçulmanos proibiam formas representativas de seres humanos, de animais e de plantas, esses adeptos de Maomé se tornaram os geômetras mais eminentes do mundo e usaram uma variedade infinita de desenhos e padrões geométricos em todas as suas artes decorativas. As pessoas que se sentem pouco atraídas pela arte contemporânea podem escolher uma réplica desse estilo para exibir formas geométricas, as quais geralmente expressam o elemento metal.

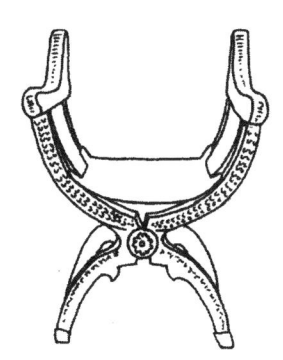

Os dois componentes arqueados dão a esta cadeira uma expressão metal. Além disso, ela expressa a capacidade redutora do metal.

Uma cadeira de estilo caracteristicamente espanhol representa o elemento metal por várias razões: a maioria das cadeiras tem quatro pernas fixas debaixo dos quatro cantos do assento. Embora os espanhóis não tenham sido os primeiros a conceber uma cadeira ou um banco que se dobra pelo cruzamento de seus componentes, a versão espanhola é a mais freqüentemente reinterpretada. O pino central que sustenta a estrutura dá a essa cadeira uma sensação de vulnerabilidade e impermanência, e a vista frontal tem uma linha mais forte que os detalhes. A simples visão dessa cadeira pode provocar um impulso a tomá-la e levá-la a outro lugar. Vistos de frente, os suportes aparecem modelados como dois círculos escavados, e por isso a cadeira assume a forma do metal. Além disso, como o metal favorece a reavaliação de idéias e ações, tudo o que leva a pessoa a mudar sua percepção tem a marca do metal. Por isso, um mobiliário com o elemento metal tende a ser portátil.

A pessoa que opta pela qualidade do metal expressa a disposição de fazer mudanças, podendo revelar insatisfação com seu estado atual. As pessoas que escolhem esse estilo freqüentemente estão prontas para um relacionamento, pois estão expressando facilidade em mudar de vida.

Outro traço interessante dessa cadeira é a faixa de couro que serve de assento. O assento de couro, sem suporte, estira-se quando a pessoa senta, dando-lhe a sensação de ser sustentada pela cadeira. Bastam alguns minutos de permanência sobre essa tira de couro para que a sensação de sustentação dê lugar à sensação de se estar preso; a tendência natural da pessoa é então de levantar-se. Sentindo-se ligeiramente comprimida, a pessoa começa a pensar sobre essa situação, nem que seja só para tomar a decisão de levantar-se. O elemento metal favorece a tomada de decisões calculadas e a reflexão, não a impulsividade. Por isso, todo assento que cede, dificultando o movimento de levantar, sugere que a pessoa não tomará uma decisão impulsiva, mas refletirá sobre o assunto com cuidado. Quem escolhe esse tipo de assento certamente não é uma pessoa que lhe pedirá para fugir com ela.

Os armários de madeira chamados *vargueños*, ou contadores, também típicos desse período, eram feitos de modo a poderem ser levantados e levados de um lugar para outro. Grande parte do mobiliário espanhol desde o século VIII até o século XVI parece de fato portátil. Uma pessoa instável provavelmente escolherá móveis leves e fáceis de transportar porque ainda não encontrou o senso de permanência que leva a querer estabelecer-se.

A característica distintiva da mesa de cavalete são as pernas longas ou em forma de espiral. Formas e padrões arredondados e superfícies polidas forçam o olho a movimentar-se ou a reagir e são típicos das características do metal. Uma pessoa que opta por formas redondas e circulares que mantêm os olhos em movimento gosta de ser envolvida mentalmente. Se você se deparar com modelos de pernas do estilo mesa de cavalete, prepare-se para retomar várias vezes o fim de uma conversação.

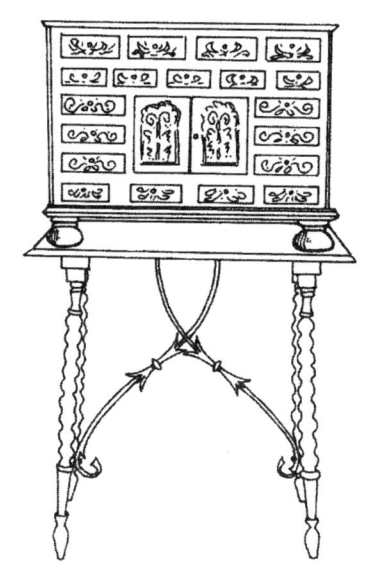

As pessoas que ainda estão em busca de um relacionamento, provavelmente comprarão móveis leves, fáceis de transportar.

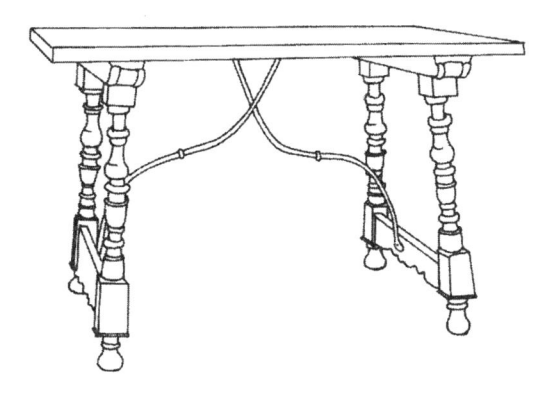

Pernas em espiral liberam o movimento mental da predisposição do metal.

Os detalhes nos forçam a focalizar. Todo móvel ou acessório que chama nossa atenção emite uma das mensagens do metal — a de prestar atenção. Do mesmo modo que é perigoso fazer *jogging* sem prestar atenção a pequenas alterações na superfície do terreno, a falta de atenção a pequenos detalhes da vida do companheiro pode prenunciar o fim de um relacionamento.

Classifique como metal os acessórios ou móveis que apresentam as características físicas descritas neste capítulo. A escolha do elemento metal significa que a pessoa está aberta à mudança, quer ser envolvida intensamente

Um móvel com um medalhão circular em destaque, pede que demos à pessoa nossa total atenção.

e precisa receber a atenção indivisa de outra pessoa. O metal também pode expressar o desejo de relacionar-se com o exótico e com o misterioso. As pessoas que viajam muito para conhecer coisas diferentes ou que gostariam de viajar surpreendem-se sendo atraídas por mobiliário que contém muitos elementos metal.

21

LUÍS XIV E XV: LINHAS CURVAS E PROFUSÃO DE DETALHES

Durante os reinados de Luís XIV e de Luís XV, as artes decorativas contribuíam para a exaltação do Estado e refletiam a influência do rei. Esse estilo está carregado de detalhes grandiosos e de movimentos exagerados e dramáticos. Na maioria das vezes, suas linhas expressavam vôos da fantasia, entalhes surgindo em ondas e encrespando-se nas diferentes espessuras da madeira envernizada. As pessoas que optam por viver com essa diversidade de linhas e movimentos extasiantes provavelmente não se sentem sintonizadas com as linhas despojadas de hoje e querem ser transportadas, como Alice no País das Maravilhas, a uma terra de magia indizível. Para fascinar este tipo, seja o mais dramático e misterioso possível. Explicações racionais deixam indiferentes as pessoas que resolvem fazer essas escolhas. Elas preferem o enlevo e o mistério. Deixe bilhetes anônimos e mimos na porta da casa delas.

Referências clássicas inspiraram detalhes, e materiais exóticos foram usados para revelar técnicas hoje inigualáveis. Superfícies foram enriquecidas por marchetaria, que exigia que metal e conchas de tartaruga fossem embutidos em tampos de móveis de madeira. Praticamente impossível de ser reproduzido atualmente devido ao enorme volume de trabalho exigido, esse estilo de mobiliário se distingue pela abundância de detalhes.

Detalhes ondulosos sugerem o elemento água.

O movimento rítmico do oceano com suas ondas fluindo e refluindo parece irradiar-se dos detalhes da madeira entalhada; o avanço e o recuo das superfícies marchetadas expressam muitas das qualidades elementais da água.

As pessoas que escolhem móveis que exigem observação atenta estão bradando para ser valorizadas. Os tipos água sentem que as outras pessoas deixam de aproveitar as ricas profundezas dos sentimentos que eles possuem. Quando escolhem um móvel que atrai a atenção por seus detalhes, de certa forma eles estão implorando que se faça o mesmo com eles.

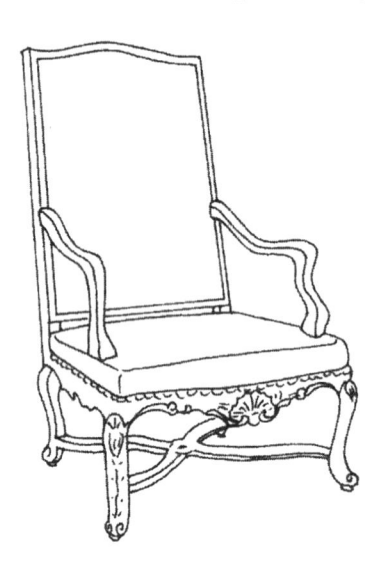

Sentar perto do chão faz a pessoa sentir-se presa numa armadilha, sensação também provocada pelo elemento água.

Todos levantamos facilmente de uma cadeira de altura normal. Uma cadeira larga e baixa, porém, como as que são típicas desse período e estilo, restringe os movimentos — efeito produzido também pela água. Um assento fundo ou baixo sugere o desejo de estabelecer um relacionamento significativo, de seduzir a pessoa que senta. As pessoas que querem que as visitas sejam breves escolhem cadeiras das quais é fácil sair. Quando nos movimentamos na água, sentimos como se estivéssemos presos, a mesma sensação que temos quando nos sentamos num assento baixo. Se você não tem interesse pela pessoa cujas cadeiras são baixas e largas, não brinque com as emoções dela. Como essas pessoas querem envolvimentos emocionais, se acreditarem que você também quer envolver-se, talvez fique difícil livrar-se delas.

Esse estilo nos obriga a prestar atenção ao sentimento ou ao anonimato. Esta escolha sugere uma pessoa que pode ser autoritária. Uma abundância desse tipo de elemento água sugere demasiada atenção à vida emocional da própria pessoa.

22

MÓVEIS DE CHIPPENDALE, ADAM E HEPPLEWHITE

Os marceneiros Chippendale, Adam e Hepplewhite foram responsáveis por um estilo decorativo que encerrou um período de mobiliário pesado com entalhes vistosos. Estimulados pelos estilos clássicos dos chineses, dos gregos e dos romanos, os móveis por eles fabricados se tornaram populares na época das revoluções francesa e americana (1750-90). Rejeitando formas de arte patrocinadas por antigos regimes, as pessoas favoráveis a uma mudança na ordem do dia podiam identificar-se com um estilo que representava uma nova ordem mundial. A preferência por esses estilos fundamentais, geralmente conhecidos como *neoclassicismo*, pode indicar uma pessoa pronta a mudar e disposta a aceitar novas idéias.

Embora esses estilos tivessem detalhes caracteristicamente diferentes, eles fazem parte deste livro porque em geral adotavam o elemento fogo. O fogo aumenta o desejo e a aceitação da mudança. Quer os triângulos sejam criados por uma configuração geral, pelo espaço negativo, ou sejam aplicados como forma de embelezamento, aceitar um símbolo fogo no estilo da mobília sugere que a pessoa se sente à vontade com certo grau de instabilidade e está disposta a afastar-se do passado.

Esses três artesãos conheciam e apreciavam os modelos do passado e produziram um grande número de estilos e de formas. As amostras apresentadas aqui não representam absolutamente o resultado do esforço deles; descrevemos apenas algumas peças que mostram como o triângulo, que representa o elemento fogo, é usado com sucesso na concepção de móveis.

Quando você se depara com alguém que escolhe móveis e acessórios de linha triangular e cor vermelha, você está diante de uma pessoa que pode ser cheia de surpresas, que age em vez de manter-se passiva e que tem muita energia, seja ela física, emocional ou intelectual.

THOMAS CHIPPENDALE (1718-79)

Embora os historiadores sustentem que Chippendale recebeu os méritos por praticamente toda peça de móveis em mogno fabricada na Inglaterra nesse período, ele mesmo provavelmente nunca se encarregou de um único entalhe.

Cadeiras com muitos elementos triangulares combinam com o elemento fogo.

Observe a parte superior do encosto das cadeiras e veja como ela ultrapassa a lateral das duas seções contíguas. Esse componente nos lembra a bola na ponta do gorro de um gnomo. A inclusão de um pequeno triângulo no espaldar da cadeira dá a impressão de movimento, como o faz uma chama bruxuleante. Mesmo os quadrados e retângulos usados nessas cadeiras são encaixados de modo a dar a impressão de um X, captando assim a visão de uma chama real e invertida. Essa linha dá a sensação de instabilidade, a mesma sensação que transmite uma pessoa que escolhe móveis com um elemento fogo.

O formato geral do espelho se impõe sobre os detalhes porque a superfície maior, o espelho propriamente dito, distrai a visão.

Como todos vemos a nós mesmos quando nos olhamos no espelho, a configuração do espelho se impõe sobre os detalhes. O espelho projetado por Chippendale aqui apresentado mostra isso; os detalhes são formados por linhas ondulantes de água, mas a forma é uma seta invertida, que é fogo.

Um tipo fogo que quer ser notado costuma escolher triângulos duplos ou desenhos em treliça em superfícies de móveis.

A treliça cria triângulos repetitivos e atrai o olho para dentro, como o elemento fogo. Como a linha diagonal é a menos usada no mobiliário, e como ela é muito insistente (tente *não* olhar para ela), a pessoa que escolhe a forma treliçada na concepção de um móvel pode precisar ser o centro das atenções.

ROBERT ADAM (1728-92)

Adam, de nacionalidade inglesa, nasceu numa família de arquitetos e projetistas, não de marceneiros, e foi influenciado por uma visita que fez às ruínas de Pompéia, na sua época recentemente escavadas. Ao voltar à Inglaterra, ele integrou o que observou à sua visão pessoal. Os resultados foram extraordinários e aceitos quase imediatamente. A influência de Adam se estendeu à arquitetura e foi o golpe definitivo ao estilo rebuscado do rococó.

O leve pedestal aqui ilustrado se parece a um triângulo. Observe o triângulo menor no centro da base, reforçando essa forma e também toda a estrutura. As pessoas que optam por uma chama invertida estão tentando manter seus aspectos ígneos sob controle. Se a pessoa que você quer conhecer não dá sinais de ter uma personalidade fogo, perscrute mais profundamente a vida emocional dela para descobrir as qualidades de fogo que a constituem. A pessoa que prefere uma forma invertida geralmente está tentando reprimir ou esconder alguma coisa.

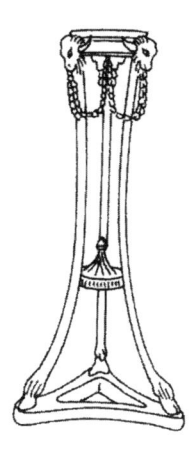

O triângulo deste pedestal, com aparência de uma chama, impede que ele salte visualmente.

Detalhes tridimensionais numa peça costumam servir para identificar o seu elemento. A forma geral fluida passa a uma posição secundária diante da nitidez do cordão em V que circunda a urna representada.

O desenho do cordão em relevo que circunda a urna acrescenta um elemento fogo a esta peça.

Asas abertas se parecem com triângulos e dão uma sensação de leveza e instabilidade como o elemento fogo. O armário representado, mesmo parecendo um tanto pesado, fica leve com o detalhe das asas. Toda peça com predomínio de asas faz parte da categoria fogo.

Peças com asas bem definidas pertencem ao elemento fogo.

A escolha de asas como detalhe dominante revela um fascínio por anjos. Asas e anjos podem elevar-nos metaforicamente e afastar-nos do que é mundano; as pessoas que preferem esses símbolos freqüentemente sentem que sua vida não tem o encanto que elas gostariam que tivesse. Dar a essas pessoas uma esperança e um ideal a que possam se agarrar é um modo infalível de conquistar a amizade delas.

GEORGE HEPPLEWHITE (MORTO EM 1786)

Conquanto tenhamos poucas informações precisas sobre George Hepplewhite, seu nome é dado a um estilo de mobiliário específico em voga desde 1780 até 1795. Ele projetou uma perna que se irradia desde o chão e às vezes é adornada com caneluras ou entalhes.

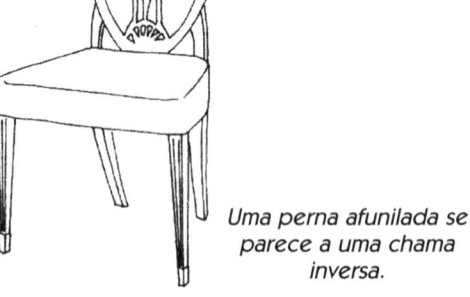

Uma perna afunilada se parece a uma chama inversa.

Uma perna afunilada é frágil, como o são todos os objetos sujeitos à ação devastadora do fogo. Escolher uma cadeira que descansa sobre a parte mais estreita de todo o conjunto pode significar vulnerabilidade. Com a pessoa que escolhe esse tipo de cadeira, faça o que você diz, pois do contrário ela se encolherá como se contrai um fio de cabelo posto perto de uma chama.

Escolher este banco com o encosto em forma de coração é como esconder seu coração na manga.

O desenho do banco ilustrado representa o fogo na sua maior vulnerabilidade. Embora haja muitas formas triangulares, a fluidez geral da forma de coração do encosto do banco mescla os elementos fogo e água e expõe uma sensação de vulnerabilidade. Seja gentil e atencioso com essa pessoa nas questões do coração, pois ela é sensível e muito suscetível.

Embora você talvez não se depare com móveis exatamente como os que fazem parte deste capítulo, procure as sugestões de fogo na forma em geral, no uso de linhas diagonais, de detalhes salientes, de pernas afiladas ou de asas.

23

ESTILO VITORIANO E *ART NOUVEAU*: LINHAS FLUIDAS SUBSTITUEM LINHAS RÍGIDAS

Período Vitoriano

O período vitoriano (aproximadamente 1815-1900) foi de grande reflorescimento e de reinterpretação de muitos estilos. Com o surgimento da era industrial, as linhas refinadas foram substituídas por linhas mais rudes. Um adensamento da forma e uma redução do espaçamento deram aos móveis um visual de maior solidez. Com tantas mudanças introduzidas na sociedade, o surgimento de uma estética que expressa a segurança e a estabilidade da terra pouco surpreende. Roupas justas dificultavam o movimento e a vida dentro de casa era pesada e imutável, como a terra desafiada.

As cadeiras vitorianas transmitem uma sensação de forte ligação com a terra.

As pessoas que escolhem móveis com elementos decorativos terra tendem a ser controladoras. Se você for um espírito livre, tenha cuidado para não se deixar dominar pelo desejo que essas pessoas têm de mantê-lo numa linha de conduta previsível.

Nem todo mobiliário vitoriano reproduz a forma e a linha da terra. Numa época em que ninguém sabia que mudanças a Revolução Industrial provocaria, os móveis vitorianos comportavam todas as possibilidades. O estilo vitoriano americano inclui todos os períodos, constituindo-se numa mistura indiscriminada.

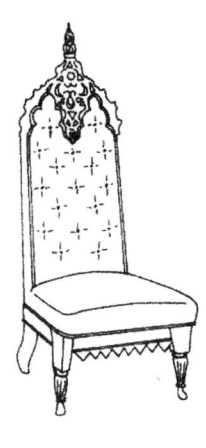

O detalhe no alto dá a essa cadeira vitoriana a aparência do elemento fogo, e a base sólida e quadrada a vincula ao elemento terra.

As pessoas que introduzem em sua casa um elemento fogo/terra querem relacionar-se com um parceiro auto-suficiente. Fique atento às necessidades dessas pessoas, pois conquanto possam parecer cheias de energia, elas precisam de muito repouso.

A aparência pesada, atarracada, dessa cômoda transmite a sensação de estabilidade ou determinação da terra. A preponderância de móveis terra numa casa indica obstinação. Com algumas peças apenas, é mais provável a estabilidade.

O tampo redondo (significando metal) dessa mesa de jantar forma par com uma base terra volumosa e sólida.

Uma pessoa que escolhe uma mesa redonda com base terra muitas vezes tem a sensação de que a vida está fora de controle. Quer você concorde com isso ou não, é importante acalmar a pessoa, e não estimulá-la ainda mais. Planeje noites tranqüilas em casa em vez de madrugadas agitadas fora de casa.

As voltas da sanefa e as pregas da cortina são fluidas, como a água, enquanto o drapeado termina numa forma triangular fogo junto ao chão, formando uma combinação água/fogo.

Sentindo-se incompreendida pelos outros, a pessoa que escolhe o tratamento de janela ilustrado precisa ser levada a expressar seus sentimentos. A combinação de dois catalisadores significa que ela provavelmente ficará mais à vontade se você tomar as decisões, em vez de ficar imaginando o que ela quer.

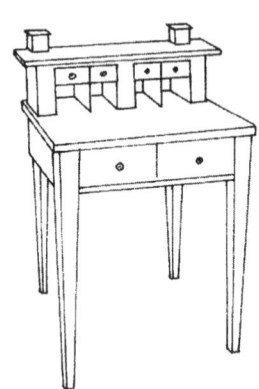

Os retângulos altos de madeira estão bem representados na escrivaninha vitoriana de pernas compridas, resultando numa combinação terra/madeira.

As pessoas que escolhem peças que combinam terra com madeira são de convivência muito agradável. Conquanto considerem as mudanças da vida fortalecedoras, elas são ímãs para os outros, porque transmitem vigor.

Art Nouveau

Após a integração das mudanças da Revolução Industrial à sociedade, as linhas terra do período vitoriano foram substituídas por uma forma orgânica livre e casual. Conquanto a *art nouveau* represente um conjunto de diferentes movimentos, ela tem alguns pontos comuns. Linhas abstratas, quase florais, derramam-se por faixas e bandas, e elementos de sustentação concentram uma variedade indizível de linhas em cordel. Como altas ondas que quebram na praia, grandes cristas de linhas varrem o passado e abrem espaço para novas direções. As pessoas que escolhem essa linha água dramática estão prontas a enfrentar qualquer obstáculo que se interponha em seu avanço rumo ao território desconhecido. Intrépidos e ardorosos, os amantes da *art nouveau* gostam da tranqüilidade e se comprazem numa variedade de prazeres sensuais.

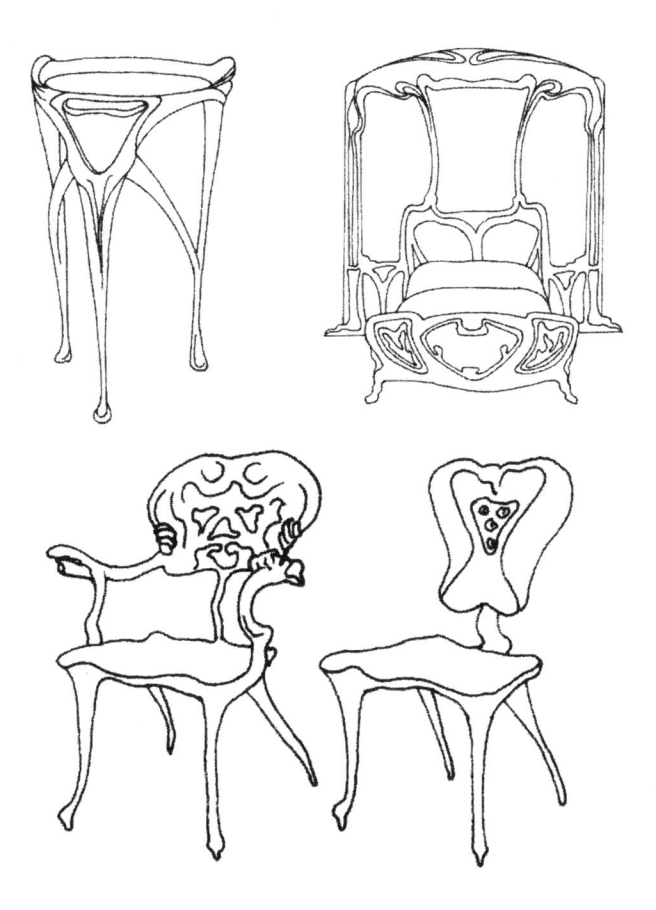

Fluido como a água, o mobiliário art nouveau *muitas vezes é o preferido das pessoas que valorizam os estímulos sensuais.*

24

MOBILIÁRIO CONTEMPORÂNEO: IMAGENS ATÉ AQUI DESCONHECIDAS

Livrando-se do acúmulo visual, o movimento moderno rejeitou a ornamentação e deu preferência a linhas limpas e às proporções harmoniosas. Embora o termo *moderno* seja um tanto pretensioso, pois que todos os movimentos atuam no presente e por isso são contemporâneos, os *designers* do século XX tiveram uma tecnologia até aqui desconhecida com que trabalhar. Novos materiais estimularam o espírito humano inventivo a produzir visuais totalmente novos.

Característica dos novos materiais foram os plásticos moldados, que deram origem a formas amorfas incomuns. Novas fibras sintéticas duras puderam ser coladas e estiradas, em vez de costuradas e estofadas. Máquinas processadoras de aço, espuma, fibra, plástico e madeira deram aos estilistas condições de fazer as mais variadas experiências. Os resultados foram surpreendentes, com o visual do mobiliário contemporâneo constituindo-se numa verdadeira revolução da forma.

O século XX está repleto de avanços extraordinários. Há noventa e cinco anos, meus avós viviam sem eletricidade e viajavam em carruagens puxadas por cavalos durante horas para chegar a uma cidade a trinta quilômetros de distância. Hoje alcançamos qualquer ponto do planeta em poucos minutos na Internet. Informações geradas em Paris, Londres e Nova York são vistas nas aldeias remotas da Guatemala, e o artesanato dessas mesmas aldeias ilustra as páginas de catálogos e as prateleiras de lojas em todo o mundo. Não há estilo, ornamentação ou *design* que não seja conhecido por quase todas as pessoas, em qualquer lugar.

O que a rede mundial de informações criou em termos de *design* interior? Em primeiro lugar, acesso global a todas as formas de arte e mobiliário. Hoje, ao entrar numa casa, ninguém se surpreende ao ver um sofá forrado em tecido de estilo oriental antigo perto de uma mesa com pés moldados em plástico encimada por uma luminária inspirada numa carruagem inglesa. É pouco provável que nos limitemos a um único estilo num mundo influenciado pela estética global.

Entretanto, dois estilos contemporâneos se impuseram: o dinamarquês moderno, que usa as linhas retangulares retas da madeira, e as formas água modeladas, espraiadas, como se pode ver nos móveis de Olivier Mourgue no filme *2001: Uma Odisséia no Espaço*.

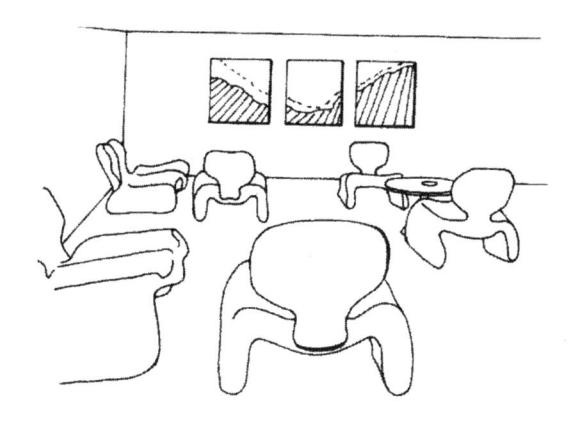

A escolha das linhas dramáticas do elemento água deste mobiliário contemporâneo sugere conforto com tragicomicidade. A pessoa que opta por esse estilo pode tender ao melodramático.

As pessoas que escolhem linhas retangulares econômicas do moderno mobiliário dinamarquês expressam o crescimento e a mudança característicos da madeira.

A era moderna começou depois da Segunda Guerra Mundial, e pela primeira vez, quiçá, o mobiliário interior foi desenvolvido para o cidadão comum, e não para a aristocracia. Os dinamarqueses, finlandeses, norueguesess e suecos, renomados por sua filosofia política igualitária, procuraram fabricar móveis para pessoas de vida comum. Desejosos de unir o melhor de suas tradições artesanais com os recursos naturais, os escandinavos produziram móveis de madeira funcionais e de linhas sóbrias. O uso de laminados levou o custo e o peso do mobiliário para níveis acessíveis.

Numa época de novas idéias, ações e horizontes, a linha de madeira retangular econômica, como o amanhecer ou a primavera, conota um novo início. O mobiliário escandinavo assinalou o começo da era do elemento madeira.

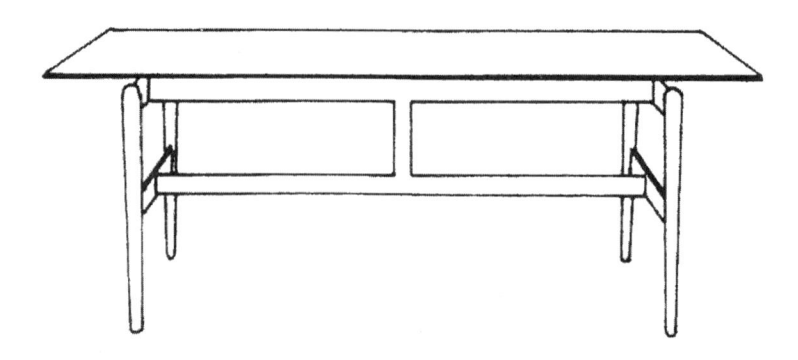

A escolha de uma linha de madeira sóbria, despojada, econômica nos detalhes, indica uma pessoa que tem facilidade para se comunicar sem rodeios.

À medida que o século foi passando, lentamente, sob a influência de Marcel Breuer, a partir da década de 1920, e de Charles Eames, na década de 1940, desenvolveu-se a linha contemporânea suave, oscilante como o movimento do pêndulo, da água e do metal. À época em que trabalhei no Decoration and Design Building na cidade de Nova York, nos anos de 1960, a tecnologia do plástico modelado havia dado origem a toda uma nova visão do mobiliário. Um cilindro cônico de plástico distancia do chão o assento dessa cadeira, transmitindo a impressão de espuma deslizando na crista de uma onda.

O frágil elemento água sugerido por esta cadeira de plexiglas projetada por Estelle e Erwine Laverne poderia ser escolhida por uma pessoa corajosa que não se deixa abater pelas dificuldades.

A *chaise-longue* produzida pela Airborne International da França expressava a mistura de velocidade e água com clareza ainda maior. Essa silhueta sugere uma pessoa que fica à vontade à margem do *status quo*. Visualmente, essa combinação de água e metal produz um belíssimo efeito ondulante, e as pessoas que gostam desse conjunto provavelmente não se apegam ao convencional.

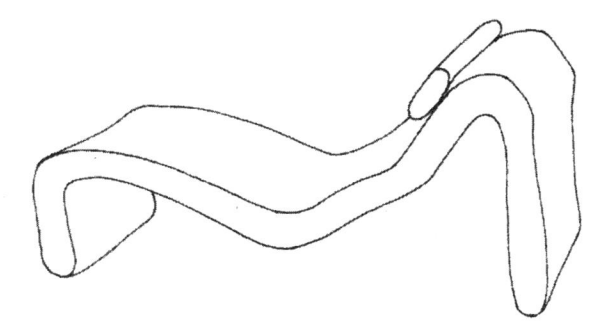

A escolha de uma peça como esta chaise-longue *sugere uma pessoa que não tem medo de se desviar do modo de pensar predominante.*

Hoje, o gosto pelo eclético, combinado com a popularidade da coleção, dá ao interior contemporâneo uma individualidade desconhecida em nossa breve história neste planeta. A criação de um ambiente pessoal único nos possibilita expressar nossa individualidade como nunca antes. Quem perde essa oportunidade talvez não esteja em contato com seu eu interior. Uma casa sem feições únicas sugere alguém que ainda está lutando com o devir.

Parte V

O *SCOPE-ING* DAS PEÇAS DO MOBILIÁRIO

As necessidades que precisam ser satisfeitas pelos móveis são as de sentar, guardar, comer e dormir. Em cada categoria, porém, a variedade é infinita. A eficiência e o grau de conforto com que uma peça cumpre sua função são dois aspectos relevantes, mas não necessariamente os mais importantes.

Intrínsecas a toda ação temos as escolhas. Uma atividade pode ser realizada de formas muito diferentes. Por exemplo, uma pessoa pode andar calmamente, aproveitando o tempo para fruir todas as sensações produzidas pelos sentidos, ou ela pode caminhar a passos largos e rápidos, procurando apenas chegar ao seu destino. Poder-se-ia dizer que essas duas formas de movimento representam a mesma experiência? Sim e não. O ato de caminhar exige o uso das pernas, seja qual for o ritmo ou a intenção do passo, mas o modo como o caminhar se processa pode variar amplamente. O mesmo sem dúvida se aplica à escolha de uma cômoda de pernas altas ou de prateleiras num guarda-roupa.

O medo e a incerteza, como também a inventividade e a coragem de correr riscos, podem ser comparados ao fogo. A segurança e a estabilidade, como a obstinação e a insubordinação, são aspectos do elemento terra. Uma pessoa pode ser requintada e distante, expressando os atributos do metal, ou flexível e afável, mas também persistente, revelando assim as qualidades da água. As pessoas madeira geralmente são criativas e voltadas para o objetivo ou podem ser volúveis e superficiais. Pode-se deduzir em que lado da moeda elemental uma pessoa está pelas mensagens visuais transmitidas por vários objetos.

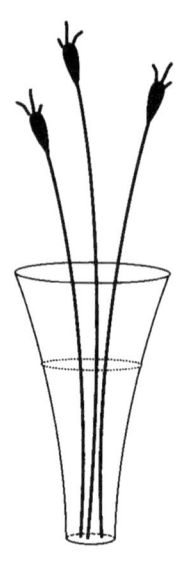

A forma instável lembra uma chama bruxuleante e pode ser escolhida por uma pessoa que não tem medo de correr riscos.

Um vaso triangular frágil com a base menor que a boca pode passar uma sensação de medo, relacionado com o fogo. Um baú antigo e volumoso, com grossos componentes de madeira, é sólido como a terra. Escolhemos objetos não apenas porque lhes atribuímos certos usos, mas também porque eles produzem em nós certas sensações ou expressam o que sentimos. Podemos querer guardar com segurança objetos de valor afetivo num baú terra e/ou criar um drama em torno de um buquê de rosas oferecido por um amante. Nós nos aprumamos num banquinho ou nos refestelamos numa espreguiçadeira porque essas posições respaldam o modo como resolvemos viver.

A técnica do *scope-ing* aplicada a peças do mobiliário específicas pode dar-nos informações adicionais sobre outro ser humano. Os próximos capítulos examinarão minuciosamente os grupos mais importantes do mobiliário e o modo como eles refletem quem somos. Que Gertrude Stein nos desculpe, mas uma cadeira não é apenas uma cadeira.

25

A CADEIRA

Nenhuma peça de mobiliário tem sido tão usada, interpretada, adulterada, e também tão necessária como a cadeira. Para objetivos tão diferentes desde acomodar crianças indisciplinadas nos cantos até entronizar a realeza, os humanos usam pedras, cepos e lingas, e os embelezam, entalham, adornam e estofam para sentar. As cadeiras nos ajudam a executar tarefas, a passar o tempo com outras pessoas e a relaxar. O primeiro humano que imaginou uma cadeira deve ter achado mais seguro descansar acima do chão, pois é mais rápido levantar-se de uma posição mais alta.

O tipo de cadeira que escolhemos para uma atividade revela como nos sentimos com relação a essa atividade. Um banquinho é o exemplo perfeito. Não projetado para a pessoa nele se esparramar, um banquinho nos obriga a ficar atentos para não cair. Quando uma tarefa exige um certo grau de atenção e rapidez, um banquinho é a escolha perfeita. Comer sentado num banquinho junto ao balcão da cozinha indica que as refeições são atos pragmáticos para acalmar a fome, não eventos sociais para estimular conversas. Os banquinhos geralmente têm pernas compridas e expressam o elemento madeira. Como o momento da refeição é quase sempre o único período social diário de que dispomos, as pessoas que optam por comer sentadas em banquinhos provavelmente não querem relacionar-se com outra de modo mais demorado e íntimo.

Certa ocasião, uma cliente indicou-me para sentar um escabelo próximo a um sofá. Ao examinar o caso dela, e ouvindo-a falar, compreendi que seria difícil convencê-la a seguir minhas orientações. Como previ, a cliente polemizava sobre cada solução proposta. Fazer-me sentar num banquinho baixo era a primeira indicação de que ela depreciaria minha especialidade para poder ignorar minhas recomendações.

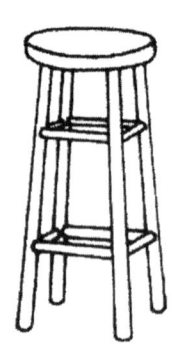

Não é possível manter momentos de convivência social importante sentado num banquinho.

Cadeiras giratórias possibilitam à pessoa ter um contato muito maior com seu ambiente, ativa ou passivamente. Como o movimento de rotação se relaciona com o metal, a cadeira giratória, em termos elementais, é metal. Não há meio-termo quando se resolve usar uma cadeira giratória. Quer se trate de uma cadeira de trabalho, de leitura ou de mesa, os que optam por cadeiras giratórias provavelmente trabalham muito física ou mentalmente. Em ambos os casos, a pessoa que prefere essas cadeiras provavelmente não é lenta nem teimosa nem estática.

As cadeiras seguintes são classificadas por sua linha elemental. Ao escolher o mobiliário, provavelmente selecionamos um elemento que nos expressa profundamente ou que equilibra partes que achamos que faltam. Por exemplo, uma pessoa que não se dedica a alguma coisa intelectualmente ou fisicamente pode escolher a cadeira de aço entrançado projetada por Harry Bertoia para a Knoll Associates.

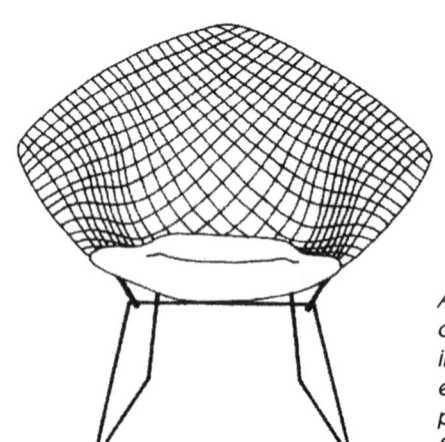

As linhas cruzadas da cadeira de Bertoia não estimulam a pessoa a prolongar-se. Cadeiras com linhas diagonais formando triângulos passam uma energia semelhante ao tipo de personalidade A. Por isso, as pessoas que escolhem esse modelo revelam preferências por encontros e eventos breves e estimulantes.

A escolha das linhas entrelaçadas da cadeira de Harry Bertoia para a Knoll indica uma pessoa que não gosta de se envolver em conversas prolongadas e que provavelmente prefere oferecer grandes festas a jantares íntimos.

A cadeira de balanço tem sua origem na necessidade de movimento. Nós que tivemos o privilégio de ter filhos sabemos que uma boa maneira de acalmar um bebê é embalá-lo. A origem da cadeira de balanço pode ter sido a necessidade de aquietar bebês. De qualquer modo, uma cadeira de balanço nos convida a sentar-nos e a ficar sentados, o que nos tranqüiliza e relaxa. O balanço ou o embalo é uma experiência água quintessencial, e mobiliar uma casa com essa cadeira indica uma predisposição elemental água.

Uma amiga minha escolheu uma cadeira de balanço que parecia bem equilibrada; quando alguém se sentava, porém, a cadeira pendia para trás, dando a sensação de muito perigo até retornar à posição vertical. Há cadeiras de balanço que parecem instáveis, como a da ilustração, fabricada em ferro na Trenton Iron Works por volta de 1860. O assento dá a impressão de ser muito mais pesado que a base, de modo que só os corajosos se arriscariam a sentar-se nela sem maiores cuidados.

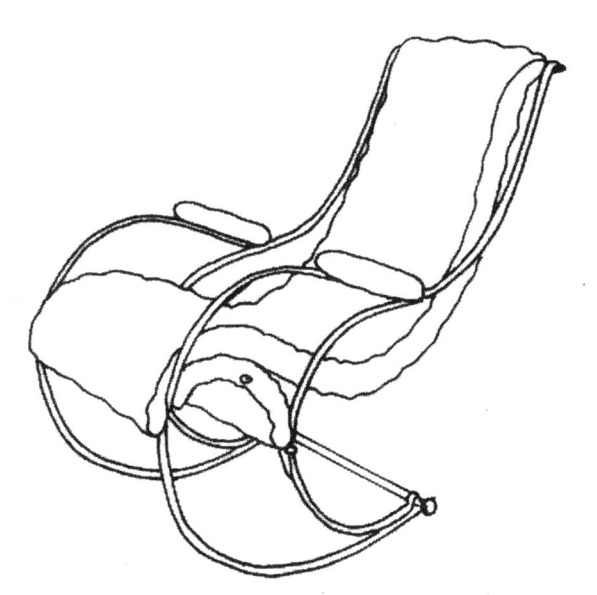

Tenha cautela com a pessoa que escolhe uma cadeira de balanço que desequilibra; essa pessoa pode surpreendê-lo também de outras formas.

Quando a aparência e o funcionamento de uma cadeira de balanço são equivalentes, a água é a experiência elemental e a linha da cadeira é a experiência secundária. Entretanto, quando a cadeira parece segura, mas o surpreende inclinando-se demasiadamente, a experiência resultante altera o elemento para fogo.

O fenômeno mais interessante com relação a uma cadeira é que quando nos sentamos nela, em geral o corpo esconde a forma da cadeira. Por isso, é quando nos aproximamos da cadeira que acontece a experiência principal. Devido às linhas diagonais que formam vários X, o elemento fogo da cadeira abaixo representada, de uma sala de jantar, estimula o apetite no instante mesmo em que entramos na sala, mas quando nos sentamos nela, podemos relaxar e saborear uma refeição calmamente porque os símbolos de fogo ficam encobertos pelo corpo do ocupante.

As linhas fogo estimulam o apetite e a conversação no momento em que as pessoas entram na sala de jantar, mas não depois que elas se sentam — uma combinação perfeita para induzir sensações apropriadas numa experiência gastronômica.

A cadeira seguinte combina os elementos fogo e água. A forma arredondada oscilante dos chifres terminando com os ganchos triangulares combina água e fogo. Visualmente chamativa, essa peça atrai a atenção praticamente em qualquer ambiente, o que acontece também com a pessoa que escolhe essa cadeira. Dê ao proprietário dela toda a atenção possível, pois ele provavelmente quererá ser o centro das atenções.

Cadeiras quadradas, agachadas e atarracadas totalmente estofadas expõem a linha quintessencial da terra. Parecendo volumosas, essas cadeiras se destinam a um uso por tempo prolongado, especialmente se tiverem uma otomana ou descanso para os pés. A quantidade e a dimensão dessas cadeiras num espaço indicam se a qualidade terra é favorável (estabilidade) ou desfavorável (obstinação).

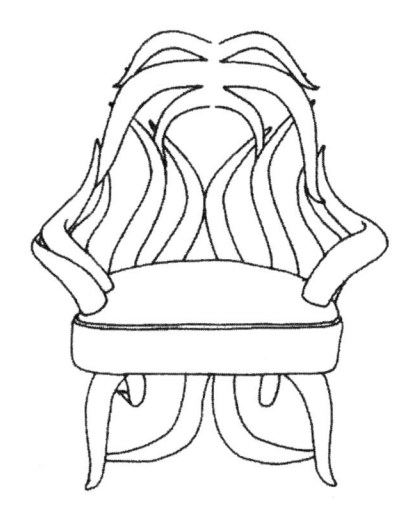

Ao escolher uma cadeira com fogo e água, a pessoa expressa o desejo de ser notada.

Quanto maior a quantidade de cadeiras do tipo compacto numa casa, mais resistente à mudança a pessoa poderá ser.

    Uma cadeira com um encosto arredondado ou arqueado leva a aura do elemento metal. Embora um arco não seja um círculo, que é a forma do metal, o encosto arredondado movimenta o olho para a frente. Estimulantes e todavia formais, os elementos metal geram idéias imediatamente e forçam a pessoa a aderir ao protocolo social. O metal refina, mas pode coagir, e muitas vezes as pessoas que têm essa linha elemental em abundância estão manifestando seu desejo de comportamentos e de modos apropriados.

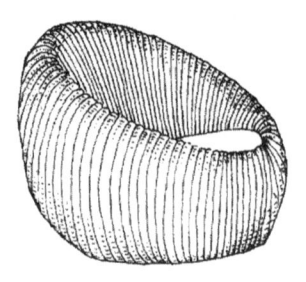

Uma cadeira com o elemento metal indica que o anfitrião lhe pede para ser atencioso e ter boas maneiras.

Linhas enroladas e volteadas que oscilam livremente enquanto se movimentam em todas as direções captam o espírito das águas agitadas. É importante observar o grau da espiral. Quanto mais compacta for a linha, tanto mais agitada será a imagem. A cadeira de jardim abaixo, do elemento metal, é imediatamente exótica e tonificante como um mergulho num rio de águas frias. Quase lhe pedindo para sentir-se como um convidado no chá do Chapeleiro Maluco e ser espirituoso e atrevido, esta cadeira sugere que você deve participar.

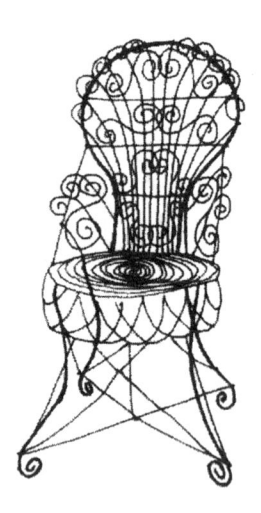

Exótica e tonificante como um mergulho num rio de águas frias, essa cadeira do chá do Chapeleiro Maluco pode ser escolhida por uma pessoa que gosta de cercar-se de pessoas espirituosas e ágeis.

A cadeira de escrivaninha da sala de aula é o exemplo perfeito do elemento madeira. Com encosto vertical e pernas sem adornos dispersivos, esta cadeira comunica seriedade de propósito. O conforto minimizado salvaguarda a atenção. A escolha de cadeiras de linhas austeras e um mínimo de conforto conota seriedade de vida.

Linhas retas expressam uma tensão que favorece o estado de alerta. Uma casa com cadeiras com predominância de linhas contínuas e sem curvas expressa o elemento madeira. A madeira incentiva a pessoa a mudar e desestimula a indolência.

Uma cadeira despojada e com encosto reto lhe pede para prestar atenção e ficar alerta. A escolha dessa cadeira para a mesa de jantar indica uma pessoa que talvez não seja tão afetuosa como as outras.

Como toda casa provavelmente tem mais cadeiras do que qualquer outra peça de mobiliário individual, a percepção de uma linha elemental comum pode facilitar a identificação da personalidade elemental de uma pessoa. Como é provável que uma casa comporte diferentes estilos elementais de cadeiras, a observação de quais sejam esses estilos pode confirmar tanto os elementos expressos como os ocultos da pessoa que os escolheu.

26

A MESA

Imagine a vida sem mesas. Teríamos de nos agachar para equilibrar os objetos ou precisaríamos amarrá-los na cintura para tê-los próximos. As mesas nos dão acesso às posses. Não há uma única mesa em minha casa que não tenha objetos de arte ou materiais de utilidade. A bem da verdade, uma mesa em meu escritório está tão cheia de coisas úteis, que não a vejo há anos.

O tamanho, a forma e a base de uma mesa podem ser muito reveladores. Ensino em centros de educação de adultos em todo o país, e invariavelmente as salas de aula têm mesas longas e estreitas. Essas mesas têm aproximadamente dois terços da largura de uma mesa dobrável clássica; essa pouca largura é responsável pelo maior número de alunos na sala. Sabe-se que o aprendizado é maior numa sala de aula menor, mas não é isso que acontece hoje; atualmente, as dimensões correspondem aos resultados financeiros. É fácil analisar essas mesas: a vontade de ganhar dinheiro supera o interesse pelo conforto humano ou pelo aprendizado.

O Tamanho da Mesa

Em geral, quanto mais importante a função, maior a mesa. Além disso, a largura da mesa define a distância que separa os que se sentam ao redor dela. Mesas largas na sala de jantar não favorecem a intimidade. Tive uma cliente que comprou uma mesa de jantar de 1,80m de circunferência. Essa circunferência, enorme, impedia que as pessoas de um lado se comunicassem com as do lado oposto. Como acontecia com o tema predominante na vida dessa cliente, a aparência era muito mais importante que o conforto ou que a criação de um espaço para um encontro social.

Por outro lado, anos atrás, quando eu morava no interior, minha família de três pessoas fazia suas refeições diárias ao redor de uma mesa de sorvete clássica. Tínhamos um estilo de vida rústico, e todos eram necessários, desde meu filho, que alimentava as galinhas, até os adultos, que cortavam lenha para o fogão e cuidavam da horta de 4 mil m². Nós dependíamos uns dos outros para a sobrevivência, e sentar-nos a uma mesa que tinha espaço apenas para os pratos nos aproximava fisicamente num mundo que dependia de que trabalhássemos intimamente unidos. Hoje, muitos anos depois, morando na Flórida com todas as facilidades da vida moderna, comemos numa mesa de tamanho convencional. Como não somos mais tão dependentes uns dos outros para a sobrevivência física, uma pequena mesa redonda parece inadequada.

Mesas na frente de sofás têm outro objetivo. Grandes mesas de café postas diante de sofás proporcionam superfícies amplas sobre as quais dispor objetos, comes e bebes, ou às vezes os pés. A escolha de uma mesa espaçosa para essa área geralmente indica o desejo de oferecer coisas supérfluas para passar o tempo de forma agradável. Quanto mais espaçosa for uma superfície, com maior probabilidade é dada primazia às necessidades humanas.

A Forma da Mesa

A sensação de sintonia com uma forma indica até certo ponto o modo como gostamos de nos comunicar. Observe se a pessoa tem preferência por uma forma específica. Se ela escolheu uma forma redonda para uma sala de estar, isso indica que ela gosta que as idéias fluam e que as conversas se prolonguem. Mas se a pessoa prefere comer numa mesa retangular, isso sugere o desejo de que as funções familiares sejam claramente definidas. Veja como a forma influencia as atividades.

O Que a Escolha de uma Forma Pode Significar

Fogo: Embora não seja a forma da maioria das mesas, uma forma fogo pode ser definida pela posição das cadeiras ao redor da mesa. A escolha dessa disposição sugere troca acalorada de idéias ou a outorga de autoridade ou controle à pessoa que senta sozinha.

Se as cadeiras são dispostas em forma de triângulo, a pessoa pode querer que a troca seja acalorada.

Quadrada: Desejo de estabilidade.

Redonda: A pessoa quer que a conversa flua e que haja boas maneiras.

Forma de rim: Quer que as pessoas se sintam relaxadas, livres de pressão.

Retangular: Preferência por conversas interessantes e profundas.

A distância entre as cadeiras ao redor da mesa de jantar indica um maior ou menor desejo de intimidade. Quando estamos próximos a ponto de sentir o calor do corpo de outra pessoa, a tendência é sentir-nos relaxados e familiares com os outros. Quando ficam próximas umas das outras, as pessoas que estão à mesa tendem a demorar-se e a conversar com entusiasmo. O distanciamento, porém, dificulta o fluxo da conversa e interpõe uma barreira entre os que estão à mesa.

Observe o maior ou menor distanciamento das cadeiras em torno de uma mesa de jantar. Quanto mais próximas as pessoas estão, mais relaxada é a atmosfera desejada.

Preste atenção a uma mesa separada ou a um estrado usado em ocasiões formais. Nenhuma posição ou forma de mesa define tão claramente o desejo de separar e distinguir um conjunto de convidados de outro. Embora as pessoas que ocupam essa posição sejam as homenageadas, dificilmente a conversa ou a intimidade fluirá entre elas.

BASES DA MESA

Observe se a preferência é por pedestais ou pernas. As pernas são retas e sem adornos ou são curvas e enfeitadas? Como vimos na Parte IV, a escolha do estilo de perna pode dar-nos informações valiosas. Além de interpretar o significado do estilo individual, é recomendável observar a estabilidade da base. Quando as pernas frouxas de uma mesa não são consertadas, pode-se imaginar que outras coisas também não recebem atenção.

Uma das melhores cozinheiras que conheço usa para as refeições uma antiga mesa colonial provida de um longo anteparo. É um prazer ser convidado a jantar, pois pode-se sempre esperar uma refeição generosa. Mais de uma vez, apressei-me para meu lugar preferido, só para bater meus joelhos nesse anteparo. Além disso, os amigos de estatura alta não conseguem encostar a cadeira da mesa o suficiente de modo a ficarem sentados comodamente. A mensagem é dúbia. Por um lado, o tempo e o talento de minha amiga são dedicados à preparação da comida; por outro, ela oferece um lugar totalmente desconfortável.

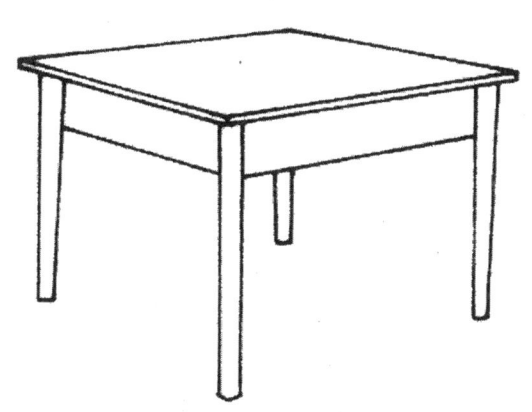

A escolha de uma mesa com banda baixa transmite uma mensagem dúbia, pois deve-se prestar atenção para não machucar as pernas ao sentar.

Em comum, usamos as mesas mais do que qualquer outra peça do mobiliário; a escolha das mesas diz muito sobre a atitude do proprietário com relação ao inter-relacionamento.

27

A CAMA

Como a roupa de baixo, a cama quase sempre revela dimensões que normalmente não aparecem. Lembro-me de como estranhei quando uma amiga de minha mãe dos tempos da escola secundária nos visitou e pendurou no banheiro suas roupas de baixo, de cor preta, para secarem. No meu entendimento, o preto era a cor para mulheres exóticas, não para amigas da minha mãe!

O quarto de dormir é um espaço onde as pessoas devem se sentir livres para se expressar totalmente. O que se expõe em geral tem um significado especial. Uma escultura preferida, uma fotografia da família e alguns pertences pessoais dispostos ao lado da cama dizem o que é importante. Naturalmente, o centro de um quarto de dormir é a cama, a peça do mobiliário que tem a responsabilidade de nos proporcionar conforto físico e emocional.

A notoriedade de Yoko Ono e John Lennon lhes dava a liberdade de misturar a vida pessoal com a vida profissional. Grande parte dos negócios deles era administrada da cama. Fotografias nos dão um vislumbre do que para muitos é o estilo de vida perfeito: a oportunidade de combinar trabalho com lazer e prazer.

Há algo de sedutor no fato de se conseguir realizar as funções diárias da vida na cama; para nós, porém, pessoas mais comuns, esse comportamento é um tanto desconcertante. Uma de minhas clientes, uma jovem divorciada, deixou absolutamente claro que seu lugar preferido da casa era a cama. Ela comia, trabalhava e recebia suas amigas e o filho enquanto estava na cama. Não surpreende que ela se sentisse melancólica grande parte do tempo e que não conseguisse ser otimista. O relacionamento dela com o filho era tenso, e pouca sua alegria de viver. Como a sobremesa depois da refeição, a cama é prazerosa no fim do dia.

Além disso, o quarto dessa cliente era a única peça da casa totalmente acabada. Paredes azul-claras esponjosas davam realce à cama *king-size*, recoberta em vários tons de azul e com tantos travesseiros que um sultão sentiria inveja. A peça preferida do mobiliário, um antigo e pesado baú sueco, estava junto à parede de entrada, amortecendo o impacto do resto da residência sobre a minha cliente. Uma mesa-de-cabeceira solitária emitia a mensagem de que ela não estava pronta para outro relacionamento, e a ausência de cadeiras dava ao filho de onze anos a alternativa de sentar-se na cama ou de simplesmente ficar de pé. O que está ausente é tão importante quanto o que está presente.

> **As pessoas que se ocupam com muitas atividades estando na cama podem estar se afastando da plena participação no processo da vida, eximindo-se das responsabilidades que este implica.**

As cabeceiras devem ser analisadas pela forma e pelo material. Por exemplo, uma cabeceira de latão com linhas ondulantes tem tanto elementos metal como água. As seções seguintes mostram o significado de cabeceiras comuns.

CAMA COM DOSSEL

Uma cama com dossel cria um espaço dentro de um espaço. Um baldaquino sobreposto às colunas define os limites da cama, separando-a do resto do quarto. Numa cama com dossel, a sensação é semelhante à de estar na cabaninha que muitos de nós fazíamos na infância, quando imaginávamos estar protegidos e abrigados. Essa cama passa uma sensação de segurança e de auto-importância aos que a ocupam. A pessoa que opta por dormir numa cama com dossel gosta dessa sensação de segurança que ela oferece.

Uma cama com peseira restringe os movimentos e não está mais em voga em nossa sociedade, que valoriza a liberdade pessoal. Entretanto, quando escolhida, pode indicar que a pessoa talvez queira ou precise de apoio ou controle. Conheci certa vez uma mulher que comprou uma antiga e rara cama com dossel, provida de cabeceira e peseira. Seu marido, um executivo, gostava de colecionar antigüidades raras, e assim ele se viu entre a cruz e a espada: agradar a mulher ou incomodar-se encolhendo sua enorme compleição de dois metros num espaço exíguo. Seria essa aquisição uma forma sutil de manter o marido sob controle? A mulher provavelmente sabia que o desconforto físico seria superado pelo prazer do marido por coleções.

Quando uma cama com dossel tem tecido como sobreéu, as quatro colunas deixam de representar a forma fogo e mudam a aparência da cama para terra ou madeira, dependendo das dimensões do colchão. Camas *king-size* são terra e camas *queen-size* são madeira.

Tecido drapeado sobre as travessas horizontais transpõe a linha reta madeira para uma linha ondulante água, além de transformar um visual mais formal em casual. Mais sintonizadas com o elemento água, as pessoas que drapeiam uma cama com dossel estão expressando satisfação e disposição de seguir com o fluxo.

A Cabeceira Maciça

Uma cabeceira maciça proporciona uma superfície de apoio. Mesmo que tenha baixos-relevos, desenhos ou entalhes, a forma geral se impõe sobre os detalhes. Assim, avalia-se uma cabeceira maciça por seu formato perimétrico.

As pessoas que gostam de assumir responsabilidades e de correr riscos com novos projetos preferem cabeceiras retangulares. Tipicamente, essas pessoas não gostam de ficar na cama e têm uma vida agitada. Elas detestam ser desviadas do caminho que escolheram e não suportam distrações.

Cabeceiras retangulares sugerem uma pessoa que toma decisões rapidamente.

Uma cabeceira redonda ou oval sugere inventividade e planejamento e em geral é escolhida por pessoas que gostam de ficar pensando sobre planos futuros. É raro encontrar alguém que escolhe essa forma administrando da cama.

Pessoas que gostam de planejar com cuidado e detalhes geralmente escolhem cabeceiras redondas ou ovais.

Cabeceiras Estofadas

Com uma superfície volumosa e macia, as cabeceiras estofadas oferecem o máximo em conforto. Embora a textura e a cor possam expressar outro elemento, o conforto é subproduto do elemento água. Uma cabeceira estofada cede ao corpo do mesmo modo que a água. Cabeceiras com esse material precisam de cuidados regulares e de substituição mais freqüente do que as feitas com outros materiais. Uma pessoa que se dedica a cuidar de móveis caseiros é, até certo ponto, uma babá. Ao escolher um objeto com obsolescência planejada, uma pessoa está comunicando aceitação dos ciclos da vida.

A Cabeceira como Centro de Entretenimento

Finalmente, quando uma cabeceira inclui todo um sistema de entretenimento, ela expressa o elemento terra. Quanto maior o número de necessidades atendidas, maior a presença do elemento terra. Anos atrás, li que Barbra Streisand dispunha não somente de um sistema estereofônico completo como parte da cabeceira da cama, mas também de uma geladeira e repartições contendo pratos e copos. Tive a impressão de que deve ser exótico e cômodo ter condições de satisfazer todos os caprichos ficando na cama. Quanto mais coisas ao redor de uma cama, mais a pessoa tem necessidade de se sentir segura.

Uma pessoa que precisa se sentir segura escolhe um centro de entretenimento completo como cabeceira.

Falta de Cabeceira

As pessoas que não querem ornamentação de apoio na cabeceira da cama se satisfazem com pouco conforto. Um simples encosto para a cabeça é o máximo em termos práticos. Não há como demorar-se, ficar na ociosidade ou perder tempo numa cama que não oferece encosto onde reclinar-se. Com pouca probabilidade de ser clemente, a pessoa que opta por ignorar essa peça de mobiliário pode ser um capataz.

As pessoas que não pensam ou não procuram fazer de sua cama um recanto aconchegante estão se negando um lugar que lhes possibilite tecer seus sonhos. Historicamente, as camas ocupam um lugar fundamental. Nascimento e morte são ciclos vitais importantes que geralmente acontecem numa cama. Na região Mutabani da Índia, limítrofe com o Himalaia, as famílias reservam um cômodo especial, com apenas uma cama ornamentada, a ser ocupada pelos recém-casados durante as primeiras duas semanas de casamento.

As pessoas que querem ficar isentas de responsabilidade, que procuram isolar-se de tudo o que é desagradável, tendem a enfeitar excessivamente a superfície da cama. Do mesmo modo que muita roupa no inverno nos tolhe os movimentos, muitos travesseiros, colchas, brinquedos, animais de pelúcia, babados e franjas numa cama provocam a estagnação mental, física e espiritual dos seus usuários.

De certo modo, uma cama é como uma boa mãe — sempre presente para apoiar, mas a quem não se deve recorrer com muita freqüência.

28

A BUSCA DO EQUILÍBRIO

Eu viajava sozinha pela região americana de minha preferência quando alguém me ofereceu um copo de água gelada. O jovem que me servia instou-me a repor o líquido absorvido pela secura brutal do deserto do Novo México. Enquanto eu sorvia esse delicioso fluido, ele contou a história que segue. Ele sonhara com esse lugar antes mesmo de saber que ele existia. A diferença entre um estado de ser e outro, sugeriu ele, foi apenas a forma escolhida. Ilustrando seu ponto de vista, ele narrou o seguinte conto americano nativo.

Sentado aos pés do seu velho e sábio avô, e observando um pássaro, o menino disse, "Vovô, por que não posso voar?"

"O que te faz pensar que não podes?" perguntou o avô, olhando para o céu. "As criaturas que voam acreditam que podem voar."

"Bem, então," disse o menino, "se é assim, vou lançar-me lá do alto e voar."

"Isso não é possível, filho," reagiu o velho, cuja tez era tão cheia de sulcos como o barro crestado pelo sol do verão.

"Mas, vovô, o senhor acabou de dizer que se eu quisesse voar eu conseguiria!"

"Não, filho, eu disse que você precisa ter fé, e fé é como os calos nas mãos de quem trabalha a terra. Os resultados da fé só chegam depois de muita dedicação."

E assim o garoto se esforçou para aprender a voar durante a maior parte de sua vida, do único modo que ele sabia. Nos sonhos noturnos ou nos devaneios diurnos, ele se via voando. Nesses sonhos, ele voava acima das montanhas, pousava nos pinheiros mais altos e pairava sobre os desfiladeiros formados pelas águas através das planícies.

Finalmente, ele também se tornou avô, e certo dia seu neto lhe fez a mesma pergunta que ele fizera ao próprio avô havia tantos anos. A resposta que deu foi a mesma que ele recebera. Com o passar do tempo, ele, como seu avô, havia compreendido que voar é como qualquer outro sonho, que se realiza só quando alteramos a forma do sonho para encontrar nossa realidade. Agora, ele também sabia que nada é impossível, só o desejo de experimentá-lo de uma única maneira. E assim o netinho dele também aprendeu a voar, a seu modo.

Não devemos deixar-nos limitar pelas expectativas, porque precisamos abordar os relacionamentos no presente com os dados que temos. Podemos caminhar sobre as águas, atravessar paredes e andar sobre as nuvens, desde que construamos um caminho que não seja limitado pelas expectativas. Se quisermos voar, voaremos.

POSFÁCIO

Vocês todos que estão tentando encontrar o às vezes fugidio sentido da alegria! Incito-os a não imaginar a alegria como se ela fosse uma substância amorfa, difícil de apanhar, ou fora de alcance. A alegria está presente em cada momento. É nossa percepção apenas que precisa ajustar-se.

Só você mesmo pode colher uma vida plena. Encontrar um parceiro compatível é um bônus, como uma boa sobremesa — saborosa, mas desnecessária para uma alimentação nutritiva. E assim, queridos leitores, deixo-lhes o conhecimento de como escolher alguém com quem poderão ser felizes. Até que alguém tenha a oportunidade de entrar em suas vidas, saibam que vocês são suficientes.

Esvazie-se da permanência
Mas cheia de vida
Defina um rumo para alcançar um objetivo que
não precisa de forma
Mas modele-o, para conservá-lo na sua visão interior
Veja tudo, mas não se deixe cegar pela
Tentativa de ser tudo

Não se deixe perturbar pelo que está no seu prato
Fique satisfeito com as dádivas já recebidas
E com o que você escolheu como objetivo

Não somos mais nem menos do que
momentos rumo à realização
Aquilo em que optamos por acreditar torna-se a nossa história
Não aceite o sonho de outra pessoa
Mesmo quando o seu foge da sua visão

Não sonhe pequeno nem grande demais
A essência da vida está em cada momento
Olhe, não se atire,
Você é suficiente, aqui e agora

Nancilee Wydra, 1998

BIBLIOGRAFIA

Ackerman, Diane. *A Natural History of the Senses*. Nova York: Random House, 1990.

Beinfield, Harriet, e Korngold, Efrem. *Between Heaven and Earth: A Guide to Chinese Medicine*. Nova York: Ballantine Books, 1991.

Birren, Faber. *Color & Human Response*. Nova York: Van Nostrand Reinhold, 1978.

Blakeslee, Thomas R. *Beyond the Conscious Mind*. Nova York: Plenum Press, 1996.

Boger, Louise Ad. *The Complete Guide to Furniture Styles*. Nova York: Charles Scribner's Sons, 1969.

Caesar, Sid. *Where Have I Been: An Autobiography*. Nova York: Crown Publishers, 1982.

Campbell, Joseph. *Power of Myth*. Nova York: Doubleday, 1988.

Gallagher, Winifred. *The Power of Place*. Nova York: Harper Perennial, 1993.

Gallagher, Winifred. *Just the Way You Are*. Nova York: Random House, 1996.

Goleman, Daniel. *Emotional Intelligence*. Nova York: Bantam Books, 1994.

Hall, Edward T. *The Silent Language*. Nova York: Anchor Books, Doubleday, 1959.

Hall, Edward T. *The Hidden Dimension*. Nova York: Anchor Books, Doubleday, 1966.

Heelas, Paul, e Lock, Andrew. *Indigenous Psychologies: The Anthropology of the Self*. Nova York: Academic Press, 1981.

Liberman, Jacob. *Light Medicine of the Future*. Santa Fé: Bear & Company, Inc., 1991.

Marcus, Claire Cooper. *House as a Mirror of Self*. Berkeley, CA: Conari Press, 1995.

Massey, Anne. *Interior Designing of the 20th Century*. Londres: Thames and Hudson Ltd., 1990.

Petraglia, Patricia P. *Sotheby's Guide to American Furniture*. Nova York: Simon & Shuster, 1995.

Pinker, Steven. *How the Mind Works*. Nova York: W. W. Norton & Company, 1997.

Vroon, Piet. *Smell: The Secret Seducer*. Nova York: Farrar, Straus and Giroux, 1994.

Wydra, Nancilee. *Designing Your Happiness: A Contemporary Look at Feng Shui*. Torrance, CA: Heian International, 1995.

Wydra, Nancilee. *Feng Shui: The Book of Cures*. Chicago: Contemporary Books, 1996.

Wydra, Nancilee. *Feng Shui in the Garden*. Chicago: Contemporary Books, 1997.

Zukav, Gary. *The Dancing Wu Li Masters*. Nova York: William Morrow and Company, Inc., 1979.